LINGUAGEM DE ALCANCE PSICANALÍTICO

Blucher

ACADEMIA
DE PSICANÁLISE

LINGUAGEM DE ALCANCE PSICANALÍTICO

A diferença transcendental em W. R. Bion

Arnaldo Chuster

Linguagem de alcance psicanalítico: a diferença transcendental em W. R. Bion

Editora Edgard Blücher Ltda.

1ª reimpressão – 2025

SÉRIE ACADEMIA DE PSICANÁLISE
COORDENADORA DA SÉRIE MARINA F. R. RIBEIRO

Publisher Edgard Blücher
Editor Eduardo Blücher
Coordenador editorial Rafael Fulanetti
Coordenação de produção Andressa Lira
Produção editorial Kedma Marques
Preparação de texto Regiane da Silva Miyashiro
Diagramação Thaís Pereira
Revisão de texto Bruna Marques
Capa Laércio Flenic
Imagem da capa iStockphoto

Blucher

Rua Pedroso Alvarenga, 1245, 4º andar
04531-934 – São Paulo – SP – Brasil
Tel.: 55 11 3078-5366
contato@blucher.com.br
www.blucher.com.br

Segundo o Novo Acordo Ortográfico, conforme 6. ed. do *Vocabulário Ortográfico da Língua Portuguesa*, Academia Brasileira de Letras, julho de 2021.

Dados Internacionais de Catalogação na Publicação (CIP)
Angélica Ilacqua CRB-8/7057

Chuster, Arnaldo
Linguagem de alcance psicanalítico: a diferença transcendental em W. R. Bion. / Arnaldo Chuster - São Paulo: Blucher, 2024.
352 p. (Série Academia de Psicanálise / coord. de Marina F. R. Ribeiro)

Bibliografia
ISBN 978-85-212-2217-0

1. Psicanálise 2. Bion, Wilfred Ruprecht, 1867-1979 I. Título II. Ribeiro, Marina F. R. III. Série

24-4170 CDD 150.195

Índice para catálogo sistemático:
1. Psicanálise

Sobre a série

A *Série Academia de Psicanálise* visa promover um exercício de reflexão conceitual e clínico que apure os instrumentos técnicos do psicanalista, abordando suas matrizes teóricas e clínicas.

A teoria do psicanalista faz parte do seu acervo consciente e inconsciente precisa estar incorporada e esquecida, assim como os exercícios técnicos acadêmicos de um músico. Mesmo quando a teoria está ausente nos pensamentos conscientes do analista – e deve mesmo estar durante o seu exercício clínico –, ela constitui uma matriz, um campo psíquico, um continente metaforizante favorecedor do pensamento clínico psicanalítico. As teorias afinam a capacidade de observação do psicanalista, da mesma forma que um músico afina seu instrumento com seus exercícios de técnica. A mente do analista é seu instrumento de trabalho, que desafina ao longo dos atendimentos e que é vivido a partir do sofrimento humano ao qual o psicanalista é exposto nos diversos contextos clínicos atuais. Desse modo, o exercício de elucidação teórica seria uma das maneiras de o psicanalista afinar seu instrumento nos momentos em que não está exercendo sua função clínica, utilizando-se de conceitos na sua reflexão, e apurando sua capacidade de observação. Trata-se de um tipo de academia para o psicanalista, um treino de hipóteses, que o prepara para o seu trabalho clínico, afinando seu instrumento de observação: sua mente.

A teoria pode exercer, então, uma função de continência para o psicanalista em constantes turbulências geradas nos atendimentos clínicos dentro de uma vasta gama de possibilidades de escuta psicanalítica. A reflexão teórica por meio da sistematização de um texto, compreendido como um continente metaforizante para o psicanalista, onde quer que ele exerça o seu pensamento psicanalítico, tem a função de buscar um sentido para as diversas formas de sofrimento humano na contemporaneidade.

A expressão "clínica" é compreendida no seu aspecto amplo, como pensamento clínico, ou seja, nessa compreensão está incluída tanto a clínica do psicanalista e seu paciente, como a clínica ampliada, que implica o exercício da escuta psicanalítica em diversos e diferentes contextos. Além disso, a psicanálise contemporânea enquanto teoria tem se expandido em diálogo e reciprocidade constante com o exercício clínico.

Pensamos que esse modo de entender as investigações em psicanálise se aplica tanto à pesquisa derivada diretamente de uma experiência clínica, quanto aos estudos no contexto da clínica ampliada, incluindo as chamadas pesquisas bibliográficas ou conceituais. Dentro dessas possibilidades, o que vai realmente se tornar o objeto de pesquisa é um fragmento derivado da experiência, a partir de uma variedade de situações nas quais o psicanalista está envolvido. Trata-se sempre de como determinada experiência, seja de escuta clínica, seja de leitura de um texto, afetou o pesquisador-psicanalista, tornando-se não apenas um fragmento clínico ou teórico a ser investigado, mas o que podemos chamar de um fragmento intersubjetivo.

Freud (1937) escreve que "sem especular e teorizar – quase digo: fantasiar – de maneira metapsicológica, não avançamos um passo"; essa frase representa, nas mais simples – e talvez despretensiosas – palavras, nossa inspiração para a Série Academia de Psicanálise.

Marina F. R. Ribeiro
Coordenadora da série

Apresentação

Evelise de Souza Marra[1]

Agradeço o convite para esta apresentação e parabenizo Marina F. R. Ribeiro por dar início de modo auspicioso à nova Série Academia de Psicanálise com o livro de Arnaldo Chuster, junto com o seu.[2]

O autor, em linguagem de consecução, faz uma introdução didática, organizada, com sua capacidade singular e muito própria de se apresentar com abstrações concisas e pertinentes, sintetizando com muita propriedade as questões que me parecem centrais na psicanálise hoje para aqueles que se formam como psicanalistas estudando Freud, Klein e Bion. Ou seja, como lidar com a continuidade-ruptura envolvida nesse trânsito, que nos fez, a meu ver, mais analistas do trânsito do que da chegada.

---

1 Psicanalista com função didática na Sociedade Brasileira de Psicanálise de São Paulo (SBPSP). Coordenadora das *XV Jornadas de Psicanálise: Bion*, realizadas na SBPSP. Psicóloga e mestra pela Universidade de São Paulo (USP). Atividade clínica desde 1971.

2 A série Academia de Psicanálise se inicia com o lançamento de dois livros: este de Arnaldo Chuster e o de Marina F. R. Ribeiro: *Conversa sonhante: a função psicanalítica da personalidade.*

Como passarmos de uma teoria forte, como a teoria da transferência, estruturante do pensamento em Freud e Klein – considerando as diferenças entre eles; da teoria estrutural (id, ego e superego) para a de mundo interno-externo, e o evolver da posição esquizoparanoide para depressiva em Klein – para a teoria, acho que podemos nomear assim, das transformações de Bion abarcando o conhecer e o ser?

As questões compreendidas nesse livro, e que estão presentes para os estudiosos e praticantes psicanalistas, precisaram de muito tempo de estudo, trocas, reuniões, jornadas, congressos para evolverem. Chuster que o diga, com sua participação ativa em inúmeros grupos de trabalho e aulas no Brasil e no mundo afora nos últimos 40 anos. O resultado é essa publicação que mescla criação e rigor em linguagem de alcance psicanalítico.

Conheci Arnaldo Chuster em Los Angeles, no ano de 2002, em um dos encontros internacionais de Bion. Apesar disso, no Brasil, estarmos apenas a 400 km de distância e uma ponte aérea de 50 minutos entre Rio de Janeiro e São Paulo. Fruto desse encontro, trouxemos o congresso internacional seguinte para São Paulo; e, desde então, os 400 km foram vencidos. Em quinze jornadas – *Psicanálise: Bion na SBPSP* – ocorridas nos últimos anos, contamos com sua preciosa colaboração, assim como em cursos e outros eventos.

Pouco entendi do trabalho que apresentou no congresso em Los Angeles (2002), mas gostei. Sua escrita, muitas vezes, soa hermética e sofisticada, além da disposição, empenho e esforço que requer do leitor. No entanto, quando entendemos o que Chuster apresenta na Introdução deste livro, os textos ganham em compreensão, pois é um importante fio condutor na mudança de paradigma que Bion introduz na psicanálise, provavelmente sem se dar conta. Bion insere a psicanálise na teoria da complexidade, proposição de Chuster já em sua primeira publicação, em 1989, na qual enfatiza a complexidade da mente, e, talvez, como um corolário em simetria, a imaginação.

Ideias que se expandem nos seus dois livros posteriores, de 1999 (*W. R. Bion: novas leituras. Vol. I: Dos modelos científicos aos princípios ético-estéticos*) e 2003 (*W. R. Bion: novas leituras. Vol. II: A psicanálise: dos princípios ético-estéticos à clínica*). Estes funcionam como uma matriz no pensamento do autor, sendo que outros livros foram publicados posteriormente.

Arnaldo, nos trabalhos recentes, expande a ênfase na imaginação, bem como na sinceridade, intimidade e senso de verdade, cônscio do afastamento necessário para o psicanalista de moralismo e certezas estabelecidas.

A noção de uma causalidade em relação biunívoca operando na mente dá lugar à noção de relações complexas e, paralelamente, de uma mente multifacetada que considera as simetrias, implicam a coexistência dos contrários separados por cesuras que, por sua vez, implicam um ponto de indecidibilidade de origem. Inelutavelmente temos a resiliência a um saber estabelecido e uma maior disponibilidade para suportar o desconhecido e mistérios da vida, da mente, da morte, enfim, da existência.

Considero Arnaldo Chuster o que se denomina um autor, porque temos um psicanalista com conhecimentos sólidos em filosofia, matemática, física, astronomia, literatura, poesia e arte. Além disso, estuda e conhece o autor Bion, as circunstâncias nas quais essa obra evoluiu e, também, na crônica da vida. Chuster se mostra movido por paixão e identificação profunda com Bion. Denomino-o um autor em psicanálise porque dispõe dessa usina de ideias em constantes associações, em atividade sonho; em que seus conhecimentos parecem um alfabeto básico sempre engendrando combinações novas, criativas, particulares, sem perder o rigor conceitual.

A combinação entre o rigor conceitual e a liberdade com que transita em articulações originais e particulares, que nos fazem sentido, torna esta apresentação também um problema, pela dificuldade em fazer jus a tal estilo e extensão de suas contribuições. Escreve em um misto de comunicação científica e ensaio, de maneira análoga e coerente com o que propõe como sendo a psicanálise: uma atividade prática-poiética.

O livro *Linguagem de alcance psicanalítico*, além de expressar o termo que propõe como alternativa ou substituto ao que Bion denominou linguagem de êxito ou de consecução, é uma síntese das reflexões mais recentes do autor que demonstram uma elaboração singular e rigorosa da obra de Bion, sempre próximo a uma visão pelo vértice da teoria da complexidade de Edgar Morin.

Desde o início, Bion se interessou pela comunicação e pela linguagem do esquizofrênico, o que o conduziu à formulação de uma teoria do pensar, que Arnaldo mantém e considera o pilar do pensamento de Bion. Chuster propõe, com a "linguagem de alcance psicanalítico", uma linguagem que vá além da narrativa, valendo-se da *poiesis* que implica imaginação. Esta última atravessa a distância entre conceito e intuição; essência do livro expressa com maestria no primeiro capítulo.

Arnaldo propõe também uma barreira ética-estética de contato separando o que tem um sentido de verdade e a evasão a esta verdade, tendo como ponto de partida a sinceridade. A linguagem de alcance psicanalítico tem como matriz o amor à verdade. Essa barreira de contato elucida bem como nosso autor expande, de modo original, o conceito de barreira de contato expresso por Bion para separar consciente de inconsciente e pensamento de não pensamento.

No capítulo sobre memórias do passado e memórias do futuro, aborda a questão do tempo, que carrega junto o mistério, além de vastas e profundas emoções, de forma extremamente interessante. No texto no qual faz uma aproximação entre a teoria da complexidade e a clínica psicanalítica, apresenta uma síntese da teoria e do método de Bion com considerações sobre a psicanálise e os psicanalistas que classifico como extremamente pertinentes.

Não por acaso, o último capítulo do livro é o último artigo de Bion (1979/2014): "Como tirar proveito de um mau negócio". Nesse texto, além de enfatizar a turbulência emocional inerente à psicanálise, já que é encontro, aborda as relações insolúveis entre mente e corpo, sistema endócrino e ações, soma e psique, relação e sentimento, pensamento antecipatório e pensamento e ação.

Encontramos um psicanalista que nos estimula a ir além de Bion, e, também, nas cogitações sobre o futuro da psicanálise. Ir além no sentido de não "usarmos o conhecimento psicanalítico como barreira contra a investigação constante que deve nortear o psicanalista", mas "usarmos a mente para criar novas ideias ainda que transitórias", ou com a consciência da transitoriedade.

Chuster põe fé na relevância da psicanálise para um viver melhor, já que é o instrumento que pode desenvolver a função psicanalítica da personalidade, essencial para realizar o sentido da vida. Uma psicanálise que não garante cura ou felicidade, mas potencializa o encontro consigo mesmo e com o que a vida nos oferece, inclusive levando em conta o acaso.

Enfim, me orgulho de apresentar este livro de um psicanalista bioniano, brasileiro, com uma contribuição original e relevante que aponta para o futuro desconhecido da psicanálise, que, em seus termos, está por vir, sem se desconectar do pilar freudiano, por exemplo, ter o Édipo como estruturante das relações humanas e do desenvolvimento do psicanalista, bem como centro do método, junto com a teoria do pensar de Bion.

A essa altura, já com o livro em mãos, espero que o leitor, apesar do desafio da falta de respostas, se encontre com indagações estimulantes. Associando Bion a Fernando Pessoa, Chuster propõe que "para psicanalisar é preciso criar interpretações, o que não é preciso é precisar interpretar..."

São Paulo, junho de 2024.

Referências

Bion, W. R. (1999). Novas Leituras (Vol.1). Companhia de Freud.

Bion, W. R. (2014). Making the best of a bad job. *The complete woks of W. R. Bion* (v. 10, pp. 136-145). Karnac. (Trabalho original publicado em 1979)

Chuster, A. (1989). *Um resgate da originalidade: as questões essenciais da psicanálise*. Degrau Cultural.

Chuster, A. (1999). *W. R. Bion: novas leituras. Vol. I: Dos modelos científicos aos princípios ético-estéticos*. Companhia de Freud.

Chuster, A., Muratore, C. S., Decker, C., Conte, J. C., Walz, J., Castro, J., Rodrigues, L., Walz, M. B., & Beck, S. (2003). *W. R. Bion: novas leituras. Vol. II: A psicanálise: dos princípios ético-estéticos à clínica*. Companhia de Freud.

Conteúdo

Introdução

A iniciativa de realizar uma versão em português do livro lançado nos Estados Unidos, *Language of Psychoanalytical Range: Bion's transcendental difference* (2023), atendeu aos muitos pedidos de colegas brasileiros não familiarizados com o idioma inglês. Todavia, algumas considerações, acréscimos e modificações foram necessárias para compor a versão em português. Sobretudo, tomei a decisão de acrescentar trabalhos que foram produzidos ao longo de 2023, pertinentes ao tema, e que não constam do volume em inglês. Praticamente, tornou-se um novo livro sobre o tema.

O problema central do livro, como na versão em inglês, continua em torno da expressão que se encontra no texto *Atenção e interpretação* (Bion, 1970), *language of achievement*, que teve em português duas versões; inicialmente, a de linguagem de êxito, e, depois, linguagem de alcance.

Muitas pessoas deduzem que a expressão *language of achievement* seja proveniente do poeta Keats, por estar relacionada a uma carta escrita a seu irmão, em que ele menciona o conceito de capacidade negativa (*negative capability*), e a qualidade de quem a possui na literatura como *man of achievement* (homem de sucesso). Keats a exemplifica com a imensa figura histórica de Shakespeare, o indivíduo capaz de produzir com sua obra uma alteridade de longo alcance e durabilidade para a humanidade.

Todavia, como a expressão *language of achievement* não consta dessa carta, tudo leva a pensar que foi criada por Bion, em contraposição ao que ele chamou de *language of substitution*. Uma diferença importante entre as duas se refere ao fato de que a primeira gera *pensamento*, enquanto a segunda se estanca como *conhecimento*.

Em outro sentido, podemos pensar na diferença entre uso de metáforas e metonímias, uma vez que estas últimas são linguagem de substituição e, as primeiras, de alcance. A diferença está em Bion na força de prelúdio e ação que tem a *linguagem de alcance psicanalítico*, e sua origem em uma matriz amorosa (*loving matrix*).

Como ambas as linguagens se referem ao contexto psicanalítico, e obviamente Bion não está dentro do escopo literário, pareceu-me mais plausível traduzir a expressão de Bion por linguagem de alcance psicanalítico. Poderia também traduzir a expressão *language of substitution* como *linguagem saturada de conhecimentos*, entretanto, preferi manter o termo original. Talvez em outra ocasião discuta essa linguagem com a mesma amplitude.

O presente livro foi desenvolvido a partir do conceito de linguagem de alcance psicanalítico e se constitui de uma coleção de textos que apresentei em diversos lugares e ocasiões, nas quais o tema esteve de algum modo sempre presente.

O problema central subjacente que procuro apresentar segue, no meu entender, a principal diretriz da *Teoria do pensar* de Bion (1962), ou seja, estabelecer uma crítica sobre a forma de pensar que ainda é muito vigente, que faz parte arraigada da essência da cultura psicanalítica e, sobretudo, tem uma longa história produtiva. Essa crítica pretende introduzir o novo paradigma na psicanálise que penso ter sido trazido por Bion. Não podemos deixar de indagar também se esse novo paradigma se expressa ou favorece uma forma distinta de linguagem interpretativa.

Trata-se, em resumo, de passar do estatuto teórico do objeto simples, herança científica presente desde os primórdios da psicanálise que acrescentou, e ainda acrescenta, de forma bem-sucedida muitos conhecimentos, para o estatuto do objeto complexo, que emerge mais claramente no mundo científico a partir do final do século XX. Como principal referência, utilizo o pensamento de Edgar Morin.

Em outras palavras, o presente livro irá abordar os fundamentos da passagem de um contexto ontológico e epistemológico de causa e efeito bem estabelecido, para um contexto em que as relações investigadas estão pautadas pelo *princípio da incerteza*, e consequentemente, pela introdução de uma *teoria da complexidade* na psicanálise.

A questão não é a de simples uso de uma metáfora científica proveniente da física quântica, pois o próprio Bion admite que o primeiro autor do princípio da incerteza foi Keats. Portanto, não se trata da mera transferência de conceitos de outras disciplinas para a psicanálise. Trata-se da afirmação categórica de que o princípio da incerteza é, antes de tudo, próprio ao pensar, e, portanto, não importa a disciplina onde emerge. Trata-se de um princípio que se abre para outros princípios, que nomeei em diversos trabalhos de ético-estéticos, e que geram um *looping* autopoiético. A questão é, portanto, a capacidade de criar ideias e encontrar uma linguagem de alcance psicanalítico para expressá-las.

Bion expressou, em diversas ocasiões, sua preocupação com o problema para se transitar de um pensamento tradicional para um pensamento que incorpora ideias novas. Esse é também um problema tanto da teoria como da clínica psicanalítica.

Citando Max Planck, Bion (1970) nos lembra que uma nova verdade científica triunfa não porque seus eventuais opositores a aceitam, mas porque morrem e uma nova geração acostumada com a nova ideia cresce convivendo com ela.

Certamente, que não podemos esperar tão radicalmente para poder entender o revolucionário da psicanálise em nossas vidas, mas precisamos estar atentos para as dificuldades trazidas pelo luto de alcançar um saber mais além do que tínhamos, e que conduz a deixar de ser quem se era até então. Esse tipo de luto pode causar dificuldades no progresso do processo psicanalítico.

As questões que trago neste livro podem ser expandidas para diversas direções. Uma delas mostra que o psicanalista lida com problemas difíceis herdados de outras disciplinas que forneceram modelos. A teoria da complexidade estabelece com esses problemas não mais uma dialética, nem mesmo um diálogo, mas uma *dialógica*.

O modelo médico, por exemplo, se destaca e se insere intensamente nesse contexto dialético, com sua utilidade e experiência de milênios em lidar com o sofrimento humano. Todavia, o modelo médico tem e traz seus limites e suas fronteiras de ação para a psicanálise. Por essa razão, a psicanálise precisou criar ideias e ir bem mais além dos modelos médicos para lidar com os sofrimentos psíquicos, e foi nesse sentido que surgiu a revolução freudiana.

Nas páginas que seguem, espero poder dar ao leitor alguma ideia de como a plena revolução da psicanálise ainda está por vir, de quão intensa é a sua possibilidade revolucionária no futuro e de como a sua linguagem pode ter alcance e durabilidade dentro das pessoas, pois trata de uma comunicação verbal que é fonte de crescimento, saúde e melhoria da qualidade de vida psíquica.

1. Linguagem de alcance psicanalítico – Uma diferença transcendental: um diálogo com Meg Harris Williams

Diferenças de vértice são uma consequência inevitável de qualquer diálogo sobre vínculos entre áreas que escapam de definições únicas e até mesmo descrições, como são os vínculos entre psicanálise e poesia.

Desse modo, meu trabalho começa por um vértice ligeiramente diferente de Meg Harris Williams, ou, talvez seja apenas complementar ao dela, ou ao de Bion, que ela menciona ter considerado "os poetas românticos como sendo os primeiros psicanalistas".[1]

Ela também afirma que "Bion estava reverberando Freud, porém, de forma mais empática". Penso que não se trata de "forma mais empática", mas, reverberando a empatia de Freud por outros vértices. A empatia de Freud é inigualável. Como disse Bion (1970, p. 11), "o pensamento que se desenvolveu com a psicanálise conduziu a descobertas não efetuadas por Freud, mas que mostra configurações semelhantes às descobertas que ele tinha feito".

1 Trabalho apresentado na Sociedade psicanalítica do Rio de Janeiro, em reunião científica no ano de 2022.

Para ampliar minha hipótese, inicialmente levei em consideração as sutis igualdades e diferenças entre o romantismo inglês[2] em Bion e o romantismo alemão[3] em Freud. Entendo que o romantismo alemão inspirou as passagens mais artísticas, emocionais e reconhecidamente poéticas de Freud, por exemplo, "a sombra do objeto caiu sobre o ego", "os sonhos são a via regia para o inconsciente", "Onde o Id era eu devo vir a ser", "Há muito mais continuidade entre a vida intrauterina e a primeira infância do que a impressionante cesura do nascimento nos permite acreditar".

No entanto, Freud (1926), numa entrevista para o New York Times, firmemente considerou Nietzsche como sendo o primeiro psicanalista. Freud disse que ninguém compreendeu tão bem como o filósofo o problema dos dois princípios de funcionamento mental. Após afirmar isso, Freud cita Nietzsche em *Assim falou Zaratustra*: "A dor grita; Vai! Todavia, o prazer quer eternidade pura, profunda eternidade" (Nietzsche, 2018).

O jornalista imediatamente rebate: "o Senhor também é um poeta". Freud não negou, tomou como um elogio e asseverou a enorme troca e contribuição entre a psicanálise, a poesia, e a literatura.

Com esses pensamentos e diferenças em mente, indaguei-me: a origem da psicanálise é a poesia ou a filosofia?

Sabemos que, desde tempos remotos, a filosofia viu-se tentada pela poesia. Para Platão, a sedução poética era tão grande que ele se sentiu obrigado a expulsar a poesia de sua *República* filosófica. Porém Sócrates não fugiu dela, envolveu-se e declarou sua participação como essência na educação de um Homem. Aristóteles preferiu domá-la e adestrá-la na sua poética. Entre a filosofia e a psicanálise, vem se travando, desde então, uma luta entre incontáveis oposições,

---

2 Ascensão de classe e revolução de costumes como contexto do romantismo inglês.

3 *Sturm und Drang*, movimento de unificação do país, como contexto do romantismo alemão.

entre o conceito e a imagem, a prosa e o verso, a razão e a emoção, a certeza das verdades e a verdade das certezas, a visão sem imagens e as imagens visionárias.

Todavia, também achei necessário, como contraponto, retirar o *splitting* e indagar a possibilidade de uma origem inconsciente comum, ou um ponto onde ambas as disciplinas não estão separadas. Essa percepção não ficou ausente a várias tentativas de reunir filosofia e poesia, quer nos projetos românticos e modernistas de uma filosofia poética ou de uma poética filosófica, em poesias conceituais e concepções poéticas.

Por mais sedutoras que tenham sido e continuem a ser essas investidas de síntese ou aquelas de fazer aparecer a força criadora do hiato e da *cesura* entre ambas, mantém-se como premissa incontestada que a filosofia é a forma exemplar do *pensamento*, e a poesia é a expressão última do *sentimento*. Assim, reconhecer na poesia uma atividade de pensamento seria reconhecer sua parte filosófica, e descobrir na filosofia uma emoção seria atribuir-lhe uma parte poética, ou poesia.

A raiz filosófica da psicanálise, reconhecida por Freud, tem um desenvolvimento absolutamente original na *Teoria do pensar* de Bion (1962). Bion afirma que a psicanálise é uma resposta prática para questões filosóficas, ou seja, questões da vida, que os filósofos sabem colocar muito bem, entretanto, não podem dar a singularidade do sujeito da prática que sofre a soberana influência do inconsciente na vida mental.

Ao mesmo tempo, Bion diz que a relação entre a filosofia e a psicanálise precisa seguir a mesma ordem existente entre a matemática pura e a matemática aplicada, ou seja, a psicanálise precisa ter um campo definido por seus limites e possibilidades, e que seja regido por princípios epistemológicos que o afastem de crenças e hábitos vazios (Chuster, 2011; 2014; 2018).

A parte da matemática pura à qual Bion está se referindo são os *fundamentos da matemática*. Particularmente, os represento pelas questões epistemológicas desenvolvidas pelo matemático austríaco Kurt Gödel (Braaz et al., 2014) sobre as proposições indecidíveis e o princípio da indecidibilidade da origem. Essas ideias são complementadas pelo teorema do terceiro excluído, que propõe um ponto de indecidibilidade (vazio) a ser preenchido por decisões interpretativas transitórias, criadas por detalhes de observação e imaginação criativa.

Na ciência, Werner Heisenberg (Asimov, 1986) aplicou essas ideias para criar o seu princípio da incerteza na física quântica,[4] permitindo expandir a criação dos sistemas abertos, já apontados por Poincaré (Folina, 1992) para os sistemas vivos e dinâmicos.

Os *sistemas abertos* são espectrais, não lineares, não deterministas, não hermenêuticos, não diagnósticos, cuja existência a teoria da complexidade (Morin, 2003) classifica como uma forma ética universal de pensar, a ser seguida caso desejemos dar um futuro para a humanidade.

Existem muitos exemplos de sistemas abertos na obra de Bion: a teoria do pensar (1962), o objeto psicanalítico (1963), a grade (1963, 1965, 1977), a turbulência emocional (1976) e, sobretudo, o modelo observacional da cesura (1977).

Tentarei dialogar agora sobre como Bion, ao utilizar os sistemas abertos, evolui para um complexo *modelo de técnica psicanalítica*, que requer uma linguagem interpretativa que lhe seja adequada, e, por isso, se utiliza do paradigma da poesia que é um vigoroso exemplo de sistema aberto.

Como esse modelo de técnica faz a confluência de questões filosóficas, epistemológicas e estéticas da teoria do pensar (1962), preciso assinalar que a utilização do poético em Bion vai muito além de um estilo literário. Trata-se de um modelo de expansão da intuição e da imaginação na criação de muitos conceitos que emergiram na prática

4 Temos desdobramentos dos teoremas de Gödel nos sistemas computacionais e nas teorias do caos, dos fractais, da catástrofe e da complexidade.

psicanalítica. Nesse ponto, talvez possamos falar do poético como continente e da *poiesis* como conteúdo, fazendo contraponto com a intuição como conteúdo e a imaginação como continente.

Em poucas palavras, penso que Bion, ao aplicar essa relação continente/conteúdo na maioria de seus trabalhos, pode utilizar o que é mais profundo na ação poética – a *poiesis* –, sendo essa hipótese a que tentarei desenvolver a seguir.[5]

Para fazer isso, vou citar o que chamarei de poesia psicanalítica de Bion, e focalizá-la com o auxílio de dois poetas do século XX, Paul Valéry e Mario Quintana, e uma citação do sublime escritor brasileiro, não menos poético e profundamente filosófico, Guimarães Rosa. Eventualmente, adicionarei a poesia de Fernando Pessoa.

> *A matemática é a Linguagem da Realização ou de Restauração? O que é necessário não é uma diminuição da inibição, mas uma diminuição do impulso para inibir; o impulso para inibir é fundamentalmente a inveja dos objetos que estimulam crescimento. Deve-se procurar uma atividade que seja tanto a restauração de deus (a Mãe) como a evolução de deus (o informe, infinito, inefável, inexistente), que pode ser encontrado somente no estado em que não há memória, desejo, compreensão. (Bion, 1970)*

> *a linguagem é uma porta aberta para o infinito. (Guimarães Rosa* apud *Pontes, 1998)*

> *Aquele que escreve todo um poema numa noite de febre, não é um delirante febril, mas sim um sábio calculista,*

5 Poderia chamar de teoria da *poiesis* psicanalítica, complementar a teoria do pensar de Bion.

quase um algebrista, aos serviços de um sonhador refinado. (Valéry)

sonhar é acordar-se para dentro. (Quintana, 2005)

Correlacionarei essas citações poéticas com alguns conceitos desenvolvidos por Bion em *Transformações* (1965), *Atenção e interpretação* (1970), e *Cesura* (1977). Tais conceitos, antes do mais, produziram uma guinada epistemológica que nos leva dos dois princípios freudianos de funcionamento mental para os três princípios de vida (Bion, 1979). Os três princípios são outro vigoroso exemplo da complexidade de um sistema aberto: (sentimentos) + (pensamentos antecipatórios) + (sentimentos mais pensamentos mais **P**ensamentos); sendo este Pensamento com **P** maiúsculo sinônimo de *prudência* ou *previsão na ação*.[6]

Os três princípios de vida, representando uma expressão ético-estética da *poiesis* psicanalítica (Chuster, 1999, 2003, 2011, 2014, 2018, 2020) são uma espécie de produto final das proposições que Bion desenvolveu em sua obra sobre o estado mental adequado para o trabalho analítico.

A primeira proposição veio da poesia modernista de T. S. Elliot (*Four quartets*, 1968): *trabalhar sem memória e sem desejo* (Bion, 1967).

A segunda proposição foi descrita pelo poeta romântico Keats como um estado mental necessário para alcançar a *performance* literária: *capacidade negativa* (Bion, 1970). Se pudéssemos dar uma

6 O termo *prudência* é usado por Aristóteles como a mãe de todas as virtudes, que se traduz por um continente ético para a estética das interpretações. Trata-se de uma ética de pensamento psicanalítico. A prudência dá à luz o que chamo de barreira de contato ética (Chuster, 2020), que se inicia com a sinceridade e seus desdobramentos na palavra, no caráter, na coragem, na compaixão e no respeito à verdade e à vida.

definição simples, seria a busca de um autor pela beleza estética, não se importando se fazem sentido. Trata-se do que podemos chamar de licença poética, uma abertura para a criatividade, uma expressão de *suprema empatia.*[7]

Bion (1975, p. 220) disse que Keats, com sua capacidade negativa, descobriu o princípio da incerteza. A afirmação de que um princípio matemático foi descoberto por um poeta, bem antes do físico quântico, nos leva às descrições de Bion (também ao poema de Valéry) sobre um ponto de *poiesis* que tentarei esclarecer adiante.

O analista, ao se situar frente a existência desse ponto de indecidibilidade (incerteza), tem uma experiência emocional pela qual procura alcançar a singularidade do analisando, e aí, se puder adotar como prática os três princípios de vida, se encontra, sempre de uma nova forma, diante da escolha[8] da estrada de palavras (interpretação) a ser trilhada. Adiciono aqui a poesia de Bion: "a característica dominante de uma sessão é a personalidade desconhecida e não o que eu, o analisando ou o analista pensam que sabem" (1970, p. 96).

As palavras podem ser provenientes de muitas disciplinas, com a condição de seguirem um critério (prudência na ação) no campo analítico, ou seja, serem utilizadas para a observação do objeto psicanalítico em três áreas integradas: *mitos*, *sentidos* e *paixões* (Bion, 1962b, 1963). Em diversos trabalhos, mostrei que são integrações ético-estéticas (Chuster, 1999, 2003, 2011, 2014, 2018, 2020, 2021), que pensam o mundo de forma intuitiva, não discursiva, e que se opõem ao conceito de narrativa que usarei mais adiante.

---

7 Empatia é a capacidade para participar, experimentar e entender as ideias e os sentimentos de outras pessoas. Uma ferramenta de criatividade para entender pontos de vista diferentes do nosso.

8 Uso o verbo escolher no sentido descrito na poesia de Robert Frost: *The Road not Taken* (Chuster, 2018).

Encontrei em Hölderlin (Werle, 2005, p. 47) uma afinidade poética (Safransky, 2021) para o que acabei de dizer: o poeta ressaltando o vértice infinito da linguagem (da mesma forma que Guimarães Rosa), descreve uma "tripla natureza do *self* poético, pelo qual é possível operar a transição de um infinito determinado para um infinito mais geral". A tripla natureza de Hölderlin é constituída pelo *sujeito* (paixões), *objeto* (mitos) e *humano* (sentidos).[9]

Keats, com a expressão *capacidade negativa*, estava se referindo a um ponto em que enfrentamos algo que não possuímos, algo que requer a capacidade de tolerar uma tripla natureza: as *incertezas, os mistérios e as meias-verdades*,[10] com o critério de não ficar ansioso para entender e encontrar significado. As decisões executadas nesse ponto, por meio das palavras e da linguagem, resultam num *homem de êxito* (*man of achievement*) em literatura, que Keats exemplificou com Shakespeare e sua obra.

Bion (1970) trocou o substantivo homem pelo substantivo linguagem e postulou uma *language of achievement*, afirmando que a obra de Freud é um exemplo dessa linguagem. Não deveríamos, então, chamá-la de *linguagem de alcance psicanalítico*?

Bion (1970) também complementou suas ideias sobre a *language of achievement* usando a expressão *ato de fé*, o que significa que a linguagem psicanalítica deve intencionar a busca da verdade, não para encontrá-la, mas para que um ato de criação (*poiesis*)[11] se estabeleça (Nietzsche, 2001).

---

9 Se quiserem, podem levantar a hipótese de elementos comuns nos romantismos inglês e alemão.

10 São as três facetas do objeto psicanalítico: pré-concepção (incerteza), complexidade (mistérios), meias-verdades (espectro narcisismo-social-ismo).

11 Posso complementar esse aforisma nietzschiano com a famosa analogia de Fernando Pessoa da frase do general romano Pompeu: navegar é preciso, viver não é preciso. Pessoa disse: viver não é preciso, o que é preciso é criar. Que podemos entender como dar sentido à vida.

Utilizei o verbo "intenção", não no sentido de um desejo, e sim de uma *invariância* (Bion, 1965), uma direção que podemos escolher baseada na surpresa que a experiência emocional nos causa.

Na prática psicanalítica isso significa que a escuta enfrenta diversos tipos de narrativas. Temos narrativas sobre o dia a dia das coisas da vida, discurso científico sobre os problemas do mundo físico, preocupações religiosas, narrativas históricas sobre eventos que ocorreram ou que se supõe estejam ocorrendo, discurso sociológico/político sobre as instâncias práticas da sociedade. Todavia, é necessário levá-los, com o uso da capacidade negativa, para uma direção do limiar que se aproxima do que pode ser o limiar do discurso poético. Se emergir uma interpretação desse limiar, esperamos que possa ser, se não uma *language of achievement*, tomando esta como absolutamente poética, pelo menos uma *linguagem de alcance psicanalítico*.

Penso que esse limiar pode ser também chamado de *cesura* (Bion, 1977), outro conceito vindo da poesia. O significado original é uma pausa no interior de um verso, mas trata-se de uma pausa que, ao mesmo tempo, separa e liga dois estados mentais distintos, uma pausa que produz continuidade e diferença.

Novamente surge a questão: como estabelecer um *critério* (como fazem cientistas e poetas) quando estamos trabalhando com psicanálise para diferenciar a *linguagem de alcance psicanalítico* da linguagem que é simplesmente poética. Mais adiante, incluirei a *linguagem de substituição* (Bion, 1970) nessa diferenciação.

Para tal diálogo, vou parafrasear Bion (1979) com duas perguntas: como tornar nossa escuta psicanalítica capaz de atingir o *limiar poiético* (cesura)? Pode esse limiar nos tornar melhores analistas?

Existiria algo – em analogia com Hölderlin – que poderia ser chamado de um *self psicanaliticamente poiético* (Chuster, 1996, 1997, 2014, 2018, 2020, 2021)? Aquele que opera com *capacidade negativa*, possibilitando inserir a intuição numa imaginação capaz de investigar a relação finito/infinito, até publicá-la em uma interpretação.

Por exemplo, posso utilizar nessa investigação um mito, um sonho ou um pensamento onírico. Talvez um não seja utilizado sem os outros.

Escolho então o *mito de Satã*, descrito por John Milton em *Paradise Lost* (a versão de Milton para o mito de Édipo[12]) como um modelo de linguagem de alcance psicanalítico para pensar no conceito de *transformação em O* (Bion, 1965). Ao fazê-lo, digo que adoto Fernando Pessoa: "o mito é o nada que é tudo".

A riqueza imaginativa fornecida pela linguagem da queda mítico-poética de Satã mostra um personagem que, em virtude da curiosidade sobre sua personalidade, está constantemente caindo no espaço em direção a um infinito vazio e sem forma, e quanto mais ele cai, mais *cai em si mesmo*.

A expressão *cair em si mesmo* traduzo pelo subtítulo de Nietzsche em *Ecce Homo* (2019), "como chegar a ser o que se é", ou como tornar-se o ser que verdadeiramente somos. Encontramos dificuldades em todos os idiomas para achar uma expressão adequada para a correlação entre ser e tornar-se. Tal dificuldade é típica da abertura das palavras para o infinito.

O tornar-se quem verdadeiramente somos é uma queda, uma *mudança catastrófica* (Bion, 1966), no sentido de que o estado anterior nunca pode ser totalmente reconstituído. Entretanto, apesar de toda atividade desconstrutiva, a queda é *poiética* – é uma forma de criação: uma *transformação*. O que é criado é precisamente o advento de um novo sujeito, nunca dado, mas duramente conquistado no curso de uma luta por liberdade interna.[13]

Em outras palavras, a função do mito, enquanto cria um *limiar poiético*, pode ser descrita, em primeiro lugar, como função *restauradora*

---

12 Aproveito para dizer que posso usar quaisquer aspectos do mito de Édipo.

13 Podemos entender esse movimento mítico-poético na linguagem de Bion como uma transformação de K->O (a transformação psicanalítica que pode ter como consequência uma transformação em O).

da intuição analítica. Mas trata-se também de pensar mais (*evolução*) sobre a afirmativa kantiana: toda intuição sem conceito é cega, todo conceito sem intuição é vazio, e de que forma juntar os dois.

Intuição e *conceito* são vinculados num espaço-tempo de resultados incertos. É nesse espaço de incerteza que podemos encontrar uma importante contribuição de Bion. Ele foi além de Kant quando deixa implícito que intuição e conceito são ligados por meio da *imaginação* (Chuster, 2020; 2021).[14]

Em *Elementos de psicanálise*, Bion (1963) define o mito como uma forma básica de *pré-concepção* e um estágio pelo qual o conhecimento individual é comunicado ao grupo: uma *public-ação*. Seguindo Hölderlin, trata-se da tripla natureza da linguagem passando de um *infinito* individual para o geral.

A pré-concepção abre o caminho para a vida mental, por meio da realização que gera concepções e conceitos. A realização expressa um *pensamento antecipatório*[15] (Bion, 1979), um movimento transitório.

Como linguagem matemática, a *linguagem de realização*, é uma sucessão de conjuntos infinitos se combinando, criando um futuro, ao permitir a escolha de uma direção onde um padrão simbólico será encontrado (Matte-Blanco, 1977). Todavia, o padrão encontrado, que podemos chamar de *linguagem de restauração*, não perde a incerteza antes presente na pré-concepção, ou naquilo que ela contém de representação da *complexidade da vida*, criando uma inevitável tensão.

Essa tensão, ou *turbulência emocional* (Bion, 1987), é comum a toda criação. Quando consideramos as alterações na observação

---

14 A imaginação, bem trabalhada no texto *Transformações* (Bion, 1965) se refere à criação de um modo que nenhuma filosofia, com exceção de Castoriadis (que era também psicanalista) dá conta. Todos falam de produção, desde Kant até Marx. A criação implode a ontologia tradicional, que é uma ontologia determinística, onde se exclui a possibilidade de novas determinações.

15 Um dos três princípios de vida descritos por Bion (1979).

produzidas pelo observador, a tensão fica maior, e faz-se imperativo considerar que, de fato, somente em um passo à frente, no futuro que ainda não aconteceu, é que encontramos uma continuidade de pensamento ou mesmo o pensamento em si.

Pode parecer uma contradição se digo que o que penso não está no presente, mas no amanhã que ainda não aconteceu. Entretanto, tal contraditório existe apenas no determinismo psíquico, não na teoria da complexidade pela qual se acolhe as hipóteses mais imaginativas e fictícias, como também aquelas que constituem o lugar-comum.

Posso aproximar tais afirmativas do "misticismo filosófico" notavelmente representado por William Blake. Blake certamente não era filósofo, mas enquanto poeta, era um visionário, e assim evolui para restaurar um ponto onde não se pode separar a poesia da filosofia, ao dizer: "Eu escrevi esse poema ao mesmo tempo sem nenhuma reflexão e contra a minha vontade... não fui nada mais do que um secretário. Os autores permanecem na eternidade" (Blake, 2008).

De certa forma, Blake está se livrando de suas memórias e de seu desejo para explicitar o que causa o seu ato poético: linguagem de restauração ou realização?

Em *Casamento do inferno com o céu*, Blake (2008) afirma que a razão pela qual Milton escreveu *Paraíso perdido* foi o fato de ter tanto de poeta verdadeiro, "quanto de parte com o Diabo sem o saber". Observe-se que a visão artística e literária de Blake apreende o processo de criação associando a queda do conhecimento prévio, mostrando que não é o conhecimento que nos faz mudar, mas o enigma que nos invade. Esse enigma é "*O*", que é tanto um *Onthos* quanto um *Opus* (Chuster, 2014; 2018; 2021).

Esclareço: quando tentamos encontrar uma linguagem para expressar o *enigma*, ela estimula o pensamento enquanto abre para as *emoções*, que são subjetivas e nada acrescentam às narrativas sobre o mundo. O resultado necessariamente não aumenta conhecimento, embora possa ser um prelúdio para o espaço do ser por meio dessas emoções.

Suponha, no entanto, que o discurso narrativo usurpa nossas observações, substituindo o que poderia fazer emergir a experiência emocional (Bion, 1962). Nesse caso, torna-se uma *linguagem de substituição*. Ela substitui a ação e não é prelúdio; ou seja, retira o potencial criativo da pré-concepção, podendo transformar-se em crenças e dogmas, e inibir a matriz amorosa geradora do prelúdio e da ação (Bion, 1970).

Narrativas são sempre o produto de memórias e desejos, obscurecem o enraizamento primário do ser e endossam uma visão não crítica da realidade que se transforma em um conceito de *verdade-adequação* – que coincide com a produção de falsidades e mentiras.

Para ir numa direção diferente das narrativas, preciso da *poiesis*, e para expandir a afirmativa, vou citar, mais uma vez, Fernando Pessoa, com o pseudônimo de Alberto Caeiro.

> *Se algumas vezes eu digo que as flores sorriem*
> *E se digo que os rios cantam*
> *Não é porque eu penso que existem sorrisos nas flores*
> *E canções nos rios*
> *É porque desta forma, eu faço os homens falsos sentirem*
> *A real existência de flores e rios.*

Adoto a poesia citada como modelo de descrição do espectro reverie/função alfa para a seguinte situação no trabalho do analista: quando entramos em contato com o paciente na sala de espera, ele nos permite sentir o cheiro do movimento, a cor do silêncio, o gosto da presença, o som da pele, o ruído do olhar. Não sabemos o que captamos nesse mundo infrassensorial/sensorial até nos instalarmos na poltrona e, com esse prelúdio para a sessão, entramos no simbólico do ato analítico. Acaso e escolha se unem nesse ponto de indecidibilidade.

Não existe nada de científico nessa descrição da realidade captada; eu não coincido comigo mesmo quando sigo essa forma de pensar. Eu discordo do comum, da forma coloquial, da lógica trivial, entretanto, essa não coincidência é de onde surge a *exatidão* da linguagem psicanalítica. Posso exemplificar essa não coincidência nas passagens de *Memória do futuro* (1975), onde existe o diálogo entre *Bion, Myself e P. A.* Os três não coincidem. *Myself* informa *algo* à *Bion* que não coincide com Bion, que precisa publicar essa informação como *P. A.*, também não coincidente com *Bion* ou *Myself*. Trata-se de um *inevitável sonhar*, que, como disse Quintana, é um *acordar-se para dentro.*

A *linguagem de alcance psicanalítico* é uma espécie de poética da exatidão porque fala de *sentimentos*. Os sentimentos têm precisão matemática, assim explicitou Bion, e criam uma cesura que é como uma diferença transcendental para um momento específico do vínculo analítico. Volto aqui ao poema de Valéry quando o matemático fica à serviço de um sonhador refinado.

Utilizo a expressão *diferença transcendental* como um sinônimo pessoal para o enigma, para "O" ou para a pré-concepção. A expressão propõe um diálogo sobre a psicanálise em Bion como uma *prática da transcendência* cuja *poiesis* nos tira da ética dramática voltada para a morte e nos traz para o contexto de uma linguagem que tem a matriz amorosa pela verdade (Bion, 1970).

As afirmativas anteriores me levam a propor para a psicanálise o adjetivo de *atividade prático-poiética* (Chuster, 1997; 2006; 2021). Penso que essa é a mais antiga definição da *techné*, aquela que está em Homero,[16] significando o decifrar de um *enigma* que faz trazer algo à tona (Chuster, 1997; 2014; 2018; 2021), ou faz ser – sem perder o vigor do enigma – o que era para vir a ser.

16 O surgimento da poesia de Homero, como infância da humanidade, assinala uma disjunção. Entusiasmado pelo fogo de Apolo, o poeta toma um gole de água sóbria roubada do cântaro de Juno. A cisão que lança contradições é a mesma que traz a liberdade.

A psicanálise é *prática* porque seus participantes são parte ativa no processo, sendo o analisando o agente principal de sua transformação.

A psicanálise é *poiética* porque é criativa, seu resultado confere uma nova forma de se relacionar com o inconsciente, promove o uso da estética das emoções na descrição do mundo e nos leva também ao universo ético-estético da *liberdade de pensamento*.

Para finalizar, cito Bion (1965) dizendo que a interpretação deve fazer algo mais do que aumentar o conhecimento do analisando sobre si mesmo. Esse algo mais, fornecido pela estética das emoções e pela ética da sinceridade, pode, ao favorecer o tornar-se o ser que verdadeiramente somos, gerar algo que melhora a qualidade da vida psíquica. Contudo, quando digo "pode" é para não dizer que não falei da incerteza (ou de flores e rios).

2. Capacidade negativa: um conceito fundamental na vida de um psicanalista

Ao entrar na faixa dos setenta anos de idade, constato que, em grande parte da minha vida, estive intensamente engajado na prática psicanalítica, lendo e escrevendo (ou tentando escrever) sobre psicanálise e me divertindo com essas atividades. Claro que também tive muitos aborrecimentos e decepções, sobretudo, com a instituição psicanalítica. Todavia, penso que o saldo da diversão é o mais relevante.

Justifico-a citando uma passagem do Eclesiastes 38:24, encontrada em Bion, em que se lê que "a sabedoria do escriba vem através da sua capacidade para o lazer". Apesar da frase estar no contexto bíblico, desconfio que ela provém de Aristóteles. O filósofo ressaltou de forma brilhante a importância do riso, da poesia e do lazer para quem trabalha com conhecimentos.[1]

Apesar de estar me alimentando da psicanálise há 45 anos, não cheguei a uma conclusão sobre ela. A minha *incerteza* permanece, as

1 Numa breve análise etimológica do termo "lazer", temos que ele vem do latim *licere*, que, por sua vez, vem da escola de Aristóteles, o Liceu. Interessante que, em grego, lazer é *scholé*: um termo que dá origem a "escola" em diversas línguas: *school* em inglês, *Schule* em alemão. Tudo indica que lazer englobava o aprendizado e as descobertas.

meias-verdades não me deixam, e o *mistério* diário da clínica continua a me animar. Aqui estou parafraseando o poeta Keats, que descreveu a capacidade de tolerar essa tríade como *capacidade negativa*, e que graças a W. R. Bion (1970) foi introduzida como estado mental necessário para praticar psicanálise.

Freud já havia descrito um estado semelhante quando, numa carta para Lou Andréas-Salomé, disse que quando estava investigando lugares obscuros e escuros, procurava se *cegar artificialmente* para melhor ver a luz, renunciando à compreensão e à gratificação obtidas dos elementos simbólicos conhecidos.

Incertezas, mistérios e meias-verdades são elementos que falam sobre um sistema eternamente aberto que compreende o universo multidimensional dos objetos complexos. Isso significa que, ao entrar numa sessão de análise ou ao enfrentar uma página em branco para desenvolver algum tema, sinto que tenho de continuar descobrindo a psicanálise por mim mesmo. O conhecimento passado não me adianta muito. Portanto, só tenho as minhas perplexidades atuais para oferecer. Não é nenhum engano se alguém disser que estou falando das lições de Bion.

A perplexidade é uma consequência do nascimento, ou, em geral, da passagem por uma *cesura*. Trata-se de uma experiência que só encontra boa acolhida na *imaginação*. Quando se coloca uma *cesura*, iniciamos uma conversa entre as dimensões "dentro" e "fora" simetricamente dispostas em um espectro de possibilidades, que incluem continente e conteúdo, ir e vir, luz e sombra, acordado e dormindo, e assim por diante. Esse é o modelo espectral de pensamento que entendo ter sido desenvolvido por Bion.

Os setenta anos me fizeram ver que só dúvidas e perplexidades posso oferecer. Mas não me sinto velho por causa disso. Penso que esse é apenas um problema velho em psicanálise de tanta juventude que possui. Foi assim com Freud, e com muitos de seus seguidores. Quando digo "muitos" (o que pode significar incontáveis), quero dizer que nem todos os psicanalistas que o sucederam o seguiram nesse mérito.

O escritor inglês Quincey[2] escreveu que descobrir um problema novo é de fato tão importante como descobrir a solução para um velho problema. O problema velho que trago é a perplexidade em psicanálise. Mas ele é novo a cada sessão.

O que me conforta nesse ponto é a história da filosofia, da qual provêm as minhas questões desde que sigo a *Teoria do pensar* de Bion (1962a). Essa história é, na realidade, uma história das perplexidades dos hindus, dos chineses, dos gregos, dos escolásticos, de Hume, de Schopenhauer, de Kant, Nietzsche, e por aí afora. Por essa razão, pretendo, com quem dialogo, apenas compartilhar minhas perplexidades psicanalíticas.

Não escrevo para alguém especificamente, não escrevo para responder perguntas que apresentam deslocamentos lógicos, pois não posso dar conta de diferentes paradigmas como se fossem a mesma coisa. Tampouco pretendo fazer afirmações demagógicas para serem aplaudidas. Simplesmente me concedo licença "poética" para citar Bion no que ele traz de perplexidade e tirar dela proveitos significativos.

---

2 Thomas de Quincey foi um helenista precoce e erudito. Além de *Confissões de um comedor de ópio* (título da versão brasileira de sua principal obra), Quincey escreveu diversos ensaios: pequenos tratados e monografias, estudos e pesquisas sobre filosofia e lendas alemãs, artigos sobre economia, política, história e crítica literária. Também escreveu inúmeros artigos que foram publicados em jornais, por exemplo: "Batem à porta de Macbeth", "O assassinato considerado como uma das belas-artes", "Recordações dos poetas lakistas ingleses". A título de curiosidade para o público de língua portuguesa, deve ser salientado ainda que é atribuída a Quincey a autoria de dois textos anônimos referentes à Guerra Peninsular, nomeadamente "The peasant of Portugal", escrito em 1827, e no ano seguinte, "The Caçadore. A story of the peninsular war".

Bion (1979) expressou isso de uma forma bem-humorada: como tornar proveitoso um mau negócio? O mau negócio é a *prática analítica*. Podemos acrescentar aqui a frase incompleta de Freud que dizia ser a psicanálise uma profissão impossível – certamente, impossível de ser praticada como as demais.

Passei grande parte da vida mergulhado em livros e incontáveis trabalhos de psicanálise, muitas vezes tentando me consolar dessa impossibilidade, e tive incontáveis vezes a desconfortável sensação de ter lido escritos de astrônomos que nunca olharam para as estrelas. O que quero dizer é que muitos autores escrevem sobre psicanálise como se a psicanálise fosse uma tarefa de parâmetros formais e não o que realmente é: algo vivo como uma paixão e uma alegria que faz pensar. Derivo aqui para a máxima de Nietzsche que "pensar é uma festa".

Ao usar essa expressão, sinto que devo dizer mais sobre ela, pois não é uma "festa" no sentido tradicional de evento comemorativo. Se houver alguma celebração, ela é apenas da linguagem que abre um novo mundo, que é o da coisa em si, o mundo da inovação semântica. Aqui incluo a linguagem de alcance psicanalítico.

Entendo que é pela alegria do pensar que a vida se torna *vínculo do conhecimento*, porque só tendo alegria em pensar é possível concluir que a vida é digna de ser vivida. Ainda, de acordo com Nietzsche, é pela doutrina da alegria que se poderia chegar a uma doutrina da vida. Uso aqui a palavra doutrina no sentido japonês (Dô) de caminho a ser trilhado – não o caminho certo, mas o que escolhi.

Por exemplo, li com grande respeito muitos grandes autores de psicanálise nos quais me foi dada uma definição de *inconsciente*. Quando os li, achei que iam me trazer menos inquietude e que as coisas ficariam mais fáceis. Total engano. Não podemos entrar em espaço aberto e desconhecido sem ter dúvidas e incertezas, sem levar em conta a hipótese de que nada pode ser encontrado. E se de fato nada for encontrado, temos que tolerar a existência do que John Milton (2016, canto IV) chamou de "vazio infinito sem forma". Aí veremos que o mundo surgiu de águas lôbregas e profundas, conquistado do vazio infinito sem forma.

Eu vejo isso em certos pacientes cujo discurso, apesar de bem articulado, nunca consegue atingir o problema para o qual vieram pedindo ajuda. Assim não podem nem mesmo aceitar ajuda, pois não chegam a saber do que necessitam. Quando se lhes aponta algo, não sentem que é para eles.

Assim, mesmo após complementar com diversos intérpretes de autores famosos, não me vi longe da questão de estar entre o *ser* e o *nada*, desenvolvida por Sartre. Nesse caso, a situação descrita pelo escritor Elias Canetti, quando disse que evitava pronunciar a palavra inconsciente pelo receio de tirar dele o seu mistério, me agrada muito.

Portanto, em vez de me acalentar, a maioria das definições de inconsciente sempre me trouxeram a perplexidade de estar observando as estrelas sem telescópio, e não restou saída senão voltar a descobrir a psicanálise; voltei à vida. Voltei à tentativa de me compreender e a desenvolver – imaginativa e simpaticamente – o tornar-se analista capaz de entrar numa sessão de análise com suas possibilidades.

Preciso aqui fazer uma exceção com Bion, pois ele me levou sempre de volta para a prática da observação. Ele insistiu em admitir a ignorância e insistiu na busca da perplexidade. Bion disse que o inconsciente é um tigre, o consciente um elefante indo atrás dele, e a psicanálise só uma listra do tigre que teremos a felicidade de ver por um instante. Que imagem maravilhosa. Mergulhando nela, consigo sentir o cheiro úmido da floresta, a alternância de temperatura nas regiões de luz e sombra, escuto o silêncio sendo quebrado pelo ruído sorrateiro do tigre nas folhagens e sou atingido pelo vento da passagem de um elefante correndo. Hoje entendo que preciso dessa vivência ao começar uma sessão de análise. Eu descrevi essa vivência como a parte embrionária da realização, a *imaginação radical* que combina conjuntos infinitos de imagens que não são visuais, mas olfativas, táteis, auditivas, proprioceptivas.

Relaciono tais impressões sensoriais com a poesia de Rudyard Kipling, *O caminho na floresta*:

> *Se você entrar na floresta*
> *em uma tarde de verão,*
> *Quando a brisa noturna esfria as lagunas cheias de trutas*
> *Onde a lontra assobia chamando seu companheiro,*
> *(Eles não temem os homens, pois os viram muito pouco)*
> *Você ouvirá o som do trote de um cavalo,*
> *E o farfalhar dos estribos no mato orvalhado,*
> *Galopando continuamente*
> *através de ermos enevoados,*
> *Como se eles soubessem trilhar perfeitamente*
> *a velha estrada perdida na floresta.*
> *Mas não há estrada alguma. (Kipling)*

Note-se na poesia que o sensorial precede o que chamamos de intuição, e esta não pode expandir sem a imaginação que lhe fornecerá conceito. Assim, o "poético" não é um gênero literário, mas o espaço da inovação semântica, da proposição de um mundo, da suscitação de uma nova compreensão de si.

Alguém pode perguntar: mas isso é uma origem poética? Parece filosofia...

Respondo que existe um ponto em que não se pode decidir se é uma coisa ou outra. Elas são as duas coisas. Trata-se de um momento originário. Assim, o inconsciente é, como diz Bion (1965), um "O" – um "*Onthos*" que nada diz –, e quando vou na suposta direção onde parece estar, ele já se moveu e continua se movendo ("*Opus*"), e quando parece ser alcançado, já voltou para onde eu pensava que inicialmente estava. Parece que o inconsciente é como o vai e vem de uma onda quântica que não encontra barreiras.

A ideia solicita minha imaginação e junto com ela me deu um caminho de poesia, pois isso é o que aprendo em Bion: a vida é feita de poesia. Uma afirmação, para muitos, um tanto ao quanto desinteressante.

A poesia não nos é alheia; a poesia nos espreita, como diz Borges, a cada esquina. Pode saltar-nos em cima a qualquer momento. Faz aquilo que o *inconsciente* faz nas sessões de análise. Uma mente psicanalítica deve estar preparada para esse encontro, para essa, digamos, *serendipidade*. Posso também traduzir o sujeito da serendipidade pelo encontro – descrito por Bion na *Memória do futuro* – entre *Myself, Bion* e *P. A.* Um encontro que sempre traz perplexidade.

Vou fazer agora uma conexão entre Bion, Keats e Arnaldo psicanalista.

Keats usou a expressão capacidade negativa em uma carta a seus irmãos, George e Thomas, em 22 de dezembro de 1817. Ele descreveu uma conversa que ocorrera alguns dias antes, após uma festa de Natal:

> *Não tive uma disputa, mas uma dissertação com Dilke, sobre vários assuntos; várias coisas surgiram em minha mente, e imediatamente me ocorreu a qualidade que formaria um Homem de Êxito, especialmente na Literatura, e que Shakespeare possuía tão imensamente – quero dizer capacidade negativa, isto é, quando um homem é capaz de permanecer com suas incertezas, mistérios, meias-verdades, sem ficar ansioso para buscar um fato que produza compreensão – Coleridge, por exemplo, se deixaria levar por uma fina verossimilhança isolada captada no Penetralium do mistério, por ser incapaz de se contentar com meias-verdades. (Bion, 1970)*

Provavelmente Keats, Dilke e Brown estavam bêbados após a festa de Natal, quando tiveram essa conversa em Keats definiu com a palavra "*disquisition*". Posso imaginar que bastante whisky seja capaz de transformar *discussion* em *disquisition*. Mas nunca saberemos, pois, a profundidade das coisas formuladas pode, de fato, preencher uma tese.

Samuel Taylor Coleridge (mencionado por Keats) era, em 1817, um alvo frequente de críticas por parte dos poetas mais jovens da geração de Keats, muitas vezes ridicularizado por sua paixão pela filosofia idealista alemã. Contra a obsessão de Coleridge pela verdade filosófica, Keats estabelece o modelo de Shakespeare, cuja poesia articulou vários pontos de vista e nunca defendeu uma visão particular da verdade.

As ideias de Keats, como geralmente acontecia em suas cartas, foram expressas concisamente, sem nenhum esforço para expor completamente o que ele queria dizer, e trechos de outras cartas se estendem sobre o mesmo tema.[3]

---

3 Em uma carta a J. H. Reynolds, em fevereiro de 1818, Keats escreveu: "Odiamos a poesia que tem um desenho palpável sobre nós – e se não concordamos, parece algo como colocar a mão no bolso da calça. A poesia deve ser grande e discreta, algo que penetre na alma da pessoa e não a assuste ou surpreenda consigo mesma, mas com seu tema". Em outra carta a Reynolds no mês de maio seguinte, ele inventou a metáfora da "câmara do pensamento de donzela" e a noção do "fardo do mistério", que juntos expressam quase a mesma ideia que a capacidade negativa: "Eu comparo a vida humana a uma grande mansão de muitos apartamentos, dois dos quais posso apenas descrever, as portas do resto ainda estão fechadas para mim – o primeiro em que entramos chamamos de câmara infantil ou irrefletida, na qual permanecemos como enquanto não pensamos. Permanecemos ali por muito tempo, e apesar das portas da segunda Câmara permanecerem abertas, mostrando uma aparência brilhante, não nos preocupamos em nos apressar; mas somos, finalmente, impelidos imperceptivelmente pelo despertar do princípio pensante – dentro de nós – mal entramos na segunda Câmara, que chamarei de Câmara do Pensamento Donzela; ficamos intoxicados com a luz e a atmosfera, vemos nada além de maravilhas agradáveis, e pense em atrasá-las para sempre no deleite. No entanto, entre os efeitos dessa respiração, está a grandeza de aguçar a visão do coração e da natureza do Homem – de convencer os nervos de que o Mundo está cheio de Miséria e desgosto, dor, doença e opressão – por meio das

Não se sabe exatamente por que Keats se fixou na expressão "capacidade negativa", mas alguns estudiosos levantaram a hipótese de que o poeta foi influenciado em seus estudos de medicina e química e que se refere ao polo *negativo* de uma corrente elétrica que é passiva e receptiva. Da mesma forma que o polo negativo recebe a corrente do polo positivo, o poeta recebe impulsos de um mundo cheio de incertezas, mistérios e meias-verdades, que não se explica, mas que o poeta pode traduzir em arte. Seja qual for o motivo, sua escolha da palavra *negativo* foi verdadeiramente inspirada, se pensarmos que ela nada tem a ver com algo pejorativo, mas alusivo àquilo que não possuímos. Algo como o amor que nos esforçamos para alcançar uma realização.

O desenvolvimento do conceito em Bion, ao expandir na psicanálise a experiência poética de Keats, significa nos tornar capazes de observar simultaneamente todos os aspectos do objeto psicanalítico e colocá-los numa linguagem interpretativa.

Desse modo, entendo que as *incertezas* correspondem à pré-concepção, as *meias-verdades* correspondem às concepções que emergem no espectro narcisismo/social-ismo, e os *mistérios* aos fatores inerentes à *complexidade da vida*.

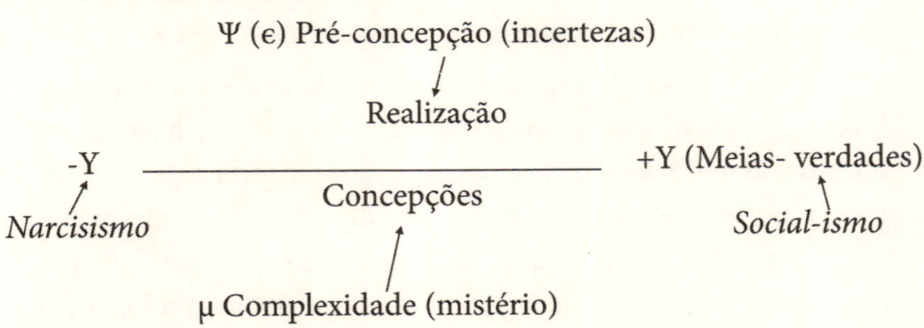

quais esta Câmara do Pensamento Donzela se escurece gradualmente e, ao mesmo tempo, em todos os lados dela, muitas portas são abertas – mas todas escuras – todas levando a passagens escuras – Vemos não o equilíbrio do bem e do mal. Estamos em uma névoa – estamos agora nesse estado – sentimos o 'fardo do mistério'".

Vou abordar agora outra questão trazida pelo conceito de *capacidade negativa*, que é a questão da *imaginação produtora* de imagens que antecede a interpretação e segue à intuição. Penso que foi nesse sentido que Bion aproximou a habilidade do escritor, descrita por Keats, e a capacidade do analista para fazer interpretações e construções. Vou citar mais uma vez Bion:

> *Eu acho que como psicanalistas estamos tão acostumados a ver coisas que não são comuns, que acabamos esquecendo o tamanho do problema que trazem: a dimensão do problema que teremos que ver amanhã. Além disso, com respeito a este jogo particular, eu gostaria de sugerir que esse tipo de jogo seja uma versão sofisticada do jogo infantil, que podemos explorar para exercício de nossa imaginação, ou fazer o que uma criança faz. Sugiro que esteja relacionado aos propósitos do analista. A questão é sobre a sessão de amanhã.*[4]

A questão é a capacidade imaginativa do analista e que, como toda capacidade imaginativa, depende da troca entre símbolos recebidos da cultura (heterônomos) e a formação autônoma de símbolos.

Uma troca flexível e rápida dos símbolos heterônomos para símbolos autônomos e vice-versa depende da função alfa. Meltzer (1997), diferenciou-a em dois tipos: a função alfa das concepções – pensamentos que estabelecem as relações do indivíduo com ele mesmo – e a função alfa dos conceitos, que pode ser chamada também de *função alfa do self*, pois ela gera pensamentos que permitem a relação dos

---

4 Essa citação de Bion está livro *Capacidade negativa, um caminho em busca da luz*, de Arnaldo Chuster, editora Zagodoni, provém de um tape (fita cassete) que reproduz um seminário de Bion na clínica Tavistock, Londres, 1977, e não tem publicação exceto no livro. O filme deste seminário pode ser localizado na internet.

indivíduos com outros e com o teste da realidade externa de onde provêm os símbolos heterônomos.

Os problemas da capacidade imaginativa e a sua variação nas pessoas são um indício importante do funcionamento da função alfa. Certamente que uma pessoa com falhas importantes na função alfa autônoma (concepções) terá dificuldades de usar sua imaginação, pois a capacidade de trocas ficará diminuída e irá predominar o bombardeio de símbolos adquiridos na cultura. Quando a heteronomia predomina sobre a autonomia, isso torna o indivíduo mais vulnerável a uma série de problemas.

Por exemplo, uma criança com o desenvolvimento prejudicado por ausências ou divergências graves entre os pais, sobretudo, ausências emocionais e divergências éticas, irá apresentar falhas da função alfa que se expressam pelos *sentimentos* prevalentes de sua personalidade.[5] Se interage com muito *ódio*, suas *concepções* podem desviar os rumos da experiência para o espectro narcísico, que determina vivências de ameaça, e *pensamentos* persecutórios, que podem formar um *superego assassino* (o que mata vínculos, cria incoerências e favorece atitudes inconsequentes). Com isso, ela se torna uma criança vulnerável a uma série de problemas, como *falta de sinceridade*, *indiferença emocional*, *ataque social*, *desvios éticos*, podendo, em algum momento, chegar ao *crime*.

Essa criança, ao chegar à vida adulta, manterá essa mesma vulnerabilidade para os mesmos problemas, e mesmo que o indivíduo tenha tido uma boa condição social e uma educação que lhe forneça conceitos éticos e estéticos, irá preferir os conceitos antiéticos e antiestéticos, o

5 Aqui pode aparecer medo da morte, agravado por inveja, ou inveja mais voracidade, ciúmes, enfim, toda uma gama de sentimentos que possuem um aspecto constitucional não modificado pela experiência de vida. São sentimentos que constituem as emoções violentas, mais da ordem da excitação que busca descarga como elementos beta.

que significa *princípios de vida* empobrecidos com tendência a atitudes precipitadas e antiemoções.

Uma criança que *não* tem a imaginação flexível será muito mais facilmente bombardeada e influenciada pelos símbolos da cultura. Ela se torna mais consumista, mais superficial na intimidade. Se ela chega a um tratamento analítico, exige do analista uma grande capacidade de formação autônoma de símbolos. O mesmo ocorre com pacientes adultos nos quais percebemos uma dificuldade para interagir com interpretações e que, em geral, se perdem em relatos saturados dos quais não parecem se dar conta da existência do analista. Quando isso ocorre, é preciso indagar o tipo de mundo que essa pessoa habita (conceitos), pois esse tipo de paciente sobrecarrega o trabalho do analista, exige muito da capacidade imaginativa, tornando o trabalho mais cansativo do que o habitual. Foi em virtude desses pacientes que muitas análises fracassaram por se transformar em uma técnica sedutora, de conluio com memória e desejo, ou de *enactment* com os pacientes; uma técnica com pouco efeito no sentido de penetrar no inconsciente dessas pessoas.

A função da técnica analítica (metodologia e prática de trabalho) não é curar, mas penetrar com algum entendimento no inconsciente dos pacientes, seja ele adulto ou criança. Se seguimos as ideias sobre o *objeto psicanalítico* de Bion e o uso da capacidade negativa, questões tradicionais como transferência positiva e negativa, *acting-out* etc. passam a ter pouca importância terapêutica. De acordo com Bion, existe muito pouco ou nenhum efeito na análise se o analista não escuta e esclarece a *parte psicótica da personalidade.*

Não podemos impedir a expressão da falha da função alfa quando ela existe; e ela existe sempre em algum grau. O que se pode fazer é admitir essas falhas, procurar entendê-las como elemento transitório do vínculo e interpretá-las seguindo a *experiência emocional*, o que aumenta a confiança do paciente na capacidade imaginativa do analista e na sinceridade como fator essencial no desenvolvimento psíquico. Isso implica uma opção fundamental pelo desenvolvimento ético-estético (maturidade do ser e construção da subjetividade como autonomia social[6]), e não de "cura".

A destrutividade da parte psicótica provém sempre da dor psíquica (*intolerância à frustração*) que toma vários caminhos de perda de significado. Assim, o problema clínico não é a intensidade da dor, mas a atitude em relação a essa dor. Essa atitude depende da capacidade para pensar e usar a imaginação – a capacidade negativa – quando então o interesse do analista não é pela dor em si, mas pelo significado da dor. Pode parecer que o analista está sendo duro e insensível ao interpretar significados em meio à turbulência da dor, mas é um fato clínico conhecido que quanto mais interesse é colocado no *significado*, mais tolerância a essa dor o indivíduo desenvolve e toma outras soluções que modificam a realidade em vez de fugir dela.

A psicanálise de fato diminui pouco a dor dos processos de vida que os pacientes trazem. Temos pouca ou nenhuma capacidade de diminuir as dores fundamentais do viver, mas podemos ajudar a diminuir a confusão psicótica e a dificuldade para pensar. Podemos ajudar a perceber a diferença entre sentir a dor e sofrer a dor, entre emoções violentas e emoções com significado, entre ruídos e sons, luz e sombra, cortesia e sedução, inteligência e esperteza, onipotência e desamparo, ver e olhar etc. As possibilidades simétricas são infinitas.

Conversando com um ex-analisando de Bion, ele me relatou que, certa vez, chegou à sessão se queixando de dor nas costas em virtude de uma partida de tênis que havia jogado pela manhã. Disse que talvez não conseguisse se deitar no divã. Bion o surpreendeu ao dizer de forma algo sarcástica que, quanto a isso, a psicanálise nada pode fazer, pois ela não elimina as dores da vida... O analisando se apegou mais

---

6 Capacidade de viver em grupo sem perder a identidade e as posições pessoais. Não ceder a chantagens e conluios, nem fidelidades teóricas. Duvidar do estabelecido.

ao tom de Bion do que ao conteúdo e retrucou de forma irônica: "Fala sério, Dr. Bion". Ao que Bion retrucou: "estou sendo sério duas vezes para evitar o falso apaziguamento entre uma dialética do seu corpo com sua mente. Afinal, apesar de tudo, foi por isso que você veio hoje, motivo sobre o qual ainda nada sabemos".

A vida é para ser vivida, e não há vida sem o pensar. A *capacidade negativa* coloca a fundamental questão do tempo de vida, ou seja, de como tolerar o mistério, a incerteza e a infinitude do tempo para usá-lo melhor. O tempo perdido não pode ser recuperado. Outras coisas podem, mas não a perda do tempo, que é muito valioso, e a parte psicótica está sempre atrás desse desperdício.

Penso que é importante para o analista ter em mente que não está apenas abrindo um tempo de sessão para o paciente; ele está dando para o analisando algo muito precioso que é seu tempo de vida. Isso é a *capacidade negativa*.[7]

Com Bion, ficou evidente que a função da psicanálise é preservar o pensamento humano e, com isso, preservar a autonomia humana e social. Nós somos analistas; em nosso trabalho, não somos médicos nem psicólogos, não fazemos consultoria amorosa nem somos conselheiros financeiros, não somos assistentes sociais. Não fazemos caridade nem exercemos doutrinação política. Estamos em busca do *sentido* das coisas para favorecer o pensamento e preservar a capacidade para pensar.

---

7 Não perceber esses fatos vem causando um fracasso conceitual desde o começo da psicanálise, com a preocupação de Freud com os dois princípios de funcionamento mental e com a questão da dor *versus* prazer. A substituição por Bion desses dois princípios pelos três princípios de vida (1979) cria condições para pensar e falar sobre o significado da dor, e não sobre a dor da dor. Ou seja, a dor psíquica pode – e frequentemente o faz – assumir um caráter do polo narcísico das concepções (vide o objeto psicanalítico), propiciando um tipo de funcionamento mental de falta de sinceridade, falta do valor das palavras, falta de caráter, falta de coragem, falta de compaixão (crueldade) e desprezo pelo sentido da vida e pela verdade. Quando esses valores estão preservados, integrados, nomeio de barreira ético-estética de contato: o "anjo da guarda" do analista (Chuster, 2020).

3. O longo alcance da psicanálise: um ensaio curto sobre a memória do futuro

A relação entre duas letras gregas *ψ (ξ)*, uma expressão derivada do algoritmo das funções matemáticas *f (x)*, foi usada por Bion para representar a *pré-concepção originária*, bem como a *preconcepção* que são as concepções que guardam o valor da pré-concepção originária. Essa diferença entre pré-concepção e preconcepção aparece em *Transformações* (1965).

Podemos pensar no conceito de pré-concepção como representando a *função primordial* geradora da mente. Trata-se, parafraseando John Milton, de um conceito que nos fala de um mundo *invisível* aos olhos dos seres humanos, um mundo infinito e sem forma, um mundo emergido da inacessibilidade de águas lôbregas e profundas. Todavia, essa função é absolutamente essencial para nos designar como seres humanos, e também indica o potencial que, uma vez acionado na direção da busca da verdade no processo de conhecer a si mesmo, faz com que exista evolução do ser por meio da liberdade para pensar e criar.

O maior ou menor alcance da psicanálise depende da extensão dessa evolução. O futuro da psicanálise depende dela, tanto teórica quanto praticamente. Por exemplo, penso que uma análise bem-sucedida pode ter um longo alcance, embora dependa de certas condições. Uma delas é permitir um mínimo de condições para alcançar uma vida emocional de boa qualidade, e também de fornecer a capacidade de retornar constantemente ao processo consigo mesmo, e ter a consciência da necessidade de retornar temporariamente com outrem se o processo consigo mesmo estiver falhando.

Em outras palavras, as duas letras gregas ψ *(ξ)* representam a ideia de que existe algo como uma mente embrionária que floresce como singularidade humana via concepções e conceitos. Todavia, o recurso da abstração nos leva às imagens antes das ideias, e, novamente, estas devem levar às imagens para que possamos continuar pensando e não quedemos satisfeitos. Uma das piores defesas contra o conhecimento é considerar o conhecimento adquirido satisfatório (Bion, 1976).

Em vários trabalhos me referi ao conceito de *imaginação radical* como sendo o movimento mais primitivo que desenvolve a mente embrionária a partir dos ritmos intrauterinos. A imaginação radical é coincidente com o fenômeno da intuição em seu estado embrionário. O termo imaginação radical enfatiza que existe movimento combinatório entre conjuntos de alta intensidade sensorial que compõem o mapa a ser usado após o nascimento. Esse mapa representa o desdobramento da mente em estado embrionário, o arcabouço da mente individual, que vai chegar ao meio extrauterino e se transformar em imaginação propriamente dita exercida pela individualidade. O desenvolvimento pós-natal depende da interação com outros, e foi estudada por Bion no espectro de possibilidades reverie–função alfa.

Meu trabalho se refere a essa interação que ocorre do indivíduo consigo mesmo por meio de suas *concepções*, e de sua individualidade com os outros por meio de *conceitos*. No sentido geral, o trabalho é inspirado pela trilogia de Bion, *A memória do futuro*, cujo conteúdo é a interação entre personagens reais e fictícios, num esforço de estabelecer um diálogo complexo que expressa a experiência emocional da análise.

Função psicanalítica da personalidade

No algoritmo de uma função geradora, ψ representa a *invariante*, isto é, a *psique* trabalha na interação com *variáveis* (ξ) que sempre provêm da *experiência.*

A experiência invisível precisa encontrar imagens, palavras, mitos, sonhos, pensamentos oníricos que a traduzam, mas todos esses elementos de linguagem dependem das possibilidades que fazem a intuição se transformar em imaginação.

Não existe outra solução senão usar palavras para representar o invisível. A solução nunca será suficientemente boa, ou porque tal coisa não existe, ou, porque somente poetas podem atingi-la. Mas seja em qualquer momento, a psicanálise é uma forma de *comunicação verbal*, que tem o *não verbal* como fundo.

A liberdade psicanalítica não exige que o analista seja um poeta, apesar de que se fosse, tornar-se-ia um melhor analista. O contrário pode não ser verdadeiro, ou seja, o fato de alguém ser poeta não lhe confere habilidades analíticas.

Na falta dessa exigência, ao menos podemos usar o modelo da poesia, não pela arte em si mesma que ela significa, mas pela *poiesis.* A arte fica por conta do exercício da psicanálise como ciência da observação dos relacionamentos humanos pela ótica do inconsciente.

As conjecturas imaginativas e racionais aqui mencionadas me permitem exercer a licença poética que cria a metáfora "ondas psíquicas invisíveis", sendo então a letra ψ na expressão da função $\psi(\xi)$ denominada de *função invariante de um espectro de ondas.*

A mente humana, imaginativamente falando, é feita de um espectro de *comprimentos de ondas.* Neste, a invariante ψ num campo ( ) se modifica de acordo com o aparecimento de inúmeras variáveis ξ inerentes a uma mente social-histórica (experiência).

À primeira vista, temos aqui um conceito de vida psíquica supondo uma contínua transição entre espaços com movimentos de dentro para fora e vice-versa, juntamente com o importante fato de que, entre eles, existe uma cesura.

Quando digo que algo existe "dentro" e "fora", isso não é a formulação de um conflito, mas de uma relação simétrica. Ela é análoga no domínio da personalidade ao que seria a visão bifocal do exame físico. Na experiência sensorial, os olhos focados num determinado ponto fornecem a ideia de que eles se encontram.

O domínio da intuição – imaginação radical em busca de uma função que lhe transforme em algo visível aos olhos dos mortais – não permite termos simplistas. O conceito de simetria não aceita os termos simplistas, mas é algo bem simples. Por exemplo, se falamos de real e imaginário, isso significa que eles apenas se complementam um ao outro, pois não se encontram. Na matemática, isso equivale à formulação de que duas linhas paralelas só se encontram de forma ilusória no infinito; o encontro decorre do engano produzido pela visão à distância.

No domínio da personalidade, essas "linhas" se tornam simétricas, ou seja, infinitas. Dizer que elas se encontram no infinito é falar da indeterminação das observações. Uma solução que parece mais adequada a esse mundo complexo é pensar na indeterminação como uma cesura. Por exemplo, entre dentro e fora existe uma cesura no lugar da indeterminação da simetria dos termos. Dentro e fora nunca coincidem como realidades, mas possuem continuidades e descontinuidades.

A cesura é uma entidade infinitamente plástica, expressão da existência de uma simetria símbolo de um limite entre a vida intrauterina e a vida extrauterina, pré-natal e pós-natal, uma ideia originalmente relatada por Freud (1926). Todavia, em Bion, ela se expande para significar a transição de um mundo regido pelo *acaso* (pré-natal) para um mundo regido pela *escolha* (pós-natal). Essas duas possibilidades continuam existindo desde o nascimento até a morte. São possibilidades simétricas.

A ideia de cesura permite observar e descrever a realidade de eventos que tecem uma rede de interações. O que encontramos e damos significados são nós efêmeros dessa rede. Suas propriedades (elementos da psicanálise) só são determinadas no momento dessas interações, e apenas em relação a outras interações de elementos. Ou seja, cada coisa observada é apenas aquilo que se reflete em outras. Torna-se óbvio que precisamos aumentar o número de elementos da psicanálise; foi o que Bion realizou nos textos *Elementos de psicanálise* e *Transformações*. Ele passou de 4 para um mínimo de 36 que se abrem para o infinito. Os ainda não descritos pertencem ao futuro.

Uma imagem para visualizar essa situação de infinitas possibilidades pode ser fornecida pela superfície de um lago (o campo (ξ)), onde árvores nas margens estão refletidas no espelho d'água, mas, quando sopra o vento, as imagens se alteram por causa das ondulações. Se o vento é muito forte, podemos ver *não árvores*, uma forma peculiar e imaginativa de assinalar que as árvores que víamos desapareceram. Mas, não o campo, este permanece.

A metáfora parece muito simples, mas é apenas uma ilusão da observação visual. A árvores continuam nas margens; quem sofreu alterações foi o *observador* por causa da *turbulência* na superfície do lago. O observador se tornou parte do observado por causa da sua interação com o lago. Isso permite dizer que *toda visão é parcial*. Ou seja, não existe uma forma de ver a realidade que não dependa de uma perspectiva (vértice). Não há ponto de vista absoluto, universal. No entanto, os pontos de vista se comunicam, os saberes estão em diálogo entre si e com a realidade, no diálogo se modificam, se enriquecem, convergem, nossa compreensão da realidade se profunda. Sobre essa complexidade é que trata *A memória do futuro*.

Em outras palavras, foram produzidas *descontinuidades* pela turbulência na superfície do lago, o que nos leva a confrontar tudo que vemos com a questão da *observação de continuidades/descontinuidades versus turbulência*. Uma relação analítica certamente pode ser incluída nesse parâmetro geral.

Portanto, posso dizer que se vamos observar *ondas psíquicas* – e uso essa expressão para aparentemente facilitar meu diálogo –, não há como fazer isso sem levar em conta três elementos: *continuidades/descontinuidades* e *turbulência*. Vou agregar mais um elemento que é a *singularidade*. Ela entra aqui para dar *especificidade* a cada observação.

Outra questão importante é a necessidade de uma espécie de *instrumento* que nos forneça previsões probabilísticas. Isso não significa previsões exatas, mas algo que permita trabalhar com *aproximações sucessivas*, uma vez que não temos nunca todos os dados do problema e não podemos saber o que acontecerá. Em Bion, encontramos esse instrumento formulado como *espectro reverie/função alfa*. Trata-se de um sistema aberto, não linear e complexo, apesar de podermos fazer analogia com o telescópio do astrônomo. A calibragem do instrumento ocorre em toda sessão pela ferramenta que se chama *capacidade negativa*. O mesmo pode ser dito se usarmos a calibragem trazida pelo estado mental sem *memória e sem desejo*, ou *ato de fé*.

Esse espectro pode gerar *pensamentos antecipatórios* a partir da percepção do contato com o espectro de sentimentos, que é o front das observações psicanalíticas. Mas o que acontece se não fazemos contato com os sentimentos? Existe algo como *não sentimento*?

Qualquer teoria psicanalítica que usamos pode descrever a observação de fatos selecionados que ocorrem numa sessão, mas não consegue descrever todos os fatos e nem o que ocorre entre uma sessão e outra. Desse modo, qualquer teoria só permite a probabilidade de observar fatos selecionados. Isso também significa que não temos teoria suficiente para todos os fenômenos, principalmente aqueles que causam mais turbulência, o que nos leva ao contato com o não existente.

Na física quântica, esse fenômeno é descrito pelo *princípio da incerteza* de Heisenberg. Graças a Bion, esse princípio encontra aplicação na psicanálise, o que permite levar em conta realidades de turbulência e ausência de objetos por outras perspectivas.

Vou dar um exemplo do que parece ser um fenômeno em que esse princípio se aplica. Vou me reportar a uma descrição que Bion faz daqueles pacientes em que a falha da função alfa é tão grande a ponto de fazer com que que uma das mais importantes características psíquicas, o *sonhar*, seja perdida. Como consequência, sem o sonho que é o guardião do sono (Freud), o indivíduo não pode dormir, e assim também não pode estar acordado. Ou se não pode acordar é porque não pode dormir.

Estaria o indivíduo num terceiro estado mental, o do não dormindo e não acordado? O mesmo daquele estado no lago onde as árvores desapareceram por causa da turbulência muito forte?

A questão pode ser formulada de outra forma: E se essa falha fizesse com que o indivíduo estivesse dormindo e acordado ao mesmo tempo? Seria diferente a descrição do fenômeno? Uma sobreposição de dormindo e acordado? Como se houvesse dois indivíduos ao mesmo tempo, em distintos universos.

Para complicar mais um pouco, vou considerar que minha função de onda $\psi(\xi)$ me permite ver somente uma das possibilidades e atribuir a ela uma *realidade*. Se vejo apenas uma realidade quando existe mais de uma, e não sendo fundamentalista religioso e nem político para excluir realidades, isso me torna um observador confiável ou observador não confiável?

Outra forma de dar prosseguimento a essa questão seria fazendo perguntas. O que é uma observação? O que é um observador?

Talvez a resposta esteja no futuro, para o qual evidentemente precisamos de *criação*.

Bion (1977) sugere que devemos nos ocupar com o *futuro da transferência* para que ela não se transforme *em uma ilusão* sem *futuro*. As perguntas anteriores são parte da ocupação relacionada com a *sessão de amanhã*. São perguntas difíceis de serem feitas, exibem a complexidade necessária ao pensar, e, por isso, a única saída se encontra em enfrentar a complexidade do campo. Essa tarefa dá um longo alcance à psicanálise.

O objetivo da minha exposição do presente texto é continuar desdobrando essas questões, tomando como índice a trilogia de Bion, *A memória do futuro*, título muito sugestivo, e expressão de uma possibilidade que existe apenas para a complexidade. Para os deterministas, a proposta trazida é um palavrão.

A memória do futuro foi escrito num momento da vida em que Bion fez uma guinada filosófica de Kant para Nietzsche. Essa perspectiva é útil para entender que os títulos de seus três volumes podem ser definidos pelas últimas frases do filósofo antes de ter o *breakdown* em Turim. Ele escreveu um bilhete ao seu amigo e editor Georges Brande dizendo; "você sempre sonhou em me encontrar, agora que me encontrou, tudo que tem a fazer é começar a me esquecer"[1].

Temos então três passos a seguir nos três volumes: o *sonho*, o *passado apresentado* e a *aurora do esquecimento*. Alguém certa vez fez uma anedota com minha analogia, perguntando se depois de ler os três volumes teríamos também um *breakdown*. Minha resposta foi que sim: a visão da psicanálise poderia sofrer uma mudança catastrófica.

Os três passos são dados na trilogia de Bion por *personagens* que interagem em diálogos que podemos resumir pelos versos de Schiller: "só a plenitude conduz à claridade, e a verdade habita as profundezas".

1 Trecho obtido após comunicação pessoal com o professor Emmanuel Carneiro Leão e consta no seu livro *Aprendendo a Pensar*, volume II, editora Vozes Petrópolis, p. 56.

A plenitude é a fartura de conceitos mediante os quais podemos falar de nossos problemas e dos fenômenos que ocorrem na psicanálise, ou que a ela dizem respeito, mas respeitando a incompletude de nossas conclusões. Estamos mais próximos das profundezas onde habita a verdade quando deslizamos pela complexidade do mundo.

Volume I – O sonho

> *O que é um sonho? O que o sonhador pensa dos eventos experimentados no que parece ser ao observador a situação em que está dormindo? No sentido contrário, o que ele pensa dos eventos que experimenta quando o observador está acordado. (Bion, 1977, Vol. I., p. 179)*

Quem se depara com esse primeiro volume – e com os demais – tem o despertar brusco do sonho feliz que vinha embalando ilusões de que começáramos a compreender Bion. Mas é um despertar que nos leva ao coração pulsante do pensamento científico de Bion, o *pensamento complexo*, que não é feito de certezas adquiridas, pois é um pensamento em movimento contínuo, cuja força é precisamente a capacidade de recolocar sempre em discussão todas as coisas e começar de novo. Posso, mais uma vez usando licença poética, falar de um *renascimento da psicanálise* naquele ponto onde ela começou. Acrescento ainda um *renascimento* em cada sessão. Desse modo, a sessão de hoje não tem passado na memória, apenas traços vagos da expectativa de que existe uma mente no *futuro* capaz de acolher as vicissitudes e incompletudes do humano.

O *pensamento complexo* indica que não devemos ter medo de subverter a ordem do mundo; ele propõe que devemos ousar perturbar o universo para buscar um mais amplo, e depois voltar a colocar tudo em discussão, subverter tudo de novo.

Não ter medo de repensar o mundo é a força da ciência psicanalítica. A realidade psíquica se redesenha continuamente em formas cada vez mais apuradas. A coragem de reinventar profundamente o mundo animou Freud, animou aos seus seguidores, pois ele se configura no mais justo dos *sonhos*, o de que tenhamos seres humanos melhores, com melhor qualidade de vida psíquica.

Um elemento comum a todos os autores em psicanálise é a *Teoria dos sonhos*. O uso dos sonhos foi sempre imprescindível para esclarecer a qualidade do mundo interno, e teve em Bion uma amplitude inédita. Ele considerou o sonhar uma atividade constante da mente, uma diuturna função processadora e protetora, sem a qual não podemos viver e desenvolver como seres humanos. A psicanálise é um campo de sonhos, mas também, predominantemente, o campo[2] da *função* do sonhar.

Com os conceitos de *reverie e função alfa*, penso que Bion tentou solucionar um problema que Meltzer (1996) ressaltou em diversas ocasiões: a teoria de Freud sobre os sonhos não coincide com a clínica de Freud. A teoria comparada à clínica é relativamente simplista. O trabalho clínico executado por Freud é altamente intuitivo, e revela uma complexidade inusitada na história da humanidade. A intuição de Freud extrapola suas teorias e nos chega aos dias de hoje com as aberturas infinitas inerentes à psicanálise como uma *linguagem de êxito que traduziu um pensamento sem pensador* (Bion, 1970). Temos no pensamento humano um mundo antes e depois de Freud.

2 Conceituar a situação analítica como um campo implica em: 1) considerá-la como totalidade; 2) levar em conta que analista e analisando constituem uma unidade funcional, e que estão ambos comprometidos de formas distintas no processo; 3) levar em conta que ambos são partícipes de uma relação que se transforma; 4) afirmar que os fatos observados em cada sessão não são preexistentes à mesma, mas se originam na própria; 5) considerar que os fatos nela gerados se manifestam como conjunto transferência/contratransferência e não separadamente como transferência e contratransferência.

Foi esse aspecto intuitivo que encontrou uma resposta muito criativa por parte de Karl Abraham, e posteriormente, de Melanie Klein. A intuição de Abraham o levou a apurar e descrever com mais detalhes as fases do desenvolvimento da libido postuladas por Freud. Esse detalhamento (intuir de certa forma é também detalhar) das fases da libido, e a importância do seu funcionamento, foi acolhido de uma forma ainda mais intuitiva e criativa por Melanie Klein.

Klein deu continuidade à questão da concretude da realidade psíquica, intuída por Abraham nos seus estudos sobre estados maníaco-depressivos, o que a levou a parar de falar em *superego* (que era o objeto da psicanálise para Freud) e passou a falar em *objetos internos*: a sua versão de superego.

Melanie Klein, trazendo a ontologia do complexo de Édipo para as fases mais primitivas do desenvolvimento, buscou inicialmente compreender a origem materna do superego (Meltzer, 1996), retrabalhando a questão do ideal do ego primitivo. Todavia, ela deixou essa ideia de lado e passou a falar apenas de objetos internos – maternos ou paternos.

Foi nesse ponto, deixado de lado por Klein, que Bion retomou o fio da meada desenvolvendo outro sentido para o conceito de *pré-concepção inata* de Klein.

Ao aplicar sobre o conceito a compreensão matemática das *funções* – cuja maior parte não era inata, mas dependente das experiências que nomeou de *realização* – Bion expressa de uma forma original e inédita a importância do papel da mãe no desenvolvimento do bebê. Para Bion, tratava-se não mais de simplesmente afirmar que a mãe era importante, mas de que forma era importante. Mais ainda, se tratava de descrever em detalhes o quão complexa é a função psíquica exercida pela mãe, e de como observar essa função no trabalho analítico.

Trabalhando nessa direção Bion, chegou a uma compreensão distinta de Melanie Klein sobre o conceito de *identificação projetiva*.

A teoria das funções permitiu que ele entendesse a identificação projetiva, não como uma fantasia onipotente do bebê, mas como o *método primário de comunicação*. O modelo propõe que o bebê transmite suas necessidades à mãe, e por isso o conceito adquire o *status* teórico de uma linguagem. Para que ficasse mais clara sua ideia, Bion frisou o caráter real de acontecimentos no conceito: a identificação projetiva não se detém com nada, somente quando atinge o objeto ao qual se destina. Ou seja, as pessoas no nível inconsciente se comunicam querendo ou não; o que fazem com as comunicações é outra questão. Mas a comunicação sempre chega.

No caso de uma comunicação não ser respondida ou recusada, a identificação projetiva se torna uma linguagem evacuativa para livrar-se dos terrores resultantes – mas ainda assim é linguagem – e produzirá elementos que foram chamados de *elementos beta*: os formadores da *tela beta*, uma representação pictórica de fatos na clínica percebidos como ações, reações físicas e sentimentos de diversas naturezas.

Mais ainda, Bion mostrou que o processo não se restringe ao âmbito materno, pois as falhas também dizem respeito a interações com o pai, a família, a sociedade, e a um estrato último e destacado da sociedade que é a mente criativa. A imagem de um *looping autopoiético* é a que melhor descreve essas interações.

A imagem tridimensional de um *looping* mostra a incompletude de todos os elementos psíquicos, que só existem se estabelecerem interações entre si. Essa percepção possibilitou descrever a transferência se movendo numa configuração circular e espiralada, também como a de um *looping*. Essa descrição deixa de lado os conceitos clássicos de repetição e correlativos ligados a teoria pulsional de Freud. Não os exclui porque se trata de um *modelo complexo* aberto a todas as possibilidades de interação, mas a ênfase na observação mudou. As ideias de Bion tiveram nesse ponto uma resposta inédita no *objeto psicanalítico* (1962b) e nas áreas de aplicação, descritas como um contexto ético-estético interativo das áreas dos *mitos, sentidos e paixões*.

Podemos resumidamente descrever essa interação como ocorrendo entre uma experiência sensorial que cria uma história viva e que requer um significado. Como a experiência sensorial muda o tempo todo, consequentemente a história muda, e os significados passam a ser métodos de aproximação que podem ou não se tornar mais apurados.

A complexidade do modelo do objeto psicanalítico também mostrou que a configuração da transferência pode fornecer uma nova compreensão da teoria das posições de Melanie Klein. As posições em Bion são simultâneas, criando uma permanente tensão psíquica com graus variados de turbulência. O processo de interação entre elas vai se movendo com o quantitativo das forças presentes em cada uma delas. Por outro lado, a interação precisa de um terceiro que as integre, ou seja, o *fato selecionado* de Poincaré, e que varia de acordo com o tipo de tensão entre as posições. Posteriormente, Bion descreve mais amplamente essas interações usando a *teoria das transformações* (1965), cuja base é a teoria das catástrofes.

Volume II – O passado apresentado

Os tempos passado e futuro são frequentemente usados numa conversa psicanalítica. O melhor que podem fazer é representar apenas sugestões da necessidade de discriminar qualidades que estão sendo interpretadas. A única evidência é aquela que o analista pode observar por si mesmo num certo momento, enquanto fala. O fato é obscurecido por palavras que tendenciosamente implicam que o evento ou o sentimento, para o qual se deseja chamar a atenção, ocorreu "no passado" ou "no futuro". Mas a coisa importante sobre o estado mental do paciente é que existe no momento que está sendo observado pelo analista.

(Bion, 1977, Vol. II, p. 132)

Na língua portuguesa, o passado pode ser expresso como *pretérito perfeito*, que indica um fato acontecido em um determinado momento no passado, e como *pretérito imperfeito*, usado para indicar uma ação que não foi terminada, isto é, um acontecimento que não foi concluído.

Ambos os tempos são relevantes no trabalho analítico. Podemos simplesmente constatar que o psicanalista e seus instrumentos são parte da sessão que começou em algum momento do passado. O que muitas vezes precisamos fazer é descrever a maneira como uma parte da sessão se manifesta em outra sessão. Nessa constatação, podemos chegar à conclusão sobre pretéritos perfeitos e imperfeitos, objetos que são falhos e outros mais bem-sucedidos na comunicação. Todavia, nenhum dos objetos observados se encontra em solidão. Ao contrário, eles nada fazem além de agir um sobre o outro. É para essas *interações* que temos de olhar se quisermos compreender alguma coisa. O mundo que observamos é um contínuo interagir. É uma densa rede de interações. Podemos chamá-las de *vínculos*.

A função que deu início ao nosso trabalho atual ψ *(ξ)* pode ser espelhada no *a posteriori* de uma sessão. Esse passado reapresentado pode ser descrito numa grade na qual os *objetos psicanalíticos* caracterizam-se pela maneira como interagem.

Na psicanálise, podemos colocar esses objetos como *personagens*. A trilogia de Bion exibe a interação entre esses objetos psicanalíticos como personagens relacionados com sua história pessoal.

Obviamente há sistemas físicos específicos que são observadores em sentido estrito: órgãos dos sentidos, memória e desejo. Mas há um observador não sensorial que se chama imaginação e que parte da experiência sensorial que observa para outro tipo de observação que só pode ser concluída pela imaginação e pela sua *public-ação*, ou seja, pela linguagem.

As propriedades dos objetos psicanalíticos são apenas a descrição de como um objeto influencia outro. Existem apenas na interação com os objetos. A teoria psicanalítica é a teoria de como os objetos psicanalíticos se influenciam. Essa é uma descrição simples, mas tem consequências radicais que abrem um espaço de longo alcance para a psicanálise.

Volume III – A aurora do esquecimento

> *Aurora é uma referência a uma teoria popular sobre o sono. É também supostamente a situação em que um indivíduo dormindo passa para o estado de vigília e é assaltado por pensamentos e sentimentos assustadores e irracionais.*
>
> *(Bion, 1977, Vol. II, p. 94)*

Na *Teoria do pensar* de Bion, a filosofia oferece um nível ético para a psicanálise por meio da formulação de questões da vida. As respostas da psicanálise a essas questões são dadas por uma prática que leva em conta a singularidade das raízes inconscientes da história de cada um. Desse modo, isso faz da psicanálise uma atividade artesanal que precisa de modelos artísticos. Todavia, como a psicanálise lida com o sofrimento psíquico humano, a comunicação das respostas, apesar de seguir padrões estéticos, necessita de precisão para atender a esse sofrimento, o que sugere que deveríamos buscar também modelos matemáticos.

Desse modo, a relação entre a filosofia e a psicanálise deve ser da mesma ordem que existe entre a matemática pura e a matemática aplicada, ou seja, a psicanálise necessita possuir um campo, esse campo precisa ser regido por princípios epistemológicos que o afastem de crenças e hábitos vazios. A matemática oferece, então, o nível mais originário que é o metafísico, no qual se define o campo, no caso, o da verdade – com as limitações e alcances dessa hipótese definitória.

Essa hipótese definitória implica sempre uma subjetividade individual, e não uma subjetividade filosófica que pode ilusoriamente ser tomada como universal. Com isso, naturalmente passamos ao nível da dúvida: esse conhecimento que nos é oferecido como possibilidade aproximativa à uma observação da interação entre objetos observados é *verdadeiro ou falso*?

Quando um paciente nos fala, não é obrigatório que tenhamos uma interpretação para essa comunicação, pois não se trata de a psicanálise ter que interpretar para ser psicanálise, e sim do ser humano que precisa interpretar para se tornar humano. O modo como esse ser interage com seus objetos determina o tipo de evolução que tem no sentido de sua humanidade.

A palavra que Freud usou foi "*deutung*" com a qual expôs um método original fundamentado e confirmado por uma experiência de capacidade negativa e rigorosamente dirigida como método científico. *Deutung* não é explicação, mas uma proposição destinada a investigar o desconhecido, ou seja, aquilo que não sabemos. A interpretação deve agregar o sentido da interação entre objetos, que vem a ser na *Grade* de Bion a categoria da *notação*, naturalmente subsequente à categoria ψ.

A *notação* envolve a história que pode ser colhida e pode dar indícios de invariantes. Porém, a história se compõe de fatos que se comunicam a distância graças a um arbitrário vínculo lógico. Precisamos de um terceiro para revelar essas correlações lógicas e lhes dar realidade. A aparente incongruência vem do esquecimento de que tudo que se manifesta o faz *para alguma coisa*. Uma correlação entre dois objetos é uma propriedade dos dois objetos: como todas as propriedades, só existe em relação a um terceiro objeto. A *complexidade* não é uma relação dual, ela é sempre uma relação à três.

Conclusão

A psicanálise, vista pela complexidade, não aceita fenômenos que tenham compreensão dualista. A busca de integração de fenômenos por meio de imagens oníricas, sonhos e mitos, por si só, deveria descartar as interpretações dualísticas. O problema é que temos que descrever essa vivência de longo alcance em linguagem cotidiana. Contudo, ela não descreve inteiramente o mundo real da nossa observação e, ainda por cima, somente fornece modelos que são complementares, e, portanto, contraditórios.

O que temos então a fazer é manter a esperança de que consigamos descrever com os recursos limitados a experiência que observamos.

As ideias de Bion sobre a *Cesura* (1975) representam uma das diferenças importantes em sua obra e nos trazem um pouco mais de esperança em observar de outra forma o trabalho analítico e a noção de transferência.

A cesura é um termo basicamente oriundo da linguagem poética que sugere um modelo de trabalho no campo analítico no qual existe a opção de não se trabalhar classicamente *a* transferência, mas *na* transferência. Aceitamos, assim, que o observador faz parte do observado indissociavelmente.

A cesura pode surgir em qualquer lugar, fazendo uma conexão entre dois meios. Sua condição é puramente fantasmática, uma vez que passa a existir por causa dos elementos simbólicos que a identifica num determinado momento.

O momento da cesura é determinado pela condição de um sujeito que aí se revela com a dimensão mais básica do ser humano: o *tempo*. Assim, a cesura é tempo, mas indivisível dos elementos espaço e profundidade. Os três elementos que constituem a tridimensionalidade da mente humana estão contidos como potencialidade no elemento inato da pré-concepção. Observamos então como eles se desdobram e como somos levados por eles.

O *inato* na pré-concepção é a disposição para buscar uma mente tridimensional. Esse processo não ocorre sem a cesura. Por exemplo, podemos falar de pré-natal e pós-natal, sono e vigília, consciente e inconsciente, finito e infinito, humor transitivo e intransitivo, transferência e contratransferência. Mas a relação entre os meios só pode ser nomeada com os recursos da linguagem.

Tudo então depende de qual linguagem utilizar: *linguagem de êxito* ou *linguagem de substituição*? Se usarmos a primeira, usaremos a cesura, então teremos uma palavra combinada para abrir realidades infinitas. Não ao isolamento entre eu e tu, mas *eu-tu*, não diga transferência e contratransferência, mas a (*contra-trans – ferência*).

Essas palavras são obtidas desse jogo bem-humorado que pode ser o analisar pela habilidade de fazer as perguntas difíceis (que são palavras combinadas), e que só tem respostas temporárias. Podemos dizer que são as perguntas essenciais de longo alcance, para momentos nodais da prática analítica. Momentos que cabe a escolha de um destino: *breakdown*, *breakup*, *breakthrough*.

A intuição, sendo basicamente a expressão do tempo interno, tem sua parte que se pode chamar de *contra intuição*, bem ilustrada pela cena do chapeleiro louco em *Alice no País das Maravilhas* de Lewis Carrol (2009). A cena mostra como a perda da função do arcabouço psíquico – a pré-concepção – transforma o tempo em um espaço onde nada acontece e, consequentemente, sem profundidade e alcance. Se toda hora é hora do chá, não há intervalo, portanto, não há chá. Nessa cena, temos também o personagem coelho que está sempre atrasado, mas o relógio que ele usa não tem ponteiros, ou seja, o relógio (o tempo) perdeu sua função ao perder os vínculos com o espaço e a profundidade.

Então investigue-se o conjunto infinito, o não linear, o não determinístico, o complexo, não euclidiano: conceito = espaço, intuição = tempo, profundidade = pensamento. Investigue-se, em outros termos, a *cesura*.

Deixemos viver o futuro no palavrão fornecido pela metafísica: a *verdade*.

Para finalizar, vou expor um diálogo que criei seguindo o estilo de *A memória do futuro*, um diálogo imaginário entre Wilfred Bion e

Fernando Pessoa. Ressalto como sendo o tipo de analogia do trabalho diário do analista.

Pessoa: Eu sou um poeta impulsionado pela filosofia, não um filósofo dotado de faculdades poéticas. Adoro admirar a beleza das coisas pelo que é diminuto, a alma poética do universo. A poesia da Terra nunca morre.

Bion: Eu sou um psicanalista impulsionado pela filosofia, não um filósofo dotado de faculdades psicanalíticas. Como você, eu adoro admirar a beleza das coisas pelo que é invisível, a verdade da alma humana. Esta só vive se encontrar a sua poesia. Pode sobreviver com outras coisas, mas a vida é poesia.

Pessoa: Tens razão, há poesia em tudo: na terra e no mar, nos lagos e nas margens dos rios. Há-a também na cidade – não o neguemos –, fato evidente para mim enquanto estou aqui sentado: há poesia nesta mesa, neste papel, neste tinteiro...

Bion: Há psicanálise a ser feita em qualquer discurso, inclusive onde dizem que não é possível, como na mentira. Entretanto, simplesmente preciso da habilidade do poeta para psicanalisar, que Keats chamou de *capacidade negativa*.

Pessoa: Conheço-a bem; essa capacidade nos informa que a poesia é espanto, admiração, como a daquele ser tombado dos céus em plena consciência da sua queda, atônito com as coisas que descobre.

Bion: Percebo que você é leitor de John Milton, por isso sabe que o Ser está caindo num abismo, e quanto mais cai, mais *cai em si mesmo*; trata-se de um tornar-se a si mesmo constante... pena não termos uma expressão mais abrangente para dizer isso.

Pessoa: Sugiro que navegar é preciso, viver não é preciso. Não posso traduzir isso em inglês de uma forma que entendas sem explicações. Continuemos a navegar a meu modo, viver não é preciso, o que é preciso é criar.

Bion: Que tal dizer isso em latim? Nossos idiomas têm laços comuns com o Lácio. Os romanos navegaram para a Inglaterra.

Pessoa: *Navigare necesse est, vivere non est necesse.*

Bion: Para psicanalisar, é preciso criar interpretações; o que não é preciso é precisar interpretar.

4. A teoria do pensar e a memória do futuro em W. R. Bion: traços de uma futura revolução no pensamento psicanalítico

A relação entre os temas pode parecer, a princípio, bem difícil. Penso que se torna de fato difícil se nos ativermos apenas ao que Bion diz nos textos de sua trilogia. Minha experiência de 45 anos estudando Bion me levou a perceber que é necessário ir além dos textos, para se alcançar o âmago de uma revolução de pensamento que ele traz para a psicanálise, e que entende o inconsciente de outra forma e de outro lugar. Uma revolução que o próprio Bion não tinha plena consciência, mas chegou nela por meio de sua incrível e genial capacidade intuitiva.

Essa revolução ainda não chegou plenamente ao mundo psicanalítico, mas está chegando. Algumas vezes, penso e compartilho com os colegas – de uma forma anedótica – que é preciso adotar o lema *free Bion*.

Em outras palavras, o tempo de Bion ainda está por vir, mas já temos algumas *memórias do futuro* circulando entre nós via modificações em vários aspectos: ontologia, epistemologia, metodologia, lógica e, sobretudo, prática. Espero estar sendo responsável por trazê-las em uma escala mínima, mas admito que posso estar enganado, ou prematuro, ou em alucinose.

Bion percebeu o inconsciente freudiano de uma forma totalmente distinta, modificando a *ontologia das pulsões irracionais* para a *ontologia das pré-concepções edípicas*. Bion não excluiu as possibilidades descritas por Freud. Foi mais além de Freud, ou talvez seguiu simplesmente uma outra linha de estilo literário, que podemos resumir pela diferença das filosofias implícitas no romantismo alemão, para as filosofias implícitas no romantismo inglês. Portanto, a metodologia em Bion não se trata de investigar o racional *versus* irracional, consciente *versus* inconsciente, mas de colocar os indivíduos diante da dimensão mais radical da existência humana: a própria humanidade a ser alcançada e desenvolvida nas mais variadas atividades que utilizam o pensar.

O pensar ilumina, este é um dos elementos centrais da obra de Bion. Em *Memória do Futuro* (Vol. I, p. 275, 1973) ele diz:

> *quando a iluminação ocorre muito depende dos anos que a disciplina foi construída no decorrer da formação do analista, e, mais espontaneamente, em lidar com a frustração. Caso contrário, a iluminação pode causar uma reação descontrolada. Por essa razão o progresso na psicanálise pode aparecer precipitando um colapso de proporções assustadoras. A iluminação tem sido com frequência descrita na literatura religiosa e por poetas; por exemplo, a descrição apócrifa de Krishna se revelando para Arjuna, no Baghavad Gita. A descrição da reação à cegueira humana feita por John Milton no começo do livro III de Paraíso Perdido. Outras podem ser bem lucrativamente buscadas por psicanalistas. A revelação destas emoções que estavam escondidas pelo paciente, ou até mesmo de si próprio, é capaz de produzir uma recusa de mais análise pelo paciente, bem como de seus parentes e até do próprio psicanalista. Mas se não desistirmos, a continuação pode ser muito recompensadora.*

O *inconsciente* das *pré-concepções edípicas*, que buscam realizações que as transformem em pensamentos (concepções), pode ser entendido como um lugar no tempo da evolução humana que se prepara para pensar e falar e, de certa forma, já pensa e fala por meio de uma moldura psíquica prototípica ou embrionária da mente que está por vir.

Trata-se, portanto, de uma moldura que está totalmente implicada com a evolução da espécie humana, se desenvolvendo para captar as paisagens humanas, mais especificamente buscar uma mente capaz de atender as necessidades e solucionar problemas.

A prática da psicanálise em Bion transformou essa busca fundamental na busca do desenvolvimento da qualidade da vida mental. De certa forma, essa era intenção dos poetas românticos ingleses (Chuster, 2022), com a livre expressão de *sentimentos*, *pensamentos antecipatórios*, e *integração de ambos por fundamentos éticos*. Bion nomeia essa integração de *três princípios de vida* (Bion, 1979).

Na psicanálise, essa expressão modifica a metodologia, a epistemologia e mostra uma lógica própria, como nenhuma outra ciência na história da humanidade conseguiu alcançar. Somente a psicanálise tem a prática e as respostas para desenvolvê-la na observação dos vínculos humanos.

Nesse ineditismo repousa a revolução de Freud que, para ser mantida, depende, no mínimo, de estarmos resgatando o tempo todo esse mesmo ineditismo. A frase pode soar simples, mas a complexidade que traz é enorme.

O inconsciente das pré-concepções é um espaço-tempo, uma função que confere existência humana ao capacitar o pensar. Trata-se do lugar de uma verdade intolerável por ser inatingível enquanto estivermos em evolução. Desse ponto de vista, nada mais retrógrado e involutivo quando julgamos saber a verdade humana. Quando esse movimento ocorre, se recai, via arrogância, na mais difícil das situações humanas: a soberania da crueldade.

Penso que as percepções de Bion acessaram a complexidade da mente humana, e esse princípio de observação é uma chave para entendermos o sentido da revolução bioniana, se é que podemos usar esse termo, correndo o risco da alucinose.

Penso que um bom caminho para abordar as ideias sobre complexidade em Bion se encontra nos três volumes de *A memória do futuro*. Trata-se da complexidade, não no sentido popular da palavra, mas no sentido que vem sendo esclarecido, sobretudo, por Edgar Morin: uma nova forma de pensar a *observação científica*, na qual incluirei a *observação psicanalítica*.

Os textos de Bion se constituem e se desdobram por uma dramatização, cuidadosamente elaborada, das interações complexas entre várias instâncias que constituem a mente humana. Não existe um número definido para essas instâncias, que podem aumentar com o desenvolvimento ou diminuir com a involução. Ou seja, uma mente individual complexa consegue interagir com mais instâncias, torna-se mais livre e mais criativa, enquanto uma mente submetida excessivamente a mente grupal vai limitando suas instâncias e suas interações.

Essas instâncias são dramatizadas e representadas por personagens selecionados por Bion a partir de suas experiências como psicanalista. Provavelmente, cada personagem representa uma síntese de pensamentos, sentimentos, ideias e imagens que lhe vinham à mente enquanto estava atendendo. Portanto, trata-se de um texto que essencialmente emana da prática clínica, mas, na sua quase totalidade, dificilmente chega a mencionar alguma teoria psicanalítica. A melhor imagem que posso fornecer para essas interações é usando o modelo de uma imagem holográfica.

Os hologramas, por definição, são imagens tridimensionais virtuais criadas pela interferência de feixes de luz que "refletem" objetos físicos. Os hologramas preservam a profundidade, paralaxe[1] e outras propriedades do objeto refletido. Todavia, uma de suas propriedades é não ter um limite preciso, ao contrário do objeto refletido. Os hologramas são um *espectro de luz*, que aponta para uma *infinitude*, sendo a *finitude* uma característica da nossa limitação da capacidade perceptiva, ou do nosso aprisionamento no plano sensorial.

Em psicanálise, podemos usar um modelo holográfico para enfatizar a complexidade da observação do objeto psicanalítico. O modelo sugere a existência de um ponto de indecidibilidade de origem entre o objeto e o observador, e suas alterações no processo de observação. Aplica-se aqui o princípio da incerteza.

Aplicarei, daqui por diante, a teoria do pensar de Bion e as noções de experiência emocional, objeto psicanalítico, a função psicanalítica da personalidade, cesura, como instrumentos desse modelo.

A pré-concepção embrionária, totalmente sensorial em sua origem, se desdobra em realizações que dão à luz concepções que constituem o espaço virtual, subjetivo, não sensorial da mente. Essas concepções se desdobram em conceitos por meio da experiência grupal, e requerem uma grande dose de liberdade de imagens para que não se transformem em regras e crenças. Por sua vez, regras e crenças tendem a se transformar em hábitos vazios e repetitivos, e finalmente terminam no desastre dos dogmas.

Em outras palavras, o trabalho analítico requer um pensar constante, e um desenvolvimento ininterrupto a partir das concepções, pois elas exigem sempre um pensar mais. Pensar mais deve ser sempre a consequência do uso da dimensão onírica. Ou seja, o pensar psicanalítico requer intuição e imaginação para captá-la (imagens em ação),

1 O deslocamento aparente de um objeto por conta da mudança do ponto de vista do observador. "Quando você tapa um dos olhos, tem a impressão de que o objeto está em um lugar diferente, mais à esquerda ou mais à direita". Serve como analogia para a política: cegueira parcial acha que o lado preferido está correto.

liberdade no sentido de autonomia social e política, capacidade de crítica científica e percepção treinada para não submergir a qualquer tentativa institucional de estabelecer discriminações de indivíduos em nome de uma moral coletiva.

As realizações que dão à luz concepções são processos não lineares descritos em matemática como a sucessão combinatória de conjuntos infinitos com repetição de determinados signos inerentes e constitutivos do objeto observado. No caso da psicanálise, especificamente em Bion, a sucessão combinatória inicial é dos signos sensoriais que definem a moldura singular da mente humana no mundo pré-natal. Essa moldura, singular e distinta em cada indivíduo, irá se desdobrar na vida pós-natal, onde as realizações são de experiências estéticas e éticas.

Metaforicamente falando, a pré-concepção no mundo pré-natal é uma moldura vazia se preparando para receber as paisagens que estão por vir na vida pós-natal. Essa moldura vazia tem a forma triangular, adequada para receber as experiências emocionais, também triangulares e tridimensionais em sua estrutura, e que conduz diversos personagens para seus vértices. O principal plantel de personagens foi fornecido pelo mito de Édipo público, esclarecido psicanaliticamente por Freud. Mas podemos usar qualquer mito privado.

Em outras palavras, os conjuntos infinitos sensoriais inicialmente se combinam formando uma moldura psíquica apenas sensorial, que podemos chamar de uma mente embrionária vazia de conteúdos simbólicos. O mecanismo responsável pelo movimento combinatório na mente embrionária denominei imaginação radical. Trata-se de um mecanismo que postulo ser mais primitivo que a identificação projetiva. A imaginação radical combina ritmos e os transforma em direções a serem tomadas e ocupadas no futuro por experiências emocionais e personagens. A identificação projetiva não combina ritmos, não sofre a mesma influência do acaso e dos atratores estranhos que fazem funcionar a imaginação radical, mas comunica necessidades a serem captadas no mundo simbólico: forma o que podemos chamar de imaginação propriamente dita, e que tem na reverie sua primeira vivência. A troca de uma para outra podemos chamar de cesura do nascimento como uma metáfora dos processos criativos no ser humano.

Os conteúdos simbólicos são acrescentados após o nascimento pelas experiências emocionais. Ou seja, na mente pós-natal, a moldura vazia (pré-concepção) será preenchida por imagens e símbolos decorrentes das experiências da vida. O movimento combinatório, como já disse, é regido pela identificação projetiva enquanto vai recebendo o colorido da verbalização.

Podemos entender as experiências da vida como os feixes de luz no modelo holográfico. Os feixes de luz são uma metáfora para uma espécie de detector de experiências emocionais. Eles refletem os objetos da base sensorial e os expandem no espaço virtual onde ocorre as transformações em pensamentos nos mais diversos níveis da experiência humana. Existe, portanto, sempre um vínculo sendo criado e a ser observado. A proposta não privilegia objetos separadamente. Todas as partes do modelo interagem. A ideia de entrelaçamento quântico se aplica aqui para facilitar a compreensão do modelo.

Em *Memória do futuro*, as dimensões da mente interagem como personagens independentes, que possuem distintas capacidades de comunicação, mais difíceis ou menos difíceis, sem deixar de incluir a impossibilidade de comunicação e a interferência do acaso nessas observações.

Por exemplo, os bebês no ventre materno não conseguem conversar com os que já nasceram, os somitos precisam esperar a vida pós-natal para dizer algo, estruturas físicas que só fazem descargas de adrenalina somente mais tarde na vida pós-natal são responsáveis por reações de luta e fuga, os filhos estão distanciados dos pais pela impossibilidade de tudo comunicar, irmãos entram em conflito insolúvel, o ser grupal não vive no mesmo mundo que o do ser individual, sacerdotes atuam insidiosamente para impor restrições morais, investigadores como Sherlock Holmes fazem sobressair a imaginação, ponderações são feitas por Watson, personagens representam memórias de desejos pressionando o analista a dar respostas.

Nessas interações, existem paradoxos, impossibilidades e quantidades não determináveis, bem como um entremeado de fatos estabelecidos junto com fatos não digeridos.

Por exemplo, se tomarmos a definição da pré-concepção como uma expectativa vaga de que no futuro existe um objeto capaz de atender as necessidades e incompletudes humanas, podemos ver como as expectativas do bebê não podem nunca corresponder totalmente às da mãe e vice-versa, as da mãe não correspondem às do pai, nem as do casal correspondem às das suas famílias de origem, nem as da família às da cultura e da sociedade. Há falhas constantes no processamento dessas expectativas, falhas maiores ou menores, com consequências distintas. Resta a expectativa última no ápice aberto ao infinito desse *looping autopoiético* para que surja uma mente criativa e dê soluções às expectativas não realizadas.

Em outro sentido, as expectativas nunca se realizam plenamente, pois estamos sendo levados para o futuro, e o tempo não para de trazer essas dissonâncias, impasses, perspectivas distintas entre a mente individual e a mente grupal.

No mundo grupal, as experiências tribais podem com frequência ser predominantes. Elas conservam algo da experiência do ser recém-saído da vida pré-humana: a experiência de primatas aterrorizados pela dificuldade de sobrevivência num mundo hostil, que lutam com grande dificuldade para alcançar as experiências de grupos de trabalho destinados ao progresso da comunidade.

Esse conflito continua existindo, apesar de todos os avanços tecnológicos. Por exemplo, instituições, muitas vezes mal conseguem conviver com os membros criativos, mas conseguem conviver bem com membros imbecis, carrascos e corruptos. Votam neles sem o menor pudor, relativizam a criminalidade, justificam o injustificável com a mais pura hipocrisia. Tiranossauros e orangotangos facilmente assumem o controle de grupos, organizações, nações, e neles dificilmente se observa a aceitação do pensamento ético em debates sobre o que realmente importa para a maioria. Todavia, debates em que se inventam fatos, números, estatísticas e realidades fantásticas são bem elaborados para irritar as pessoas que realmente se dedicam a pensar, ou seja, que tentam compor oposições. Afinal, o que esperar de um tiranossauro ou de um orangotango que não tem quaisquer noções do que seja o ser humano?

A complexidade como forma de pensamento certamente causa dificuldades enormes, exige qualidades para as quais a maioria pode não estar preparada para desenvolver. Esse despreparo vindo das formações educacionais mais diversas explica por que a maioria das pessoas gostam de pensar que a personalidade é como a metáfora de uma árvore, com raiz, tronco e galhos. Mas essa concepção visual está longe de se aproximar da realidade.

Muitas vezes, as teorias psicanalíticas construídas como objetos simples colaboram para esse equívoco. Elas são úteis até certo ponto, mas não se pode mais conviver com elas num mundo que exige a compreensão de objetos complexos, com lógicas não lineares, turbulência e ausência de instrumentos disponíveis nos limites do conhecimento. Penso que, por essa razão, Bion, em *Memória do Futuro*, só se expressa esteticamente como numa espécie de romance de três passos: *o sonho, o pretérito passado e a aurora do esquecimento*. A estética lança luz no futuro à espera de captar algum objeto que ainda não tenha sido pensado.

Costumo ilustrar esses três passos com a última carta de Nietzsche escrita para seu amigo e editor Georges Brande. Trata-se de uma carta de uma linha apenas, ou o que se poderia chamar de um simples recado: "você sempre sonhou em me encontrar, agora que me encontrou, tudo que tem a fazer é me esquecer". Não penso aqui na carta com a lógica da despedida de um amigo para outro, mas com a complexidade do movimento de sonhar, em seguida inevitavelmente lidar com as consequências efêmeras do sonho que já é passado e, finalmente, deixar de lado tudo que se sabe para ir ao futuro.

Me recordo de quando estudava psiquiatria na faculdade de medicina, e um professor apresentou a teoria estrutural de Freud convictamente mostrando-a como uma casa, onde o id seria as fundações, o ego seria o corpo da casa e o superego, o telhado. Nada mais equivocado, a começar do fato que o superego fica no meio, como instância intermediária e mediadora entre as pulsões e o ego. Tratava-se de uma concepção simplista, baseada no desejo de que a concepção freudiana da personalidade correspondesse a uma espécie de lógica bem organizada e simples.

Hoje em dia, se me disserem que a personalidade é uma casa muito engraçada, que não tem teto, não tem nada, não tem paredes, e por isso ninguém pode dormir na rede, e nela ninguém pode entrar porque não tem chão, e que fica na rua dos bobos, número zero, me faz real sentido. Mas... o professor era positivista. Não era mal-intencionado, mas usava uma concepção positivista, falsa e equivocada da teoria de Freud. Lamentavelmente, isso pode ocorrer a todo momento na ciência. A concepção tiranossauro tem que conviver com a concepção complexa e, muitas vezes, não consegue pela falta de recursos holográficos.

As diferenças nas premissas que fundam lógicas, os pontos de vista inconciliáveis, os meios pobres de comunicação, a disposição tantas vezes pífia para formar símbolos e a pobreza para expressar estados emocionais vinda da linguagem cotidiana levam o indivíduo ao desamparo, e esse estado doloroso o leva a buscar um objeto onipotente que pode ser a mentalidade da comunidade em que vive, geralmente fornecedora de produtos muito tóxicos para o desenvolvimento do pensar, como religiões políticas e políticas religiosas, ambas facetas do positivismo.

Qualquer comunidade apegada a apenas uma visão da realidade retira a autonomia do sujeito, transformando-o num ser pobre ou nulo de criatividade. Um ser que é presa fácil dos meios de propaganda e do consumo sedutor como fornecedor de pseudoidentidades.

A complexidade mostra que o indivíduo vive em uma multiplicidade de mundos simultâneos com distintos significados. A aceitação da complexidade é a aceitação da existência de contradições nesse mundo, com intuito simples de observá-las, o tempo que for necessário, para se formular novas incógnitas, renovando a questão inicial. A observação não pode criar uma ideia que visa camuflar as contradições numa visão eufórica (maníaca) do mundo.

A complexidade encontra-se sempre onde, a princípio, não se pode superar uma contradição, até mesmo uma tragédia. Essa condição trágica presente mostra o humano não conseguindo superar a si mesmo. Pode melhorar sua humanidade, apurar suas questões, sobretudo, criar, mas não pode se superar porque não pode deixar de ser edípico, ou humano.

A frase anterior descreve a complexidade do Édipo que se apresenta com traços inquietantes do emaranhado, do inextricável, da desordem, da ambiguidade, da incerteza inerente às instâncias psíquicas.

Se um indivíduo confunde os significados, os valores, os modos de significação das instâncias psíquicas e suas interações, cairá na confusão e na perplexidade. São ambos estados mentais que geram ansiedades contra a qual se tomará decisões. Muitas delas são definidas como doença mental, mas pode ser também na direção oposta.

Os termos *saúde* e *doença* já possuem uma dificuldade particular que não deveria ser adotada pela psicanálise, a menos que possamos entender que uma personalidade é uma organização humana individual que pode sofrer influências aprisionantes por parte do funcionamento grupal de suposto básico, sendo que os termos saúde e doença surgem do tipo de aprisionamento grupal.

Isso significa que nos grupos tribais ou primitivos não existem processos criativos, mas simulações de criatividade por meio de processos dedutivos (lógica) que Bion descreveu como sendo de três tipos: *luta-fuga, acasalamento, dependência*.

Entende-se que o objetivo principal de um grupo é a segurança e a estabilidade, e todos os significados provêm de premissas lógicas. Por exemplo, no grupo de luta-fuga, a lógica é a da *paranoia*, pois existe um inimigo perseguidor importante. Todos os acontecimentos são interpretados com esse paradigma. O problema de um governo com essa lógica, por exemplo, é que sempre o anterior que nada fez e é culpado de tudo que ocorre no presente. Nazistas, fascistas e comunistas são mestres em fazer isso.

No grupo de dependência, a lógica é a do *objeto onipotente*, que vai solucionar os problemas do grupo. Uma propaganda política que promete fornecer picanha e cerveja no lazer que se insinua ter sido usurpado, explora essa lógica.

A mente individual opera com princípios completamente diferentes, por meio de transformações de experiências emocionais como o sonho, o passado que se presentifica, os limites onde aparece o desconhecido, as oscilações corporais.

As transformações são uma função que produzem mudanças catastróficas que operam numa faixa entre o ser e o nada. Nessa faixa, existem conjuntos vazios nos quais a função cria algo. Trata-se da faixa de experiências emocionais em que ocorrem os relacionamentos que modificam o indivíduo pelo grau de relação íntima com outros. Esses graus serão responsáveis pelas possibilidades de direção da experiência, ou seja, se o indivíduo vai encaminhar-se para um tornar-se a si mesmo, estacionar como repetidor, tornar-se conservador, viver como um simulador, tornar-se uma alucinose ou mentira ambulante, ou um não existente na violência da psicose. Os fatos selecionados que determinam a direção dependerão essencialmente das aspirações éticas derivadas da ética de pensamento adotada.

Ética significa seguir basicamente uma regra áurea: *não fazer ao próximo aquilo que não deseja que seja a feito a si próprio*. Nesse sentido, muitas questões podem ser visualizadas. Ética significa não estabelecer inferiores e superiores, não estabelecer hierarquias simplesmente pela força, mas sim pelo conhecimento e experiência. Ética não pode conter sistemas de privilégios por conta da experiência, nem conivência conspiratória ou oportunismo ganancioso para manter o sistema inferior/superior funcionando.

O uso de modelos *versus* princípios precisa ser discutido em toda atividade científica, mas o primeiro motivo dessa discussão é evitar que um *princípio* seja entendido como uma regra definitiva, exatamente porque um princípio indica a necessidade de mais conhecimento.

Tenho sugerido em diversos artigos que foi extremamente importante a proposta de Bion (1979) para substituir os dois princípios de funcionamento mental de Freud, que muitos tomam como regra, por *três princípios de vida*. Sugeri também que esses três princípios se desdobram em sete outros que sustentam a investigação decorrente, sendo o principal a *complexidade da vida*. Seguem-se os princípios de *incerteza, incompletude, infinitude, indecidibilidade da origem, negatividade e singularidade*.

Um exemplo de aplicação do *princípio de singularidade* encontra-se quando existe recomendação para estabelecer as mínimas condições necessárias para uma análise. A recomendação não deve se tornar ou ser confundida com ameaça de vigilância paranoide ou condicionalidade. Não podemos, caso respeitemos o princípio da singularidade humana, aceitar imposição de condições que impeçam o livre ser e o livre pensar. Não posso ajudar ninguém em análise se não puder ser *eu mesmo* e se tiver que seguir recomendações com as quais não concordo. Tampouco posso aceitar imposições narcísicas por parte dos analisandos ou de instituições.

Entender as consequências de atos impensados e precipitados não pode se transformar em motivo de castigo e culpa. A psicanálise trabalha em uma *cultura da responsabilidade* que distingue com clareza o trabalho de reparação, que deriva da culpa depressiva, do trabalho de restauração, derivado da culpa persecutória.

O *princípio da incerteza* rege essa proposta de distinção, com a consequente inserção da *incompletude e da infinitude*. Ou seja, uma *reparação* nunca é completa, e uma *restauração* é infinita. A diferença é a mesma que existe entre a ação da parte psicótica (restauração e negação do luto) e da parte não psicótica (luto e depressão para abrir espaços novos).

O trabalho de reparação leva em conta que o amor tem qualidades que não se alteram com as mudanças e diferenças que existem na vida. A restauração se instala pelo ódio ao que poderia ter danificado e causado a imperfeição, como a que pode acontecer com um quadro ou uma obra de arte. Os nazistas tentavam *restaurar* sua nação como se ela fosse uma obra de arte, e eles, os artistas, para tal acreditaram ter que eliminar as impurezas julgadas existentes no quadro. As impurezas eram tudo aquilo que, no ser humano, poderia ser incluído como *não eu*. Classificaram os seres humanos em duas espécies, arianos e não arianos, tendo, portanto, que eliminar estes últimos.

Hoje em dia, temos o *politicamente correto*, que quer eliminar o que se julga impurezas do mundo, querem restaurar a linguagem, querem restaurar a nação, querem regular a arte, os meios de comunicação, querem ditar regras de pureza, mas não existe nenhuma intenção real de reparação, que exige luto, e não as atitudes triunfalistas e maníacas que notamos sempre presente nos politicamente corretos que se julgam arautos da pureza. Ou seja, nenhuma evolução pode ocorrer com tal mentalidade grupal. Mas involuções teremos à vontade, para reinstalar o hábitat dos tiranossauros que se passam por juristas e orangotangos que se passam por políticos.

Fala-se muito que não podemos esquecer o que o nazismo fez, mas podemos esquecer o que o stalinismo fez, ou o fascismo, ou o maoísmo, ou todas as chamadas revoluções em nome do Bem? Eram ideologias opostas, aparentemente. Mas o cordão umbilical que as unia se chama *totalitarismo*.

Os "restauradores" totalitaristas sempre buscam cargos vitalícios, exemplarmente seguindo os nazistas com seu desejo por um Reich que iria durar mil anos. Agem como *rock-stars* ávidos pelo holofote que lhes garanta o pleno exercício da tirania e da crueldade. A propaganda nesse regime foi o instrumento poderoso como fábrica de mentiras para incentivar a fábrica de mortos.

Certamente que o Reich não durou mil anos, pois essa assertiva tratava-se de pura megalomania, mas, nos 12 miseráveis anos de sua existência podemos dizer que produziram muitas fezes culturais e sociais, além dos milhões de mortos. O estrago causado está longe ainda de ser determinado, muito menos de ser reparado.

Reflexos do estrago, passados quase 100 anos, estão por toda parte. Por exemplo, atualmente na chamada arte pop nacional, música, teatro, telenovelas, há muita exaltação do erotismo anal. Várias artistas buscam veementemente ser identificadas por esse apelo. Essa preferência tão explícita traz liberdade de expressão para as mulheres, emancipação social, ou é apenas mais uma forma perversa de servidão cultural que impõe os clássicos papéis da mulher objeto ou escrava?

Mais ainda, parece que quanto mais querem se emancipar de forma folhetinesca, agredindo e desafiando o sexo masculino como se este fosse o inimigo, mais cresce o número de transexuais cuja ação arremeda a mulher servil e produzida para fazer tudo que os homens desejam sem questionamentos. São atos de *esquecimentos* deliberados que podem estar presentes em todos os movimentos ditos emancipatórios.

Note-se que *esquecer* não é o mesmo que perdoar. Esquecer deliberadamente não é emancipar. *Perdoar* não é um ato simples, muito menos religioso, pois os atos religiosos exigem sempre o movimento sacrificial, para, uma vez cumprido, ficar livre para repetir, ou seja, errar de novo. *Perdoar* é poder *reparar* no sentido de recuperar a liberdade para tornar-se o que foi impedido de existir. É poder criar e sair da cultura da vingança e do ressentimento para poder evoluir como seres humanos.

Orangotangos, tiranossauros, antas e javalis, costumeiramente eleitos ou nomeados para cargos políticos, vivem da necessidade de vingança, vivem da narrativa de vítimas de um passado que acham ser o culpado por todas as mazelas do presente. Certamente, o passado não pode ser esquecido, pois, caso o seja, sabemos há muito que será repetido. Mas isso é diferente de ser paranoico e recriar um passado que não ocorreu.

A complexidade da vida indica que as soluções não serão criativas se houver insistência na cegueira ideológica vingativa e na negação de que mentalidades autoritárias e assassinas continuam funcionando no presente, assassinando tudo que não concorda com elas.

Para sair do âmbito da vingança, é necessário fazer uma real autocrítica, perceber que *aprender com a experiência* não é o mesmo que simplesmente treinar movimentos, ou se tornar mais eficaz do que quem ensina. Walt Whitman, muito apropriadamente, usou para a função do poeta a metáfora do professor de atletas; segundo ele, os que constroem um tórax igual ou maior que o mestre nada aprenderam. Mas aqueles que aprenderam a destruir o mestre, realmente aprenderam tudo que podia ter sido ensinado.

Mesmo uma mente iluminada como Shakespeare cometeu erros de avaliação histórica. Por exemplo, ao se aliar à dinastia vigente, os Tudor, o inigualável escritor colocou a dinastia anterior, que findou com Ricardo III, como sendo a culpada de todos os problemas do presente. Cem anos depois da morte do jovem rei, o escritor o retratou de acordo com as conveniências políticas e mitos criados pela dinastia vigente. O homem mau e cruel, assassino de possíveis parentes sucessores, na verdade tinha sido um rei preocupado com a justiça social de seus súditos e morreu numa batalha lutando por eles. O fato foi desmascarado por uma historiadora amadora, que encontrou muitos descendentes do rei por meio dos testes genéticos. Se todos os parentes tivessem sido exterminados como contava a história vigente, não haveria traços genéticos no presente. Até mesmo seus retratos tinham sido adulterados para dar a impressão de um homem cruel, uma imagem com lábios muito finos e olhos maliciosos, identificados com os olhos maliciosos de Satã, descritos por John Milton.

Parece que as coisas não estão muito diferentes hoje em dia, apesar de todo progresso no mundo digital e tecnológico. A imprensa continua venal e burlesca. Grandes órgãos de imprensa aliados ao poder vigente por interesses econômicos, para serem agraciados com polpudas somas de propaganda de governo, evoluem como tiranossauros criando folhetins e literatura de cordel, nos quais se exalta a ignorância, a imbecilidade e a hipocrisia.

Hipocrisia é pregar o que não fazemos, mas existe também hipocrisia em pregar como sacerdotes aquilo que praticamos como sendo o único caminho a seguir. Hipocrisia é também prometer o que não se pode e nem se vai cumprir, e ter a coragem de dizer que era apenas uma metáfora, e que aquele que foi induzido ao erro é o maior culpado de ter se equivocado. Mas uma coisa é ser culpado de um *erro de avaliação*, e outra bem diferente é ser induzido por uma máquina de propaganda violenta, sustentada por lavagem de dinheiro do *crime organizado*. Uma coisa é ser democrata e entender que nações não têm amigos, mas parceiros comerciais; outra coisa é ser aliado e cúmplice de ditadores para, com isso, executar o saque da riqueza nacional.

Hitler, Stalin, Mussolini, Mao Tse Tung fizeram isso. A crueldade de suas ações vem sendo deliberadamente esquecida e, na mesma linha, continuam operando governos e instituições, acusando os outros que não concordam com eles de serem *o que são*.

Ação e comunicação devem seguir uma ética que tem a base amorosa. Não existe ética no ódio, a menos que desejemos falar da ética do tiranossauro.

Como indivíduos, precisamos das instituições, assim como elas, obviamente, precisam de nós. Mas não sabemos e não podemos de fato exercer livremente a criatividade apenas seguindo *regras educacionais institucionais* que provêm da época de Platão. Com toda sua genialidade, Platão em muitos pontos acaba sendo tóxico, confirmando que projetava sua toxicidade na *poiesis* que julgava ser necessário excluir da educação dos jovens. Platão acabou sendo transformado em Deus por seus discípulos neoplatônicos. Michelângelo, quando pintou o teto da Capela Sistina, colocou a imagem de Deus com o rosto de Platão. Mas, esse tipo de movimento, consciente ou inconscientemente, não parou aí.

A maior de todas as lições que aprendi quando fiz mestrado em Educação de Ensino Superior foi perceber a insana idealização dos teóricos da educação e como continuam seguindo o exemplo do que pode ter sido o maior de todos os pensadores, Platão, com a pretensão neoplatônica de igualmente serem deuses e achar que sabem o que é melhor para todos. Trata-se da terrível onipotência humana e seus servos de pensamento mágico ditando, mais uma vez, o que é o Bem.

Arrogância e fanatismo se tornam incompatíveis com educação, criam uma incoerência na função que exige humildade socrática. A incoerência é a porta do funcionamento psicótico que pode ser estimulado pela educação arrogante. Não é sem razão que vemos muita gente enlouquecida, sem capacidade para pensar e recorrendo a drogas.

Uma ética da observação que leve em conta a complexidade do mundo precisa tratar o universo sem possibilidade de coisas sobrenaturais que se opõem a coisas naturais. No universo, tudo é constitucionalmente excepcional, isto é, singular e complexo.

Não precisamos de centauros e quimeras fora do campo da mitologia e da metáfora, muito menos deuses e pessoas que querem o papel de Deus, pois eles traduzem a ideia de algo excepcional, a qual se acrescenta a falsa potência da sobrenaturalidade.

A realidade precisa ser observada sem a adição de uma ideia de ordem explicada ou de leis antropomórficas. Fala-se do humano como se não fosse uma invenção do próprio ser humano, ou seja, fala-se do humano como algo completo, para negar a incompletude e a complexidade do que tem ainda muito que evoluir.

Nietzsche afirmou que a natureza é a realidade privada de toda ideologia. De onde se pode deduzir que a ideologia nos tira da realidade a ser observada e impõe uma visão parcial como algo que se pretende universal. Os maiores erros da ciência foram cometidos seguindo essa lógica.

Se vamos observar a *realidade psíquica*, ela se revela verdadeiramente rica e misteriosa, desde que a observação não seja sustentada pela hipótese vinda de uma outra instância, que pode ser no plano macro, religiosa ou política.

Mas no plano micro, temos a religião e a política na observação do uso de memórias e desejos, como assinalou Bion na psicanálise. Esse problema já havia sido assinalado por vários poetas. Os dois elementos são essencialmente uma *falta de realidade* na observação. As críticas provenientes da memória e do desejo criam falsos valores, fazem uma crítica que nada afirma de verdadeiro.

Críticas depreciativas baseadas em memórias e desejos, como costumam fazer os políticos e falsos cientistas, são produtoras de uma miséria histérica. Freud nos alertou que o passo seguinte para sair dessa miséria é aceitar a infelicidade constitutiva. Por outro lado, a infelicidade faz parte da alegria de existir. Freud nos mostrou que o sol da experiência emocional é o amor pela vida, o amor pelo outro é o satélite desse sol.

O amor à verdade e o respeito pela vida é de onde provêm todas as outras formas de amor. Nos *Upanishads* já se fala disso, bem antes dos budistas e dos cristãos. A mensagem está na religião, na filosofia, melhor dizendo, certamente, mas por que os religiosos não a praticam? A resposta parece estar no fato de que a parte *sacerdote* da mente tem interações mais fáceis com os tiranossauros.

Muito ilustrativo é o conto de Dostoievsky, *O grande inquisidor*, que relata a volta de Jesus à Terra em plena Inquisição, em que vemos os arautos do cristianismo queimando nas fogueiras os hereges, ou aqueles que são diferentes e não se submetem a eles.

Eu imagino um pouco mais além do que o conto descreve, visualizando uma cena em que o sumo sacerdote, do Supremo Tribunal da Inquisição Federal, convida Jesus para conhecer uma igreja onde ele é louvado e idolatrado. Então Jesus responde: o que vou fazer numa igreja se eu não sou católico? Sou judeu, filho de mãe judia. Nunca pedi que me idolatrassem, e tudo que vocês estão fazendo é simples *perversidade*, maldades que nem mesmo Satã seria capaz de fazer. Sabemos pelo conto que as declarações incomodaram tanto os inquisidores que resolveram prender Jesus. Sem processo legal, sem acusação e sem assistência de um advogado.

A miséria histérica em que vivem os inquisidores não comporta nunca a alegria que participa do amor próprio. Ela retira toda possibilidade de se encontrar o caminho da alegria. Em seu lugar nasce a arrogância com os impulsos destrutivos.

Uma harmonia intelectual é como uma harmonia musical: nunca corresponde a gritarias de políticos, que revelam *estreiteza mental* e *desonestidade intelectual*.

A arte ilustra a verdade, mas não a revela. Os cientistas também assim devem agir em relação à verdade. Cientistas não inventam verdades, eles as descobrem. O psicanalista, enquanto e como cientista, também não inventa, mas descobre verdades. Não vai conseguir fazer isso se ficar preso a teorias que são como dogmas. Para escapar aos dogmas, Bion nos mostrou, por meio da *language of achievement*, que é preciso inventar novas linguagens. Antes de tudo, elas são imagens, que vão ser conceitualizadas como psicanálise. Bion fala da *livre invenção de conceitos*, e o fez extensivamente com humor.

Os psicanalistas são pesquisadores que se introduzem nas fendas das tumbas do saber, nas fissuras dos monumentos teóricos que exigem reverência. Eles são, seguindo a metáfora que Bion usou, analógicos aos saqueadores de cemitérios e lixeiras.

O *ideal ético* da comunidade psicanalítica deveria ser a *comunicação*, mas esta é nitidamente insuficiente. Quando lemos as publicações da área, deveríamos levar em conta como os artigos são compreendidos. Fala-se muitas vezes nas ideias de Bion, mas elas nem sempre são compreendidas. Os leitores ficam tentando encontrar aquilo que outros autores já disseram ou haviam encontrado em outras disciplinas. O próprio Bion deu exemplo disso quando mostrou que um poeta como Keats chegou bem antes do que Heisenberg ao *princípio da incerteza*, quando formulou a *capacidade negativa*.

Bion, no meu entender, estava tentando abrir a comunicação entre saberes distintos e tempos distintos. Sua *teoria do pensar* é uma prova dessa tentativa, cujo precursor foi Freud. Os desdobramentos dessa tentativa se fazem presentes em todos os demais trabalhos que se sucedem.

Esse tipo de estilo enfrenta a oposição dos que exigem especialização para falar do assunto. Se Bion fala em matemática, dizem que ele não é matemático. Se fala em poesia, dizem que ele não é poeta. Ele acabou fazendo "poesia matemática" cujo exemplo bem conhecido é a *função alfa*. Aí dizem que isso não existe, pois consideram a expressão um uso abusivo da metáfora. Nenhuma das alternativas é verdadeira. Função alfa procurou o frescor da linguagem para falar da função analítica, buscou a complexidade que existe no trânsito entre diversas disciplinas. Desse trânsito surgem imagens e metáforas, mostrando que é preciso exercer um duplo papel: o do especialista que elabora uma teoria, mas também o de um soldado que se engaja na batalha contra o desconhecido.

A duplicidade do papel aparece na formulação de uma teoria original chamada por Bion de *Grade*. O soldado engajado na luta contra o desconhecido na sessão transforma-se, após a batalha, num general estrategista, formulando teorias para reconstituir seu arsenal.

Nada mais além do seu tempo do que a Grade. Ela não vive numa época em que não se admite erros nem a divagação, que é a ciência que transforma cientistas em pecadores, exigindo que sejam puros e santos. Na ciência da Grade, não existe a verdade; a ciência é apenas criação, imaginação, por isso a relação com a verdade está num outro tempo.

Apesar de ser escrita abstratamente como um plano linear, a *Grade* é uma metáfora de uma *holografia*.

Imaginem o plano da sessão que, a partir de uma dobra, se transforma naquilo que o analista captou e que se transforma, por meio de uma nova dobra, nas hipóteses formuladas *a posteriori*, e que, por nova dobra de tempo-espaço, vão para a sessão de amanhã.

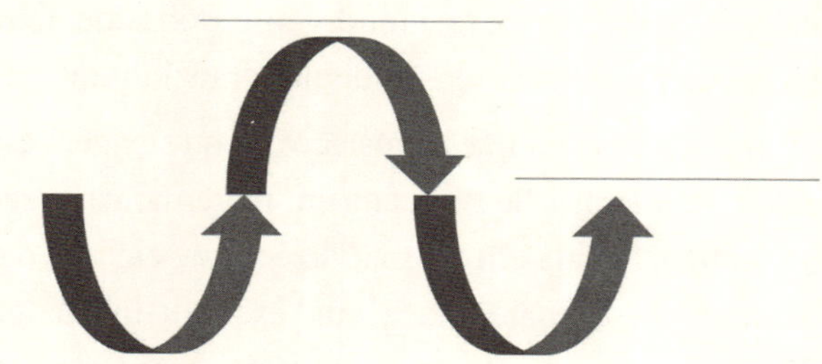

A Grade propõe uma ciência dos indícios, dos vestígios de uma sessão, que precisa, portanto, buscar o singular. É claro que não podemos nos impedir de situar o singular dentro de um conjunto. Um analisando e o universo são objetos únicos; encontram-se, no entanto, num conjunto de estados históricos. A questão constante são os *vínculos* entre os diferentes estados mentais.

Finalmente, gostaria de assinalar que a experiência de discutir psicanálise é propícia a despertar sentimentos poderosos. Essa situação precisa ser diferenciada das emoções poderosas despertadas no decurso da prática psicanalítica.

As emoções na prática psicanalítica são importantes porque são frequentemente negadas sem uma realização apropriada, que não sendo atingida, nos coloca com o mesmo problema que a negação tem na psicose por meio de uma reação física.

Bion nomeou de *medos subtalâmicos* os causadores dessa reação, que provavelmente se relacionam com terrores pré-natais. Atualmente, com nossos métodos disponíveis, leva muitos anos até que o paciente possa admitir a profundidade do terror.

Geralmente, o terror é tão intenso que torna as formulações verbais inadequadas para expressá-lo. Portanto, o terror se expressa às vezes tão sutilmente que o psicanalista pode falhar em observar esses medos, ou pode "exagerar" suas observações dessas expressões de terror que não são de fato *subtalâmicos*. O resultado é tanto a falha de observar as condições graves de um lado e, de outro, reivindicar uma "cura" que, na verdade, está relacionada com um estado mental que não é psicótico.

5. Sonhar o futuro com licença poética[1]

Na psicanálise, como em muitas outras atividades humanas, destacando-se as ciências, existe sempre a *teoria*; e nessa palavra encontramos aquele ato de *contemplação* mencionado por Aristóteles. Trata-se do procedimento, para ele *ético*, de refletir e observar atentamente após uma *experiência*. O procedimento é também facilmente constatado na dialética platônica e em todas as obras de *síntese* representando uma época histórica. Mas, na atualidade trata-se, basicamente, de uma questão essencial ao progresso da ciência. O que torna a síntese duradoura é sua vasta aplicação, que mantém os cientistas ocupados por muito tempo.

Será que por meio da teoria psicanalítica nos aproximamos da ciência em geral? Existe algo que recebemos da ciência, algum legado que permita desenvolver questões que nos ajudou no passado, e que possa continuar ajudando a lidar psicanaliticamente com o complicado mundo de hoje?

Será que possuímos o arsenal de teorias necessário para lidar com os incontáveis problemas da atualidade que foram sintetizados em

1 Conferência por ocasião dos 30 anos do Instituto W. Bion em 7/10/2023.

uma única frase recente do secretário-geral da ONU: "parece que a humanidade abriu as portas do inferno"?

Assim, saindo da prática para a teoria sempre existe a volta à prática, um ciclo interminável, traduzido constantemente por situações clínicas que nos mostram que a teoria não é suficiente, ou que não temos um número satisfatório de teorias. Essa foi uma das primeiras críticas de Bion à psicanálise, feita na década de 1950, quando estudava a parte psicótica da personalidade. Ele afirmou que os fenômenos observados não eram incluídos pela teoria clássica corrente, o que permitiu que sua imaginação produzisse uma nova teoria.

Um dos grandes méritos que podemos atribuir a Bion é ele ter nos mostrado que a psicanálise é uma *ciência em evolução*, mas, ao mesmo tempo, e sobretudo, um *instrumento de pensamento*. Ou seja, *conhecimento e pensamento* não são a mesma coisa.

A psicanálise é uma ciência da observação dos relacionamentos humanos pela ótica do inconsciente, agrega conhecimento sobre nossas profundezas da alma, mas é muito mais além disso, como algo que ainda temos que descobrir no futuro. Precisamos desenvolver mais os instrumentos que temos, pois neles se encontram as limitações humanas de conhecimento e inteligência necessária ao progresso. Disse certa vez Freud: "Mais uma vez, devo a oportunidade de fazer uma descoberta ao fato de não ser um erudito" (História do Movimento Psicanalítico)[2].

Um instrumento para pensar pensamentos

A *Teoria do pensar* de Bion (1962a) desenvolve e fornece basicamente um instrumento para pensar – apesar de ser chamada de uma teoria. Mas, trata-se de uma teoria que se dispensa como teoria, para nessa dispensa poder reaver todo o processo originário e intuitivo que deu

2 Esta citação de Freud é a última frase do artigo "História do movimento psicanalítico", está no volume específico nas Obras completas da Imago, nova edição 1997.

origem à psicanálise. Tentei expressar isso em meu primeiro livro, *Um resgate da originalidade: as questões essenciais da psicanálise em W. R. Bion* (1989) no qual procurei sintetizar as ideias de Bion como uma proposta de *renascimento da psicanálise* a cada nova sessão.

A teoria do pensar nos traz uma proposta central que, em poucas palavras, posso traduzir como um desafiante convite para pensar a psicanálise de uma forma diferente, nem que seja por um minuto. Após essa tentativa, caso não se aprecie o resultado, temos toda liberdade para voltar a pensar como antes. Particularmente, nunca voltei atrás.[3] Penso que isso ocorreu por algo que desde já preciso declarar: que nosso futuro como psicanalistas, depende de executar um projeto que é sonhar o futuro.

Existem diversos obstáculos para o futuro da psicanálise. Vou tentar mencionar alguns.

O primeiro deles se encontra no poder da teoria de nossos antepassados psicanalíticos. Muitos psicanalistas do time fundador trabalharam com as ideias de Freud, repetindo-as quase magicamente. Elas se condensam no que podemos chamar de os *quatro elementos da psicanálise*: inconsciente, pulsão, transferência e compulsão à repetição.

A minha impressão foi que, em muitos momentos, não havia como diferenciá-las de dogmas. Hoje consigo ver que as ideias de Freud são básicas, fundadoras, mas são incompletas. Não estão fechadas a desenvolvimento, acréscimos, expansões, correções etc. A teoria não é perfeita. Prefiro considerá-la como o início de uma ciência que tem muito a se desenvolver. Todavia, muitos analistas não a consideram dessa forma, e houve até um movimento de *retorno à Freud*, executado por Lacan, com o alegado motivo de que os analistas contemporâneos

3 Porém, tive que entender o fato de que para pensar não basta querer pensar. É preciso aprender a pensar, o que envolve esperar pelo inesperado da surpresa, da perplexidade e do desconhecido. Nesse processo, a paciência é quase tudo. E não se adquire esse tipo especial de paciência senão se analisando.

estavam se afastando dos *fundamentos*. Entretanto, não me parece ele ter inovado tanto quanto foi capaz de *dogmatizar* seus seguidores. No fim da vida, reconheceu isso, mas quem já estava dogmatizado usou o argumento da idade avançada para desqualificar sua percepção. Atribuíram a crítica de Lacan à senilidade, e não à maturidade. Esse mesmo tipo de canalhice se pode fazer também com pessoas jovens, para não escutá-las.

Na clínica analítica atual, encontramos com frequência esse problema, quando se constata a indiferenciação entre *objetos internos e externos*. Essa falta de diferença pode emergir como uma crença, e assume traços semelhantes ao fanatismo religioso. Nota-se isso em pessoas que trazem questões políticas que as incomoda para análise. Ou seja, enquanto não conseguem perceber que o seu mundo interno quer se impor como verdade sobre a realidade externa complexa e múltipla, vivem numa faixa de onda mental muito estreita, cruel e tirânica.

Bion não ficou livre da intolerância psicanalítica. Ele foi chamado de kleiniano exótico, provocador, confuso, hermético, difícil, e até senil. Disseram que estava elaborando sua morte quando falou nas *Conferências Brasileiras* sobre buracos negros e galáxias distantes. Disseram muitas vezes que não era psicanálise o que ele praticava. Fizeram anedotas com suas proposições.

A reverência prestada à irreverência de Lacan era muito mais um temor reverencial, o que para muitos seguidores de suas ideias resultou num um método de esterilizar a teoria, criou dogmas irredutíveis. Ali onde parecia surgir ou acrescentar um novo viés teórico e prático, habitaram seguidores desses dogmas, que acham que ninguém mais além deles pratica a verdadeira psicanálise.

Vou dar outro exemplo dessa situação retirando-o de uma ciência que muito me agrada, pela sua capacidade de admitir o *não saber*, viver em *perplexidade* e trabalhar por anos a fio (talvez desde os primórdios da humanidade) buscando algo no vazio infinito sem forma: a *astronomia*.

Havia um *dogma dos sete planetas*. Entretanto, houve um momento, em 1781, que se passou a pensar num oitavo planeta. Incluindo Newton, até aí acreditava-se numa astronomia feita pelo olho. Raciocinava-se a partir de sete corpos errantes, entre os quais o Sol e a Lua. Encontrava-se aí uma correspondência entre os planetas e suas virtudes astrológicas. Basta lembrar os sete metais, os sete pecados capitais, as sete pedras preciosas, os sete dias da semana, e entra aí nessa conta de sete desde o horóscopo até a cabala.

Com essa teoria dos sete planetas, administrava-se uma racionalidade vinda da Babilônia, que percebia Vênus como um único astro.

Contudo, desde 1801, a ciência não parou de descobrir planetas. O dogma foi rompido. A população do céu se modificou. Temos agora, graças aos telescópios em órbita Hubble e James Webb, o conhecimento de galáxias infindáveis, aglomerados de estrelas, nebulosas, pulsares, quasares, buracos negros, neutrinos. O céu não para mais de povoar-se.

Escapar aos dogmas é criar novas linguagens. O físico Gerard Holton, hoje com 102 anos, mostra como Einstein – que raciocinava, antes de mais nada, por *imagens* –, conceitualizou sua imaginação numa nova linguagem matemática.

A *imaginação* inventa livremente conceitos. Por meio dela, os pesquisadores introduzem-se nas fendas, nas anomalias, nas fissuras do saber constituído. A *física* é um constante exemplo desse trabalho imaginativo. Até recentemente, falava-se de quatro forças fundamentais. Esse dogma caiu e agora se fala de *força eletrofraca*.[4] Achava-se

4 Na física de partículas, a interação eletrofraca ou força eletrofraca é a descrição unificada de duas das quatro interações fundamentais conhecidas da natureza: o eletromagnetismo e a interação fraca. Embora essas duas forças pareçam muito diferentes nas baixas energias diárias, a teoria as modela como dois aspectos

que a velocidade da luz é limite no universo, parece que o *neutrino* está fugindo ao dogma.

Mas como é possível escapar dos dogmas? Se mais pessoas lessem os trabalhos originais, sem dúvida estaríamos sempre mais próximos do verdadeiro desmoronamento dos dogmas. Por exemplo, o discurso de Copérnico é novo como *discurso*, mas não é novo como linguagem, pois ele utiliza a mesma matemática de Ptolomeu. Será Kepler, de fato, quem mudará a linguagem sem mudar o discurso. Newton modificará a linguagem e o discurso passando da geometria ao cálculo diferencial. Porém, depois veio Einstein, e os físicos quânticos.

O mito fundador da psicanálise

Bion, radicalmente fiel ao que levou ao descobrimento da psicanálise, o mito de Édipo, modifica como Newton tanto o discurso como a linguagem. Ele mostra em *Transformações* (1965) o projeto de fazer pela psicanálise o mesmo que a geometria projetiva algébrica fez pela geometria euclidiana. Antes, em *Elementos* (1963), ele aumentou os *elementos da psicanálise* de quatro para 36 ao infinito.

Certamente que, para muitos, a proposta de Bion parece de tal forma teórica e abstrata que não foi aceita como um *estatuto ontológico* da psicanálise. Todavia, se almejamos ter um futuro, é necessário denunciar que os psicanalistas muitas vezes reproduzem o mesmo discurso, introduzindo apenas algumas nuances.

Em *Atenção e interpretação* (1970), Bion, seguindo essa denúncia, diz duvidar que alguém que não seja um psicanalista seja capaz de entender o que escreveu no livro. Ou seja, poder captar não só as novas

---

diferentes da mesma força. Acima da energia de unificação, da ordem de 246 GeV, elas se fundiriam em uma única força. Assim, se o universo estiver quente o suficiente (aproximadamente 1.015 K, uma temperatura não ultrapassada desde logo após o big bang), então a força eletromagnética e a força fraca se fundirão em uma força eletrofraca combinada.

nuances, mas o revolucionário das ideias psicanalíticas. Mas acho que ele estava sendo otimista nessa generalização. Poder perceber que a *verdade* se encontra nas profundezas e que ela se afasta quanto mais fundo formos, não é nada fácil de aceitar. Eu conheço mais analistas que alegam não entender nada do livro do que os que sentem o que Bion propõe para a *criatividade* analítica.

Por conta da questão da *criatividade e imaginação*, a temática do *gênio e do místico* não poderia deixar de aparecer neste livro. São exemplos de seres humanos que produzem alteridade, cortes históricos com sua criatividade. Todavia, o que é *revolucionário* para o criador de uma ideia nova pode ser visto pela sociedade como simples evolução. Daí sua difusão se torna mera informação. A difusão da ideia nova, rejeitada pelo *establishment*, pode sofrer um *retrocesso* e cair no plano da visão simplista, que acha que uma teoria que reinava é destronada por um novo rei ilegítimo. Uma visão monárquica.

Mas, Bion nada mais mostrou que esse é um *problema da ciência*, que não pode ser resolvido sem um *ideal ético* que é a *comunicação*, e, ao mesmo tempo, faz a *crítica*: a comunicação é nitidamente insuficiente para dar conta de todos os fenômenos.

Na psicanálise, precisamos de uma *linguagem de alcance psicanalítico*. Obviamente, o uso que ele faz do *princípio da incerteza* tenta mostrar o problema da psicanálise dentro da complexidade, o que nos indica a necessidade de se debruçar sobre a clínica para tentar enxergar mais além e buscar falar de uma forma mais profunda, coerente com a verdade, que é o ideal metafísico central.

O termo "capacidade negativa", proveniente da poesia, foi então empregado por Bion para dar conta dessa situação de duplicidade que o analista enfrenta; por um lado, tem que ser um especialista que elabora uma teoria sofisticada sobre a mente humana; por outro lado, tem que ser um soldado que se engaja na batalha contra o desconhecido.

Não duvidem que, diante do desconhecido, da luta que o analista emprega nessa área, possam surgir *ações tergiversativas*, e elas revelam que existem momentos de recusa ou vergonha em admitir a nossa ignorância, e até mesmo a falta de inteligência para resolver certas questões.

Uma ética de pensamento não deve adotar tais intenções, e o instrumento que temos a nosso favor é a sinceridade. Esta é sempre melhor do que pretender ser quem não somos, parecer que estamos calmos, fazer de conta que aceitamos qualquer coisa sem nada dizer. Deveria estar claro que não se pode fazer grande coisa "fazendo de conta" ser quem não somos.

Esse é um ponto bastante prático, pois, na psicanálise, muitas e muitas vezes chegamos em situações desconhecidas, sobre as quais não sabemos o que dizer, e os pacientes parecem não perdoar que sejamos seres humanos como eles: querem respostas. Nem todos, é claro, mas conheço alguns que não conseguem perdoar. Parecem desejar que o analista seja uma máquina de resposta rápidas, sem atrasos e bem preciso. Também ficam presos em ressentimentos com a humanidade do analista. Perdoar é algo muito mais complexo do que imagina o mundo budista, taoísta ou judaico-cristão. Envolve um luto causado pelo conhecimento adquirido, mas envolve também o eticamente intolerável. A vingança via mentira parece sempre mais salvadora nesse mundo em que estamos vivendo, muito mais do que no mundo ético que temos que continuar sonhando para ter um futuro.

Por falar em perfeição, atualmente as máquinas são muito idealizadas, fala-se muito em *inteligência artificial* que responde tudo em poucos segundos ou até em milésimos de segundos. Mas a identificação com os objetos inanimados e máquinas é uma forma de gerar psicose ou o próprio funcionamento psicótico, como mostrou Bion. Estamos vivendo num mundo que gera psicose nas pessoas? Se assim é o que lhe parece dominar como dogma, certamente essa é uma situação psicótica.

Note-se que em Bion temos uma psicose explícita, derivada de uma frustração que se torna uma dolorosa frustração, mas temos a psicose disfarçada de discursos saudáveis. Ele nos fala do "psicótico sadio", que sabemos encontrar ampla guarita em movimentos sociais que pretendem estar lutando por liberdade e direitos sociais. O ponto de partida dessa psicose é a incoerência nas ideias, e usar *mentiras* para dizer o que as plateias querem ouvir. Por exemplo, um indivíduo vai numa plateia de conservadores evangélicos dizer que é contra o aborto. Menos de meia depois, pode estar numa plateia de universitários pretensamente progressistas dizendo que deve ser liberado o aborto.

Os desdobramentos da *incoerência* são: a *impaciência* em que deveria existir *paciência*, o uso de um fluxo de palavras que não comunicam o essencial, o emprego de frases mutiladas onde faltam os pronomes pessoais, o uso abusivo de generalizações em que o sujeito não está nunca na primeira pessoa, a fala sempre sem detalhes e evidências, e finalmente tudo isso se torna um instrumento do ato inconsequente. O que produz essa situação é um *superego* despido de todas as características usualmente atribuídas ao superego, e finalmente da própria existência. Não existe, em virtude desse superego, o amor à vida, somente sede de poder e a possibilidade de se vingar de supostos inimigos, que são todos os que não concordam.

Posso dar um exemplo mais próximo do nosso dia a dia clínico: o paciente pode ficar mal-humorado se você não responde a uma pergunta e solicita a opinião dele. O analista também pode ficar mal-humorado com certas perguntas. Qual o seu time? Internacional ou Grêmio? Você tem religião? Acredita em Deus? Eu, particularmente, digo que sou muito pobre em crenças e rico em dúvidas. Parece uma resposta agnóstica, mas na realidade é apenas um caminho transitivo que me permite perguntar qual a conjectura imaginativa do paciente sobre uma resposta para suas perguntas. Entenda-se que certas respostas são mesmo a desgraça da pergunta, pois elas acabam prejudicando a capacidade para pensar do paciente – capacidade que depende das *conjecturas imaginativas*, ou da imaginação. Sejamos coerentes: *primo non noscere.*[5]

A investigação sobre a impaciência e o mau humor é parte do que se pode investigar nos afetos existentes no vínculo em que aparece a parte psicótica da personalidade, e obviamente é muito importante em psicanálise. Bion, de uma forma muito sucinta, nos lembra essa possibilidade na frase final do artigo "Cesura". Todavia, ele não desenvolve o tema nesse artigo, o que nos deixa em aberto para buscarmos em sua obra "pistas" dessa relação, ou desse *vínculo entre humores transitivos e intransitivos.*

Conversando com colegas norte-americanos analisados por Bion, eles relataram uma experiência comum que parecia ser a expressão de sarcasmo em relação a algum tipo de sofrimento que traziam. Parecia que Bion estava no *humor intransitivo*. Escutei a descrição de reações de perplexidade e até mesmo de ressentimentos com a intervenção de Bion.

Mas, pensando melhor nas situações que me foram descritas, tudo sugere que Bion, de forma que lhe era peculiar, estava incisivamente ressaltando que não se poderia dizer que naquele ponto havia um real saber. Estava incompleta a experiência para ambos. Era só o início de uma investigação. Então, parece que muitas vezes o sofrimento é trazido pelos analisandos de tal forma que pode criar situações de completude e/ou de estar sem saída. Parece que seria cruel em certos momentos de sofrimento e desespero dar uma interpretação do significado da dor. Mas, o que é pior: somente sentir a dor sem poder sofrê-la, ou poder sofrer a dor com os significados que ela tem e pode vir a ter?

---

5 A origem do termo geralmente é atribuída a Hipócrates (460 a.C.-377 a.C.), o pai da medicina, que escreveu que "o médico deve . . . ter dois objetivos, fazer o bem e evitar fazer o mal".

São situações clínicas difíceis; a interpretação muitas vezes segue o critério da mais difícil a ser dada, aquela que desperta turbulência. Assinalando ainda que o indivíduo que não pode sofrer dor também não pode sofrer prazer (o prazer relativo a alcançar o *amor pela vida*). Ou, em outras palavras, cabe indagar: não seria sempre o caso de levar em conta a hipótese de que qualquer dor pode trazer à tona a *parte psicótica da personalidade*?

São duas formas distintas de sofrimento, sendo que a primeira, uma experiência puramente sensorial, que sem dúvida é cruel, sugere a morte e a perda da liberdade para pensar, e a outra uma situação de vida, uma situação humana em que duas pessoas estão tentando transformar uma situação adversa numa situação senão vantajosa, pelo menos de acolhimento necessário da dor.

Um dos analisandos de Bion me contou que chegou a uma sessão muito sofrido, relatando a morte súbita de um colega e amigo com quem trabalhava havia muitos anos. Durante o relato, estava com lágrimas nos olhos lembrando-se do velório e da falta do que dizer. Mais ainda, sentia uma falta do que dizer num obituário, que fora solicitado pela família a escrever. Bion interrompeu dizendo: "*Call no man happy until he is dead*" (Não chame um homem de feliz até que ele esteja morto). Essa é uma citação de Horácio no início do livro de Aristóteles, *Ética a Nicômano*, atribuída ao estadista grego Sólon (Barros, 1999).

O analisando imediatamente entendeu que Bion estava sendo sarcástico e insensível ao sofrimento trazido. Seguindo a um silêncio pela perplexidade da interpretação, queixou-se com irritação e indignação: "você está sendo cínico, sarcástico e insensível para com meu sofrimento".

Bion disse:

> *não concordo que estou sendo cínico sobre a vida, a ponto de dizer que a cova é melhor que a vida. Estou dizendo que não se deve julgar uma pessoa baseado num simples*

> *incidente como a morte. Nem eu posso ser julgado por ter dito algo incompleto causado por seu esquecimento ou minha suposição errônea de seu conhecimento sobre o tema. Trata-se de uma fala de Sólon, em Aristóteles (O analisando admitiu que tinha falado sobre esse trecho com Bion, meses atrás).*
>
> *Para se julgar a vida de um homem, precisamos de uma narrativa que vai do início ao fim. O seu choro é também por sofrer com essa falta de saber, no momento desta sessão, que as vidas são frágeis, mas são totais, histórias completas, e não uma coleção de incidentes ou circunstâncias ocasionais. A vida não é boa ou má, mas um conjunto de decisões boas e más, portanto, para dizer que uma vida valeu a pena ser vivida precisamos saber mais, e nunca ficar detidos no sofrimento de um incidente.*

Nessa interpretação de Bion, é possível admitir que há não apenas uma poética do pensar lutando contra a filosofia que pode se sobressair, mas um modo de pensar poético que se opõe à filosofia implícita na interpretação. De um modo bem enfático, sem a forma poética, Bion usou a poética das formas.

O modo de pensar em Bion é o modo de pensar que se surpreende pensando, ou seja, na dinâmica própria de seu gerúndio. Bion segue os movimentos do estar pensando e os caminhos inauditos do seu vir à *linguagem de alcance psicanalítico*.

Vínculo K

Para desfazer os mal-entendidos sobre um relato que pode ter sofrido transformações, e certamente isso ocorreu, sugiro aplicar aqui o conceito inovador de *vínculo K* formulado por Bion (1962b). Trata-se de um dos vértices da *experiência emocional*, que é uma forma de expandir e esclarecer o tema da interpretação/iluminação em psicanálise.

O vínculo K é, sobretudo, uma abstração. Por isso, pode ser várias coisas, não é obrigatoriamente o vínculo do conhecimento simplesmente porque a letra vem da palavra *knowledge*, em inglês. Pode ser outras coisas como o desejo de saber, a falta de saber etc., e até temos o *menos K*, que inclui tudo que nos impede o conhecimento do novo, mas pode ser a mentira que está a nos enganar, a falsidade que nos ilude etc.

Aplicando o conceito de *vínculo K*, a afirmativa "Eu sei" não só não tem a menor importância, como pode se tornar perigosa. O que importa é se o conhecimento obtido possibilita ter a mente aberta para continuar buscando *mais saber*, o que implica sempre em *pensar pensamentos*. Portanto, dizer que quanto mais eu conheço sobre psicanálise, menos eu sei, faz sentido, desde que eu me situe no início de uma investigação e que continuei, por meio dela, pensando.

O *conhecimento* não é importante, não é ele que por si só expande a mente. Não nego com isso seus efeitos expansivos, pois pode e faz com que deixemos de ser nós mesmos para ser um pouco mais além do que fomos, o que envolve um sentimento de perda a cada passo que sabemos mais um pouco. Saber mais promove luto de nós mesmos. Fiquemos atentos, então, para o luto que causamos em psicanálise, e prontos para mostrar o outro lado dessa situação, o lado *simétrico*, que é o ganho de Ser. Ou o processo de *tornar-se*, como Bion colocou em *Transformações* (1965).

O próprio Sócrates propõe essa tarefa quando diz: "eu sou como minha mãe (parteira), a diferença é que ajudo a dar à luz ideias". A afirmativa de Sócrates, no contexto em que foi formulada, deixa explícito algo que muitos desconsideram: o fato que, na Grécia Antiga, mergulhavam-se os bebês recém-nascidos em água fria para conhecer sua força. Da mesma forma, metaforicamente, isso significa acompanhar a força das ideias nascidas, testá-las com a realidade e aguardar mais ideias não nascidas. Não sabemos nada a respeito de como vão crescer os bebês ou as ideias-bebês, as ideias recém-nascidas, que eram até bem pouco tempo ideias embrionárias.

A técnica em Bion é socrática, disso não devemos ter dúvida. Bion é um obstetra na psicanálise. Podemos encontrá-la descrita no texto *Aprender da experiência* (1962b) associando três elementos: *o objeto psicanalítico, a experiência emocional* e a *função psicanalítica da personalidade*. Podemos ver como foi apurada a partir do texto *Cesura*.

O psicanalista tem sua função psicanalítica treinada para observar o objeto psicanalítico; com essa observação colocada em palavras, o que parece um conhecimento, ajuda a dar à luz ideias vindas da função psicanalítica do analisando e, com isso, a experiência analítica torna-se uma experiência emocional. Experiência emocional é pensamento antes de ser conhecimento. Já se deram conta disso?

Em poucas palavras, o analista, seguindo as ideias de Bion, não fornece *análise* ao analisando, como se fosse, por exemplo, um remédio. Não fornece uma prescrição de análise, nem qualquer aconselhamento e assessoria, e muito menos esquemas de vida como se faz fraudulentamente nas terapias cognitivo-comportamentais.

A psicanálise ajuda, com sua técnica, a criar uma forma ética que atenda ao sofrimento mental, e essa técnica é eticamente protegida para trazer a função psicanalítica da personalidade para fora com objetivo de desenvolvê-la. O desenvolvimento melhora a qualidade de vida mental sem necessariamente enfocarmos em melhora material da vida. Esta última pode ser que ocorra, mas não é o objetivo da análise. Trata-se, podemos dizer, de uma técnica humanística, uma técnica preocupada em indagar a humanidade tanto do analista como do analisando, o que quer essa humanidade, o que ela pode. Certamente que isso vai envolver lidar com seu oposto ou seu elemento simétrico, que é, nas palavras de Derrida, a *soberania da crueldade*.

Trata-se de uma função muito especial, uma extensão da relação entre a intuição e a consciência social, que faz com que as pessoas continuem vindo à análise apesar de ser um processo muito turbulento, com aspectos tantas vezes sofrido. Mas esse não é o sofrimento advindo da crueldade, e isso faz uma enorme diferença.

Penso que essa diferença começou a ser delineada por Freud quando ele falou de alcançar uma infelicidade constitutiva caso saíssemos da *miséria histérica*. Penso que a frase de Freud é também incompleta. Penso que devemos falar do que acontece quando se sai da infelicidade comum, para um estado de bem-estar e de comunhão com nossa linguagem. Eu entendo que é muito bem apropriado citar aqui Fernando Pessoa quando ele diz que a pátria dele é a língua portuguesa.[6] Muitos pensadores, nas mais diversas épocas e civilizações, conseguiram ver com clareza que muitas inibições e distorções da linguagem estão baseadas na ignorância e superstição. Essas duas destroem a língua para que a ditadura se imponha.

Muitas atividades hoje em dia exploram a *miséria histérica*, a começar da política, que inclusive a exerce. O problema da miséria histérica é o fato dela deter a expansão *da experiência emocional*, empobrecendo, assim, o ser humano que a pratica e os que dela são alvo.

A experiência emocional tem uma "estrela-guia" que podemos chamar de amor pela vida; o amor pelo outro é o maior satélite dessa estrela. O amor e o respeito pela vida é de onde provém todas as formas de amor.

---

6 *Livro do Desassossego*, Bernardo Soares, volume I: "Não tenho sentimento nenhum político ou social. Tenho, porém, num sentido, um alto sentimento patriótico. Minha pátria é a língua portuguesa. Nada me pesaria que invadissem ou tomassem Portugal, desde que não me incomodassem pessoalmente. Mas odeio, com ódio verdadeiro, com o único ódio que sinto, não quem escreve mal português, não quem não sabe sintaxe, não quem escreve em ortografia simplificada, mas a página mal escrita, como pessoa própria, a sintaxe errada, como gente em que se bata, a ortografia sem ípsilon, como o escarro direto que me enoja independentemente de quem o cuspisse. A palavra é completa vista e ouvida. E a gala da transliteração greco-romana veste-me do seu vero manto régio, pelo qual é senhora e rainha".

Por outro lado, os budistas já falaram disso e, bem antes, essa ponderação está nos *Upanishads*.

Spinoza disse que o amor é a alegria acompanhada da ideia de uma causa externa. Todavia, se há que se encontrar essa causa externa, ela deve ser a *liberdade*, pois uma pessoa livre não pensa na morte, e faz da reflexão sobre a vida um impedimento para se pensar na morte, e a liberdade como movimento de busca da *felicidade*. Notem que estou indo além da infelicidade constitutiva como questão.

Certamente que a *alegria* participa do amor próprio ou do que se chama de autoestima. A autoestima é uma transformação do *orgulho* dominado pelas *forças de vida*. Se acontece de ser dominado por forças de morte, o *orgulho* se transforma em *arrogância*.

Mas o que vem a ser o orgulho que se transforma em *autoestima*?

A esse respeito, cito Rainier Maria Rilke, num poema chamada *Milton*. Ele diz: "Há um momento no dia que os demônios não entram, nem mesmo o mais laborioso deles, e se esse momento acontece ele ilumina o resto do dia".

Iluminação é a palavra-chave do nosso trabalho. A psicanálise pode iluminar a vida das pessoas, melhorar, portanto, a *qualidade da vida mental*. Nesse sentido, a psicanálise tem algo profundamente em comum com a arte, ou seja, o fato de que a psicanálise é uma *atividade prático-poiética*.

A arte psicanalítica de pensar

A *arte* é algo urgente na vida das pessoas. Num mundo em que o pensamento se torna tão escasso e ausente, por causa do império da tecnologia crescente, encontrar algo que mostre o mundo de uma forma diferente e que gera um fluxo de pensamentos buscando o pensar esses pensamentos é mais do que bem-vindo. Mais bem-vindo ainda seria se alguém, ao fazer isso, conseguisse captar e conter um pensamento que até então existia sem pensador.

Hoje em dia, a ciência é olhada como se fosse a guardiã da *verdade* e do *conhecimento*. A tecnologia diariamente demonstra a verdade da ciência para o transeunte nas ruas, e vemos até mesmo a religião tentando se alinhar a esse fato com suas doutrinas, e também políticos achando que podem se conduzir por *evidências científicas*.

Todavia, não importa o quanto a ciência seja forte e robusta, ela falha em produzir *mudanças sociais* da forma como necessitamos. As *mudanças climáticas* são um exemplo dessa falha. Com todos os avisos e evidências fornecidas pela ciência, nada está acontecendo de efetivo que possa deter o aquecimento global.

Hannah Arendt (2008) disse:

> *A razão pela qual devemos desconfiar do julgamento político dos cientistas* versus *sua atividade científica em si não é primariamente por sua falta de caráter – tal como não se recusar a desenvolver armas atômicas – ou por sua vaidade – é pelo fato de que não entendem que uma vez esses artefatos sejam produzidos eles serão os últimos a serem consultados sobre o seu uso – e mais precisamente porque vivem num mundo onde a fala perdeu seu poder.*

Essa provocativa citação sugere dois importantes *insights*.

Em primeiro lugar, a citação ilumina os *limites da ciência*, ou, pelo menos, dos cientistas. Os cientistas atômicos da década de 1940 foram incapazes de controlar como o produto de seu trabalho seria empregado. Da mesma forma, os cientistas contemporâneos são incapazes de catalisar as mudanças sociais necessárias em assuntos urgentes como as mudanças climáticas e as campanhas bélicas. Não se trata aqui de uma crítica pessoal, pois, estritamente falando, não é o papel dos cientistas realizar isso. Trata-se de uma descrição de fatos que demandam a busca de *significados inconscientes*, e isso somente a *psicanálise* pode realizar. Por que, então, não se convoca a ciência da psicanálise para fazer isso? A resposta é: o tempo da psicanálise, da revolução freudiana, ainda não chegou. Ainda está por vir. Está no futuro e depende de nós, analistas, termos essa visão, continuar criando e buscando aprimorar essa revolução, e não perder tempo apenas fazendo reverências aos nossos antepassados psicanalíticos.

O segundo *insight* ilumina a distinção entre *conhecimento* e *pensamento*. O conhecimento científico, o grande triunfo do método científico, é expresso em equações e informações, muitas vezes inacessíveis a quem não tem habilidades matemáticas e, portanto, distinto do discurso e da discussão. Mesmo que consigamos ter *o poder da palavra*, ficamos capturados pelo progresso da ciência e tecnologia e, assim, incapazes de pensar além do dispositivo eletrônico que se encontra na nossa frente.

Heiddegger, em seu *A caminho da linguagem* (1959), clamou que estamos vivendo num tempo sem pensamento:

> *A falta de pensamento é um visitante estranho que vem e vai em toda parte no mundo de hoje. Pois atualmente aceitamos somente as coisas que vêm da forma mais fácil e mais rápida, e as esquecemos tão rapidamente quanto possível.*[7]

Embora muitas pessoas se refiram ao *vínculo K* como vínculo do *conhecimento* ou representação de *sede de saber*, a letra *K* isolada como signo indica que é o mais alto grau de abstração possível antes de tentar defini-lo de alguma forma. O *vínculo K* pode ser sempre muito mais do que qualquer definição. Desse modo, o *vínculo K* não é o que

---

7 Heiddegger, citado por Hanna Arendt em *A condição humana*, p. 16.

sei, mas o que gostaria de saber, a vontade de ter um amanhã, um futuro. Essa vontade pode ser tão forte, como colocou Nietzsche em seu conceito de *ato de fé* (conceito usado por Bion), que é possível captar "memórias" do futuro, ou um conhecimento que está armazenado no futuro esperando por nós.

Bion (1970), seguindo Nietzsche, por meio do *ato de fé*, fala de um *déficit eterno de conhecimento*, que à primeira vista poderia parecer limitador, mas, na realidade, deixa-nos uma *liberdade criativa* muito maior do que se tivéssemos de seguir fielmente – o que envolveria crença – os argumentos de um autor.

É impossível termos uma só força, uma força única e indivisível; deve-se entender o *ato de fé* sempre no plural, e devemos buscá-lo dessa forma, nunca nos deixando iludir por sinais que o fazem parecer algo único. Assim, por exemplo, é o conceito de "*O*". "O" é, ao mesmo tempo, *Onthos* e *Opus*. Sendo assim, o mundo seria uma luta constante, sem equilíbrio estável possível, destacando-se a *turbulência* que se observa em todo movimento, às vezes delicado, como na poesia, às vezes violento, como nas *mudanças catastróficas* que expõem de uma forma mais nítida a natureza da parte psicótica do ser humano.

A vida é *ato de fé*, empenho e desempenho, mas não se pode restringi-la apenas à vida orgânica; ela está presente em tudo, desde as reações químicas mais simples até a *complexidade da psique humana*.

Tudo no mundo está sujeito a uma luta entre as crenças que criam o estado mental de fé, religioso, dogmático, e as forças de criação. As forças procuram a sua própria expansão e não se importam com o caminho a seguir. Nesse campo de instabilidade e luta, jogo constante de forças instáveis, a permanência é banida, junto com a *identidade*; nesse mundo reina, a *diferença*.

A *aceitação das diferenças* é uma força de superação, como constante movimento de ir além dos próprios limites. Todas as questões de preconceitos sobre pequenas diferenças se encontram nesse ponto.

Mas, nenhuma dialética vai conseguir sucesso na empreitada, pois precisamos substituir qualquer dialética pela *dialógica da complexidade*. A complexidade, uma vez aceita, inunda-nos de pensamentos.

O que faz o psicanalista diante de um universo *complexo*? O que faz diante dessas forças que efetivamente o desafiam diariamente com questões que parecem não ter respostas definitivas? O que fazer pelo sofrimento humano e pelo sofrimento psíquico em geral?

A observação do psicanalista tem uma fundação sólida para esse problema humano. Ela emerge a partir da *intuição* de Freud ao se utilizar do *mito de Édipo* para descobrir a psicanálise.

Penso que Bion seguiu, no sentido mais radical, esse descobrimento de Freud, o complexo de Édipo, pedra angular da psicanálise e que se constitui até hoje no seu principal *fundamento*. Portanto, a relação do psicanalista com esse fundamento é determinante de sua condição profissional. Ser ou não ser psicanalista depende, entre outras coisas, de sua compreensão e fidelidade a tal fundamento que fornece a raiz *intuitiva* da psicanálise.

A indissolubilidade na psicanálise entre intuição e mito de Édipo, acolhida por Bion de forma radical e original, resultou na generosidade de suas teorias, a começar da leitura ampla do mito, considerando suas *duas versões*: uma dominada pela *arrogância* e outra dominada pela busca do saber, que terá na *pré-concepção* e sua expansão no *objeto psicanalítico* – uma expressão igualmente muito ilustrativa dos *sistemas abertos*, *espectrais* e *dialógicos*.

A noção de *sistema aberto* aponta em Bion para a configuração edípica existindo desde sempre, representando antes do mais a *tridimensionalidade constitutiva* da mente humana, por meio de uma função que tem como eixos *espaço*, *tempo* e *profundidade da existência*. Esses três parâmetros, contemplados na ideia de função que é a *pré-concepção*, formulam a busca (*realização*) do que necessitamos para o desenrolar de nossas vidas humanas.

Quando pensamos com a *complexidade* fornecida por essas ideias, surge outra forma de trabalhar em psicanálise. Espero, até o final de minha exposição, esclarecer essa afirmativa, que já comecei descrevendo no início. Em resumo, trata-se de encontrar uma linguagem que tenha uma matriz amorosa e seja capaz de transcender a partir de uma nova visão de mundo, as vicissitudes, agruras e infelicidades trazidas pela configuração edípica humana.

A transcendência a que me refiro, em poucas palavras, é a busca de libertação do drama edípico naquilo que ele tem de estar voltado para a *morte*; a opção fornecida pela psicanálise trata de pensar não o drama, mas a tragédia humana, cuja saída se encontra pelo uso do pensar e da linguagem. Coloco aqui a frase de Spinoza: um homem livre não pensa na morte, seu processo de reflexão busca pensar na vida, e não há vida sem liberdade.

Na obra de Bion (1970), o pensar e o sentir confluem para o que ele chamou de *language of achievement*. Eu prefiro atualmente, em virtude do contexto que lhe é inerente, chamá-la de *linguagem de alcance psicanalítico* (Chuster, 2023). A busca dessa linguagem é produzir uma *transcendência estética*, que é também uma *transcendência ética*. Os fundamentos dessa ética encontram-se na afirmativa de Freud de que todo valor ético e pedagógico da análise repousa na ação da *sinceridade*.

Penso que aqui podemos falar de uma *barreira de contato ética*, uma espécie de "anjo da guarda" do psicanalista (Chuster, 2020), que tem como ponto de partida a sinceridade. Esta gera as palavras de valor, as palavras de honra, que geram o caráter (capacidade de acolher e conter a dor do outro). Por sua vez, o caráter gera a coragem (não ser destemido e agir de acordo com a máxima latina *suaviter in modus et fortiter in re*[8]), que gera compaixão (capacidade de entender sem julgar ou diagnosticar). A compaixão gera respeito à vida, que gera respeito

8 "Suave na maneira, mas firme na intenção"; frase cunhada por Claudio Acquaviva (1543 –1615).

à verdade que, por sua vez, gera um *Opus* que se reflete no *Onthos* ou ponto de partida, que é representado pela sinceridade.

A *linguagem de alcance psicanalítico* é uma consequência do uso da técnica, chamada por Keats de *capacidade negativa*, que é a capacidade de tolerar as *incertezas, mistérios, meias-verdades*, sem ficar ansioso para compreender e alcançar significado.

Esse aspecto é muito significativo, pois estamos falando de um *Onthos* da linguagem psicanalítica que difere de qualquer outra linguagem, apesar de se aproximar muito da poética. Existe aqui uma especificidade que tem o compromisso ético de atender ao sofrimento psíquico. Trata-se de uma sinceridade psicanalítica cujo objetivo seria – como na vida em si – desenvolver a confiança na existência da mente, para que se crie uma espécie de circularidade que pode se expandir ou retrair de acordo com um diâmetro que é a *intimidade psíquica*.

6. Cem anos da Semana de Arte Moderna 1922/2022: do efeito apotropaico ao ato antropofágico e a técnica apofática

Freud, numa entrevista ao *New York Times* (1926) ressaltou, em vários momentos, a constante contribuição da arte, da poesia, da literatura e da filosofia para a psicanálise, sendo imensurável sua recíproca influência nessas áreas. Esse fato por si só, que destaco entre tantos, justifica plenamente a homenagem à *Semana de Arte Moderna de 1922*, feita hoje pela Sociedade Psicanalítica do Rio de Janeiro, a qual agradeço a honra do convite para representá-la nessa ocasião.

Entretanto, entendo que minha contribuição como psicanalista é limitada dentro do universo e da importância do tema, e lamento não poder discutir nos mesmos termos dos ilustres participantes especialistas no assunto.

No ponto de partida, já me encontro com a dificuldade para avaliar qual poderia ter sido a influência direta da psicanálise na Semana de Arte Moderna, e vice-versa, sobretudo, por ter ocorrido numa época (13 a 18 fevereiro de 1922) em que era praticamente desconhecida aqui no Brasil.

Todavia, houve um *antes* da Semana de Arte Moderna, quando já existiam, em muitos países, incontáveis artistas, direta ou indiretamente influenciados pela psicanálise, não sendo difícil conjecturar que os artistas brasileiros, de algum modo, tiveram contato com essa produção internacional, em níveis diversos de profundidade. Entretanto, não encontrei referências sobre essa influência.

Em termos históricos – apesar de termos tido alguns precursores, como o psiquiatra Juliano Moreira[1] (1900), que citou artigos científicos de Freud, quando a prática da psicanálise nem mesmo em Viena[2] havia sido bem estabelecida –, o real pioneiro da psicanálise no Brasil foi Durval Marcondes, formado pela Faculdade de Medicina de São Paulo em 1924. Como médico psiquiatra, erudito e humanista, introduziu em 1925, as ideias da psicanálise na atividade clínica brasileira.

Em 1927, Durval Marcondes escreveu a Freud comunicando a fundação, junto com Franco da Rocha, da Sociedade Brasileira de Psicanálise – a primeira da América Latina, que se transformou em junho de 1944 no Grupo Psicanalítico de São Paulo.

Parece, então, que São Paulo teve a função de ser a vanguarda da psicanálise no Brasil, assim como a Semana de Arte Moderna de 1922 – cinco anos antes – mostrara a vanguarda de nossa intelectualidade. Espero que algum dos participantes da mesa possa explicar por que esses fatos ocorreram em um contexto regional tão específico, ou possa desfazer o que pode ser mais um mito bairrista brasileiro.

Mas, antes que eu me perca em polêmicas históricas, fora do meu alcance, vou me expressar em termos psicanalíticos assinalando que a Semana de Arte Moderna de 1922 *é uma cesura*. Note-se que coloco no tempo presente, pois desejo com essa forma expressar sua atualidade.

O termo é proveniente de uma citação de Freud num artigo de 1926, "Inibição, Sintoma e Angústia". Ele disse: "Há muito mais continuidade entre a vida uterina e a primeira infância do que a impressionante cesura do nascimento nos permite acreditar".

---

1 Professor catedrático da Faculdade de Medicina de Salvador.

2 Era o chamado período de isolamento esplêndido (1898-1902) de Freud.

A frase, exemplar da influência do romantismo alemão na escrita de Freud, foi um "recado" para Otto Rank, um analista austríaco do grupo de pioneiros, que pretendia localizar a origem de todos os conflitos psíquicos no trauma do nascimento. Com essa frase, Freud questionava a posição ontológica de Rank, sutilmente solicitando-lhe uma posição epistemológica.

Contudo, de qualquer forma, a alusão ao nascimento não deixa de ser uma alusão a algo perturbador, que causa um profundo abalo, e que pode ser chamado de *mudança catastrófica*.

Entenda-se aqui que *catástrofe* não significa desastre, mas uma *transformação* com mudança significativa de direção, de estados mentais e de propósitos. Podemos dizer que é uma mudança que faz sair da zona de conforto habitual, ao expor uma situação limite entre fazer escolhas ou se deixar levar pelo acaso, ou, dito de outra forma, entre modificar a realidade ou fugir dela.

Podemos dizer – correndo o risco da generalização – que se uma pessoa não toma as rédeas das mudanças e escolhas em sua vida, a vida inevitavelmente muda essa pessoa, e sempre para pior.

Não se trata, ainda que possa parecer, de uma ameaçadora advertência, mas de uma proposta para pensar, a partir do campo que é o próprio pensar se apresentando como *experiência analítica*. Nesse campo, questões éticas fundamentais, como responsabilidade social, verbalização e publicação, são colocadas em evidência.

O pensar nunca ocorre espontaneamente como ocorrem os pensamentos. Para pensar, não basta querer. É preciso *aprender* a pensar. E só se aprende a pensar esperando o inesperado que exige tolerar a liberdade que emerge. Nesse campo de incertezas, para nos conduzir à segurança do pensar, a paciência é quase tudo que necessitamos.

Posso nomear a base dessa experiência de *princípio ético-estético da incerteza*. O princípio nos informa que o inesperado da experiência – a *surpresa* – é sempre um encontro com graus distintos de *turbulência emocional* que, por sua vez, coloca em causa ou em cheque nossos modos habituais de pensar.

A incerteza nos informa que não podemos observar o todo de uma experiência, e também que o observador altera o fato observado, ou, melhor dizendo, todas as observações são sempre incompletas e aproximativas. Por outro lado, o sentido da incompletude é o da criação, que embora tenha uma *indeterminação* no seu conjunto, colocará novas determinações por meio de nossa imaginação.

A *imaginação* é o que nos permite criar o universo de significados, estabelecer relações simbólicas, ou seja, apresentarmos alguma coisa; sem ela, não poderíamos nada dizer e não poderíamos nada saber. A imaginação começa com a captação de ritmos e da sensorialidade, de forma radical, na vida intrauterina.

Toda *cesura* – criação – traz turbulência, que nos põe em contato com algo ainda mais surpreendente que é a misteriosa existência de um pensamento verdadeiro, mas sendo esse sempre um pensamento descentrado de alguém, não tem pensador, e nos mostra que não pensamos naturalmente, ou seja, somos forçados a pensar para dar conta dos pensamentos que nos assaltam a qualquer momento.

Como pensar hoje naquela incrível e imaginativa semana de 1922?

Os termos *arte* e *história* estão ligados na pergunta. A história posso conhecer pelo registro dos fatos, mas não posso saber o que realmente aquelas pessoas estavam vendo ou sentindo para fazer o movimento aflorar. Meu sentimento diz que foi um movimento corajoso que inspirou muita criatividade. Talvez, até hoje, faça isso. Entretanto, coragem não é sinônimo de ser destemido; significa a coragem e a responsabilidade de fazer uma escolha pela modernidade, que iria gerar e buscar mais modernidade.

A modernidade exige de nós criatividade para que dela tenhamos experiência. Isso é válido para qualquer movimento, qualquer manifesto, e constitui uma meia resposta para o que é a psicanálise: só a experimentamos na medida em que a criamos em cada sessão.

A psicanálise mostra também que existe algo – um mistério constante – que resiste à historicização, algo que está sempre criando uma cesura, que, pensada dessa forma, é uma entidade infinitamente plástica, sempre surgindo onde menos se espera. Desse modo, entre hoje e aquela semana, temos um ponto comum: o mistério que nos leva a criar.

A psicanálise não é tarefa para historiadores, mas para quem duvida da história, pois como psicanalista, entendo que a história é a história das interpretações, das narrativas, dos pontos de vista das minorias. Todos tentam lidar com alguma cesura que nos é dada a observar. Desse modo, o psicanalista entende que, qualquer que seja a leitura, existe sempre um núcleo inefável e inacessível, que não contém significação alguma, qualquer que seja a "verdade" da interpretação.

A cesura de 1922 não é mais a nossa realidade, e qualquer que seja a proximidade ou mesmo intimidade com o assunto, nenhum saber, nenhum *ethos*, nenhuma historicidade nos restitui aquele momento. Não temos a possibilidade de vivê-lo aqui e agora, como uma função de nossa vida presente, mas temos como tomar as rédeas do pensar e observar o que acontece; talvez sentir algo do vigor daquele momento infinitamente plástico.

Por falar em infinitude, o termo cesura é proveniente da poesia com o sentido de pausa no interior de um verso, porém é uma pausa que separa e liga ao mesmo tempo, e esse significado foi extensamente desenvolvido pelo psicanalista britânico Wilfred Bion. A importância de uma pausa é imensa em qualquer atividade criativa.

Por exemplo, existem ocasiões na clínica psicanalítica nas quais o paciente menciona, como que fazendo uma pausa, e de uma forma muito fugaz, alguma ansiedade, medo ou um fato físico como ficar enrubescido ou pálido, ou uma sudorese nas mãos, como se nada demais estivesse ocorrendo. Todavia, o psicanalista pode pensar que o paciente não tem outra forma de expressar sentimentos que tem intensidade, extensão temporal e uma forte capacidade obstrutiva do pensar, e que não podem ser comparados com aqueles sentimentos que a maioria das pessoas encara como normais ou triviais. Incontáveis pessoas passam uma vida sem resposta para aquele sofrimento até chegar num processo analítico.

Analogamente, o paciente pode expressar um medo do futuro que tem tantas características do passado que supostamente não poderia se lembrar, nem poderia se lembrar do futuro porque ainda não aconteceu. Todavia, se saímos dessa forma de pensar do "não pode" e nos movermos para pensar na complexidade do campo, veremos que esses elementos, tão fracamente manifestos, podem na verdade ser muito poderosos, mas são minimizados ou ignorados pelo que conhecemos como *determinismo psíquico*.

W. R. Bion, introduzindo o pensar *complexo* na psicanálise, sugeriu que podemos imaginar que existem *ideias* que não podem ser mais vigorosamente expressas porque estão enterradas no futuro que ainda não aconteceu, ou enterradas no passado que está esquecido, e que dificilmente se pode dizer que pertencem ao que chamamos de pensamento. São ideias ainda intrauterinas apesar do indivíduo estar distante do evento gerador de 40 semanas. Entretanto, pensando em termos *complexos*, não podemos dizer que elas não existem. Usando uma metáfora, penso numa rede de pesca que só pega peixes acima do tamanho dos buracos da rede. Entretanto, isso não significa que, no mar, não existem peixes de menor tamanho ou tão grandes que a rede não consegue pegar.

Sem o uso da imaginação, jamais poderemos pensar que existem níveis de *pensamento pré-natal* que tem relação com o *pensamento pós-natal*. Esse fato tem para a psicanálise uma imensa ligação com os processos de criatividade em geral, e me permitam nesse ponto, parafraseando Freud e Bion, afirmar: há muito mais continuidade entre o que havia antes e o depois da Semana de Arte Moderna do que a impressionante cesura que ela causou nos permite acreditar.

Quais foram as pressões que a produziram e o que ela pôde prever? Quais foram as pressões pré-natais? O que foi o *pré-natal* da Semana de Arte Moderna, e como seus elementos cresceram até o dia de hoje?[3]

Vou dar um exemplo pouco sofisticado do que seria uma experiência "pré-natal". Se aplicarmos uma pressão no globo ocular, veremos pontos brilhantes como resposta do nervo ótico. Se isso acontece, por que não podemos pensar que qualquer dos nossos sentidos (olfato, audição, tato, movimento) responde sensivelmente a variações de pressão no líquido amniótico causadas por intrusões rítmicas provenientes do mundo externo? Por que não podemos pensar que o desenvolvimento embrionário sofre pressões constantes provenientes da mãe, cujos ritmos internos se misturam com os do feto, e que essa mãe sofre pressões externas provenientes do seu meio cultural?

Tais pressões complexas, mais tarde na vida podem ser chamadas de preferências, idiossincrasias, personalidade, singularidade, estilo. Claro que a psicanálise também considera que essas características se formaram por pressões emocionais e *simbólicas* do encontro *pós-natal* com a mãe, com o casal de pais, com a família, e sucessivamente com outras figuras do meio ambiente, as quais tem sempre a cultura como pano de fundo.

Os *símbolos* têm uma atividade sexual intensa, os símbolos *heterônomos* (que vêm do exterior, da cultura, de outras culturas) copulam com símbolos *autônomos* (que vêm de dentro, que são de casa, que são transformações pessoais) e geram ideias transitivas que sustentam pressões ou tentam se livrar delas. Essa relação entre símbolos é *antropofágica*, provocada por um processo de sedução entre as ideias que

---

3 O *Manifesto antropófago* (Andrade, 1928) é um exemplo importante dos frutos. Outro exemplo marcante é o quadro de Tarsila do Amaral, o *Abaporu*.

vêm de fora e as que surgiram aqui dentro; elas se encontram até que uma penetra a outra, e acabam falando uma outra língua, que fornece um *terceiro*, mas que guarda algo que é o mesmo de sempre: o *mistério*.

O papel do analista inevitavelmente envolve o uso de ideias transitivas. O analisando, da mesma forma, está tentando formular uma experiência da qual está consciente por meio da cadeia de associações livres. Essa cadeia se conecta a um outro meio do qual ele não está consciente, mas *inconsciente*. Todas as ideias que formulo como psicanalista são transitivas ou transitórias, sem nenhuma intenção de classificação, avaliação ou diagnóstico, pois são ideias que expressam um ser humano vivo, inteiro, mudando o tempo todo e conversando diretamente com outro ser humano que muda o tempo todo.

Com tantas variáveis e incertezas, dar uma interpretação significa que o analista tem que ser capaz de verbalizar o que foi produzido por seus sentimentos, sua intuição e suas reações primitivas ao que está sendo dito pelo analisando. A eficácia dessa formulação tem de ser semelhante à de um ato físico.

O ato semelhante ao físico é o ato psicanalítico, e embora claramente poiético, não é poesia, pois precisa ter um critério epistemológico, que Bion descreveu como uma formulação verbal que integra três áreas – mitos, sentidos e paixões –, as quais fornecem a percepção do que chamou de objeto psicanalítico. Existe uma técnica para isso.

Ou seja, aquilo que poderia ser uma tela em branco para o artista, um papel sem nada escrito para o escritor, uma pauta musical vazia para o compositor, é, para o psicanalista, o ato que leva à descoberta do *objeto psicanalítico*. Em todos, nada acontece sem o *princípio apofático*, ou seja, a empatia suprema, a *capacidade negativa*, que veio da arte, melhor dizendo, da poesia.

Por exemplo, enquanto método, a arte de um poeta como T. S. Elliot nos ensina que se vamos atrás de um objeto nos valendo da memória que temos dele, com muita probabilidade deixaremos de perceber as modificações que ele sofreu dentro de nós. O poeta Keats nos ensina que precisamos usar a capacidade negativa, que fez de Shakespeare um *homem de êxito* na literatura.

Esses atos e métodos artísticos ocorrem em qualquer produção de uma obra de arte, com qualquer texto ou livro que, por alguma necessidade, nos arrasta a uma releitura, ou uma pesquisa, ou uma inspiração. Tais atos e métodos também ocorrem nas sessões de análise.

Por exemplo, o texto que estava dentro de nós, como *memória*, como a sessão de ontem, impede que se possa colocar outro texto disponível à nossa experiência. Mas se deliberadamente esquecermos o que havíamos lido, outro texto aparece. O texto original será sempre a experiência presente. Por isso, Bion sugeriu que devemos procurar trabalhar *sem memória e sem desejo*, ou com *capacidade negativa*.

Essa proposição traz também a questão semelhante ao processo de diferenciar, por exemplo, um quadro verdadeiro de um falso. Refiro-me ao fato de o passado conhecido ser falso ou irrelevante para a experiência de hoje.

Freud, certa vez, citou um historiador de arte, Lermolieff, que recomendava desviar o olhar da impressão de conjunto, ou das linhas gerais de um quadro, e se pusesse em relevo a importância dos detalhes da sessão.

Detalhes como a representação das unhas das mãos, dos lóbulos das orelhas, das auréolas dos seios e de outras coisas desse tipo que o copista não tem capacidade para ver e imitar e que, no entanto, todo artista verdadeiro executa de uma maneira que o caracteriza.

Freud sublinha o parentesco desse procedimento na arte com a técnica da psicanálise: "Também ela está habituada a intuir coisas secretas e ocultas a partir dos traços subestimados, a partir do refugo, dos escombros, da observação".

Porém, apesar da imensa contribuição da arte, o campo analítico certamente não é unificável por teorias nem pela arte.

Desse modo, observar em psicanálise significa ressalvar, não ter soluções harmônicas, suaves e equilibradas.

Fazemos, como psicanalistas, sempre uma ressalva para questões como admiração, respeito, evidência, intuição – e tudo que o iluminismo de Freud nos legou, sem nunca deixarmos de tê-las. O *respeito à vida* está intrinsecamente ligado ao *respeito à verdade*, e como a vida muda o tempo todo, o analista precisa ser capaz de encontrar uma tela em branco, em que se mantém observando a falha do discurso, o detalhe que aí aparece.

O analista não pode interpretar sem ressalvas as "visões" que um feto teve quando submetido a pressões intrauterinas. Existe algum método de comunicação que seja suficientemente penetrante para atravessar a *cesura* na direção do pensamento consciente pós-natal e ir de volta para o pré-natal no qual pensamentos e ideias têm sua contrapartida em "tempos" ou "níveis" da mente nos quais não são ainda pensamentos ou ideias?

Essa penetração precisa ser eficaz nas duas direções. É fácil, psicanaliticamente falando, criar uma *metáfora* para ilustrar essa situação dizendo que é como penetrar no interior de uma mulher numa relação sexual, ou sair lá de dentro como num nascimento. Ocupamos duas posições e um universo infinito de possibilidades transitórias entre elas.

Todavia, essa ilustração é primitiva e faz uma generalização, tornando muito difícil ver o que pode ser dito num momento específico. Esse é o problema do analista: não fazer uma cópia do quadro, pois tem que fazer o original sob a pressão do momento.

O analista busca para isso continuamente a palavra exata. Mas isso não significa uma preocupação obsessiva, pois felizmente temos dicionários que podem fornecer significados, e, afortunadamente, eles sempre dão mais de um. Viva a polissemia, salve a instabilidade das palavras e a mutabilidade da linguagem comum. A "palavra exata" é a palavra que faz justiça ao momento, revelando a experiência emocional, transformando-se em linguagem psicanaliticamente bem-sucedida.

Buscar a palavra exata para o momento foi o que a Semana de Arte Moderna de 1922 parece ter feito, e esse parece ser um de seus legados.

Existem dificuldades análogas às associadas com a cesura do nascimento. Uma cesura similar parece existir entre habitantes de Portugal e do Brasil. Algumas dessas semelhanças/diferenças são espetaculares e marcantes, particularmente no tempo. Todavia, sabemos que existem cientistas, escritores, poetas e alguns indivíduos chamados de místicos que se expressam em termos muito semelhantes embora separados por centenas e, às vezes, milhares de anos. Como vamos penetrar nesse obstáculo temporal, nessa *cesura*?

Não é de bom tom contar uma anedota sobre as relações Leste e Oeste, mas *Tupy or not Tupy*, certa vez brasileiramente perguntei ao recepcionista do hotel em Lisboa se dava para ir a pé ao endereço X. A resposta, com indisfarçada indignação, foi: "Ora, pois, claro, a rua é livre para se caminhar. Onde já se viu não poder andar na rua...". Diante disso, não sem razão, em outro dia da mesma viagem, um motorista de táxi, ao ser perguntado se poderíamos ir para o Estoril pela praia, respondeu: "pela praia é proibido entrar com o carro, só podemos ir pela rua mesmo...". Ora, pois, viva a *antropofagia* que encontra soluções imaginativas para a convivência Leste e Oeste.

O fato é que, enquanto houver leituras diferentes para o mesmo fato, ninguém jamais terá a última palavra. O que se espera de uma análise bem-sucedida é que ela tenha um *começo sem fim*, que seja uma *memória do futuro*, um legado que vem lá do futuro moderno a nossa frente, sem o que a vida não é uma vida que vale a pena ser vivida.

Em 1922, Freud escreveu um pequeno ensaio: *A cabeça da Medusa*. Diz Freud que a horripilante cabeça decapitada pode ser facilmente interpretada pela equação decapitar = castrar. O terror produzido pela Medusa decapitada é um *temor de castração*. Os cabelos da Medusa são frequentemente representados nas obras de arte sob a forma de serpentes, o que aponta para o *complexo de castração*. Para Freud, constitui fato digno de nota que, por mais assustadoras que possam ser em si mesmas, na realidade, a multiplicidade de serpentes serve como mitigação do horror, por substituir o pênis único, cuja ausência é a causa do horror. Isso é uma confirmação da regra técnica segundo a qual uma multiplicação de símbolos de pênis significa *castração*. Ou seja, o excesso sempre tira ou inibe o prazer.

No mito, a visão da cabeça da Medusa torna o espectador rígido de terror, ou seja, a visão transforma-o em estátua de pedra. Freud observa que temos aqui, mais uma vez, a mesma origem do *complexo de castração* e a mesma transformação de afetos, porque ficar rígido significa uma ereção. Quem via a Medusa sentia uma enorme ereção, mas por que a representação de medo coletivo?

Para Di Cavalcanti, a Semana de Arte Moderna "seria uma semana de escândalos literários e artísticos, de meter os estribos na barriga da burguesiazinha paulista" (Gonçalves, 2012). Seria como mostrar a cabeça da Medusa para os paulistanos.

Graça Aranha inaugura com seu discurso a semana dizendo:

> *para muitos de vós, a curiosa e sugestiva exposição que gloriosamente inauguramos hoje é uma aglomeração de "horrores". Aquele Gênio supliciado, aquele homem amarelo, aquele carnaval alucinante, aquela paisagem invertida, se não são jogos da fantasia de artistas zombeteiros, são seguramente desvairadas interpretações da natureza e da vida. Não está terminado o vosso espanto. Outros "horrores" vos esperam. Daqui a pouco,*

> *juntando-se a esta coleção de disparates, uma poesia liberta, uma música extravagante, mas transcendente, virão revoltar aqueles que reagem movidos pelas forças do Passado. Para estes retardatários, a arte ainda é o Belo. (Gonçalves, 2012)*

Qual o horror de mostrar como arte o feio ao invés do belo? Será por que Narciso acha feio o que não lhe é espelho? Ou foi por ter que sair da zona de conforto e pensar?

A cabeça da Medusa, como símbolo de horror, foi usada pela deusa Atena em suas vestes, como marca indelével de sua roupa, como se fosse uma tatuagem na pele. Com esse símbolo, ela se tornava uma mulher assustadora, inabordável, que repele todos os desejos sexuais, apresentando os terrificantes e proibidos órgãos genitais da mãe. Atena apresenta em suas vestes o tabu, sua ligação com os espíritos maus ancestrais por meio da roupagem tatuada, aterroriza os incestuosos e parricidas que querem quebrar a regra social para possuí-la.

Se a cabeça da Medusa toma o lugar de uma representação dos órgãos genitais femininos, ou melhor, se isola seus efeitos horripilantes daqueles que fogem do prazer, pode-se recordar que mostrar os órgãos genitais é, por todos os efeitos, um *ato apotropaico*: aquilo que tem o poder de afastar uma influência maléfica.

O que em nós desperta horror, também se produzirá no inimigo de quem estamos procurando nos defender. Por exemplo, uma pessoa aterrorizada com sua fobia específica não se dá conta de que tem inconscientemente o seu oposto, que é a vontade de aterrorizar, *causar pânico*.

A palavra *pânico* vem do Deus Pan, cuja metade de baixo era bode, metade de cima homem, vivia nas florestas aterrorizando os incautos e quem quer que ali ousava entrar.

Figura 6.1 Capa da revista *O Malho*, publicada em 1920, Di Cavalcante.

Fonte: Copa & Cabanna. Disponível em: https://copaecabanna.wordpress.com/2010/09/10/revista-ilustrada-o-malho-e-a-maca-grandes-impressos-nacionais/

Uma analisanda que tem fobia de avião, após algumas sessões em que conversamos sobre a sua restrição de opções entre *desamparo* e *onipotência*, deslocada para a situação aérea, teve um sonho em que estava dentro de um avião se divertindo ao aterrorizar os passageiros com a frase "o avião está pegando fogo...". No lugar do onipotente deus Pan, ela não tinha mais medo, os desamparados eram os outros. Ela costumava dizer enfaticamente que odiava aquelas pessoas calmas no avião.

Rabelais escreve uma curiosa passagem em que o Diabo, como representação do espírito mau, se põe em fuga quando uma mulher lhe mostra a vulva: efeito apotropaico.

Melanie Klein disse que o ato sexual, além de reparador, afasta os monstros assustadores.

O órgão masculino ereto também possui um efeito apotropaico. Mostrar o pênis é dizer: "Não tenho medo de você, desafio-o. Tenho um pênis.".

Plenas de sexualidade, as obras da Semana Moderna colocavam em fuga os espíritos maus. Mas quais seriam esses espíritos maus? O passado conservador? Mas um dia esse passado foi igualmente revolucionário. O que acontece? Por que a história natural do revolucionário é se tornar conservador?

Penso que o revolucionário cruel como o Deus Pan se torna conservador e criminoso. Os revolucionários que nunca deixam de ser revolucionários, como Freud e Gandhi, são generosos e respeitam a ética da vida, além do amor à verdade. A mentira é fala do Deus Pan.

O dia 15 de fevereiro representou o auge da Semana, nos mais *escandalosos* termos. A nova literatura provocou irritação e algazarra no público presente. Destacam-se a palestra de Mario de Andrade, cujo texto depois se tornaria a publicação A escrava que não é Isaura, em que o autor defende enfaticamente o abrasileiramento da língua portuguesa, e a conferência sobre a estética moderna proferida por Paulo Menotti del Picchia, que provocou os ânimos da plateia, fazendo ecoar vaias pelos quatro cantos do Teatro.

Polêmica, confusa, barulhenta, interpretada como "demasiado festiva" e "pouco moderna", não se pode negar que a Semana de Arte Moderna de 1922 foi um marco, no panorama artístico brasileiro. Ela escancarou as portas para uma grande liberdade no que diz respeito à produção e à pesquisa estética no país, contribuindo para um florescimento intelectual e artístico. Foi um renascimento brasileiro, como foi o Renascimento. No dizer de Marcos Augusto Gonçalves, foi uma semana que não terminou.

Na visão de Di Cavalcanti, o acontecimento da semana extrapolou o campo cultural e repercutiu também na área política. Mas desconheço algum político de hoje em dia que seja herdeiro, ainda que distante, desse conhecimento produzido. Pois, no mínimo, é necessário ler e ter respeito por quem produz e pensa.

A Semana fez o papel de divulgação da arte moderna, que, por sua vez, cultivou o terreno para a consolidação de uma revolução artística e literária que tomou forma após 1922, quando foram lançados os manifestos de Oswald de Andrade e as obras fundamentais do Primeiro Modernismo brasileiro, como *Macunaíma* (Mario de Andrade), *Memórias sentimentais de João Miramar* (Oswald de Andrade) e *Ritmo dissoluto* (Manuel Bandeira).

Antes da Semana de Arte Moderna, havia uma tragédia que se chama dificuldade para pensar. Essa tragédia continuou a existir após a cesura. Não houve mudança nessa tragédia nem na sua pseudorresolução autoritária. Todavia, a Semana nos informa que cada um de nós pode viver o momento histórico em que a tragédia saiu do culto que lhe era feito, combateu a apologia à ignorância, enfrentou a servidão imposta pelos autoritarismos, desmoralizou o maniqueísmo político, e foi para o teatro. Foi com toda carga poética a seu favor, como todo o olhar amoroso que essa transformação permite.

A Semana de Arte Moderna foi um teatro, mas como tal, saiu da religiosidade do culto à tragédia promovido pelo fundamentalismo autoritário, e desse modo saiu da presença dos deuses políticos e dos senhores acadêmicos donos do saber. Os deuses se retiraram na Semana, ou quem sabe foram os homens que os desampararam, como fez Sófocles lá atrás, com a peça *Édipo Rei*, levando os homens a passar do simplismo à complexidade, da sedução manipuladora à retórica, da palavra à escrita. Fez os homens pensarem em sua tragédia como homens na ausência de deuses.

A Semana de 1922 foi, e ainda é, um exemplo da história de brasileiros, homens e mulheres, uma história verde-amarela que valeu a pena ser vivida por ter o bem mais precioso nela incrustado: a *liberdade de expressão*. Essa continua ainda bastante apotropaica em nosso país.

Enquanto isso, como psicanalista, toda semana de trabalho é uma semana de arte moderna, e aqui encerro minha exposição com uma poesia de um dos participantes de 1922, a quem fui apresentado pessoalmente por meu pai, quando eu tinha 10 anos, num passeio na cidade de São Paulo, onde moravam meus avós paternos.

A beleza das coisas te devasta
como o sol que fascina, mas te cega.
Delas contundo a luminosa entrega
nunca se dá, melhor, nunca te basta.

E a imensa paz que para além te arrasta
quanto mais se te esquiva ou te renega...
Paz tão do alto e paz dessa macega
que nos campos esplende à luz mais casta.

A beleza te fere e, todavia,
afaga, uma emoção (sempre a primeira e nunca
repetida) que conduz

o teu deslumbramento para um dia
à noite misturado, na clareira
em que te sentes noite em plena luz.
(Menotti Del Picchia, Beleza)

Figura 6.2 Foto do Viaduto do chá, Moysés Chuster, 1949. São Paulo.

Fonte: acervo pessoal do autor.

7. Sobre possessividade

O dicionário descreve o indivíduo possessivo como aquele que tem um exacerbado sentimento de posse. A posse em latim significa a detenção de um objeto, bens, propriedade.

O termo *possessividade* encontra-se muitas vezes referido à ação de possesso, o indivíduo possuído pelo demônio, endemoniado. Destaca-se o indivíduo tomado de ira, cólera ou fúria, caso alguém ameace seus bens, ou que assim se considera.

Os significados sempre remetem a algum excesso que leva o indivíduo a reconhecer que aquilo que não tem (que poderia ser significado como um lugar onde o seio estava) foi consequência de uma avidez que exauriu o seio, ou de clivagem que destruiu o seio deixando somente a posição, ou seja, o espaço territorial.

Melanie Klein fala em *amor pelo poder* originado na intenção de controlar os perigos existentes em nós mesmos de maneira mais direta do que pelos mecanismos de projeção e fuga. O que usualmente é mais temido é o caráter incontrolável dos desejos e da agressividade específica de cada indivíduo e, portanto, do *desamparo* em que todos nos encontramos perante tais *impulsos*. A *onipotência* aparece aqui para tentar obter segurança. A *onisciência* a reforça, negando o desamparo.

O *amor ao poder* não deve ser confundido com qualquer coisa relacionada com o *poder do amor*. Talvez nem seja adequado usar a palavra amor quando se trata de poder. O primeiro vive no contexto do *desamparo/onipotência*, e que, na visão do *objeto psicanalítico* (Bion, 1962b) estaria no espectro do *narcisismo*. Já o poder do amor encontra-se no espectro *social-ista do objeto psicanalítico* e busca a transcendência por meio da criação de linguagem capaz de permitir o indivíduo refletir sobre si mesmo. Sugiro substituir *amor ao poder* por *possessividade*.

Em psicanálise, obter a transcendência é tarefa da *linguagem de alcance psicanalítico*, aquela que consegue descrever a situação presente utilizando-se do mito de Édipo e suas infinitas variações de linguagem.

Por exemplo, as guerras expõem conflitos entre patrimônio e matrimônio, como um casal de pais que se encontram separados lutando pela posse do filho. Essa fantasia possessiva, que nada tem de amorosa, obtém coloridos dos sentimentos de ciúme, ódio e voracidade, ingredientes que aumentam a luta que se desenvolve. Quanto mais intensa a luta, mais parece que a solução se encontra no espaço concreto.

O patrimônio, como conteúdo manifesto, pode ser representado pela disputa territorial, e o matrimônio pela questão cultural e religiosa, ambos possuindo a mesma questão latente, a disputa pela posse exclusiva do filho, aquele que supostamente herdaria.

Na mitologia grega, temos a disputa entre Zeus e Hera pelo saber sobre quem gozava mais, o homem ou a mulher. A disputa mantinha o interesse de Zeus por Hera, que no fundo sabia que ela gozava mais, porém não podia revelar ao marido o segredo que mantinha viva a relação. Quando Tirésias (que tinha vivência de ambos os sexos) desvenda o segredo revelando que a mulher goza nove vezes mais que o homem (o período da gravidez, o dom de dar à luz uma vida), derrotado, Zeus sai da disputa provocando a fúria de Hera contra o delator.

As religiões sempre promoveram guerras e disputas que parecem ser por reivindicação pela posse das almas. As religiões monoteístas, que são religiões da lei, ou do *privilégio de uma elite* (leis próprias de uma minoria dominante), todas querem ter os direitos plenos no matrimônio e no patrimônio.

Toda religião se arroga a posse da alma e do corpo de seus seguidores e correligionários; caso essa religião seja política, quer o patrimônio. John Locke escreveu:

> *não é a diversidade de opiniões (algo que não pode ser evitado), mas a recusa de tolerância para os que têm opinião diversa, fato que se pode admitir como origem da maioria das disputas e guerras que se tem manifestado no mundo por causa da religião.*

A possessividade é tanto mais forte quanto mais ausente se torna o *pensamento*, o nosso único instrumento para compor as *opiniões divergentes*, ou ao menos conviver pacificamente com elas.

Considero que Diógenes, o Cínico (400-325 a.C.), foi na filosofia o primeiro paradigma a se opor à possessividade. As peculiaridades de seu pensamento foram descritas por seu homônimo Diógenes Laércio. Ele nos conta que Diógenes tinha uma única túnica, um alforje e um cajado. Vivia em pobreza e dependente da benemerência de seus compatriotas atenienses, que o amavam e admiravam. Viveu uma vida de disciplina, morando num tonel com sua famosa lanterna usada para procurar *um homem justo no mundo*. Diógenes despertava admiração, mas nunca temor reverencial. Ele conseguiu mostrar o que muitos tentaram ao longo dos séculos: que a humanidade se divide entre os que sabem e os que não sabem escutar.

Saber escutar é a arte desenvolvida pela psicanálise, e mais ainda saber colocar o escutado em uma linguagem que tenha alcance na vida mental do indivíduo que traz seus *sofrimentos psíquicos*. Tantas vezes esses sofrimentos são apresentados por três expressões que contêm muitos significados. As pessoas falam de agonias impensáveis, privação e violência, decorrentes de um mundo fragmentado, complexo, que mostra um hiato humano entre a inteligência para ver o problema e a falta dela para resolver.

Aparentemente, as expressões contemplam contextos distintos, porém possuem elementos comuns, *invariantes*. Apontar essas invariantes pode ser o início de uma conversa psicanalítica. Trata-se da diferença entre os indivíduos como ponto de partida para sofrimentos, privação e violência.

Para começar, temos uma diferença que é *radical*, porque está fora de qualquer possibilidade de escolha. Ninguém pode escolher a diferença radical. Ela é inerente ao que se denomina inato ou constitucional. Ela habita o domínio do acaso irredutível. Um indivíduo é simplesmente, geneticamente, diferente dos outros. Há aí um ponto final. No entanto, esse fato pode ser, pela possessividade, gerador de uma crise de grandes proporções. A crise entre o acaso e a escolha. Quando não se pode escolher e isso é revelado pela diferença que é o outro, isso é visto como *crueldade* desse outro.

Todavia, trata-se de uma crueldade puramente atribuída ao subjetivo do não atendimento do desejo possessivo, desejo tirânico que pretende se impor como *dogma* à realidade que não pode ser modificada.

Desde tempos imemoriais, o ser humano está separado do ser humano em evolução por grandes inimizades coletivas, que se revestem de formas inauditas de crueldade ou desumanidade. Essa cisão atinge as mais profundas raízes da mente, levando ao que podemos chamar de *ameaça de morte da humanidade*. Somente o ser humano é capaz de se matar para matar outros humanos, essa é a característica que arrasta a humanidade para a morte. Se é possível alguém se amarrar a explosivos e se explodir para matar outros seres humanos, se alguém pode sequestrar um avião e jogá-lo contra prédios para matar todos que conseguir; então não devemos duvidar que alguém pode pegar armas nucleares e promover destruição da humanidade por puro desejo de exterminar o ser humano, justificando isso pela mais absurda das ilusões: a religiosa. Fazem isso em nome de Deus.

A psicanálise traz uma oposição ao sofrimento profundo por se deter para recusar o impensável. O pensamento vive na psicanálise e vive na renúncia ao conhecimento completo de qualquer assunto. O princípio da incerteza guia os demais princípios abrindo caminho para que encontremos com a complexidade do campo, e as condições necessárias de trabalho.

A tarefa do pensador não é dar respostas nem formular teorias, embora eventualmente possa fazê-lo. O pensador examina as irrupções das diversas respostas e muitas teorias, e, consequentemente, os respectivos pressupostos de sustentação. Todo pensador coloca para si a conhecida fórmula socrática: *sei que nada sei*. De fato, para pensar, é preciso viver, em tudo que se observa, o *não saber*. Pois pensar é exatamente isso: o não saber. Quando se pensa, não se pretende saber, e quando se pretende saber, não se pensa. Portanto, para pensar é preciso abolir o desejo e sua contrapartida, a memória, que na poesia modernista de Elliot, seria a máscara que encobre o desejo.

Memória e desejo encontram-se em simetria para ser observada e afastada, para dar lugar às demais simetrias que vão surgindo trazidas pelo objeto psicanalítico.

Interpretar é colocar simetrias para que se possa estabelecer a primazia da surpresa do novo e do sonhar, imaginar, criar. Nesse domínio complexo, o pensador é aquele que não cessa de questionar as raízes em que se encontram e desencontram, numa encruzilhada da verdade, os caminhos do ser, do não ser e do parecer.

O *espectro* de dores psíquicas que fogem ao domínio do pensar sempre foi objeto da psicanálise. Quando um sentimento de posse aparece nesse domínio, aparecem estado mentais descritos por termos como desesperança, desespero, terror, desamparo, perseguição, pavor. O analista pode colocá-los em simetria e perceber se o vínculo é comensal, simbiótico ou parasitário. Em cada uma dessas configurações, a possessividade vem acompanhada de outros sentimentos. O analista pode mostrar que aquilo está acontecendo, descrever e buscar nessa descrição uma linguagem de alcance psicanalítico.

Paciente: Estou com sono hoje... acho que dormi pouco a noite passada... podia aproveitar o divã e dormir um pouco agora (riso discreto).

Analista: Nesse caso, a sessão seria somente sua, não teria como ser interrompido e não sentiria a falta do nosso contato.

Paciente: Interessante, estou tendo dificuldade para lidar com pessoas. Nunca me dei tanta conta de como é difícil lidar com pessoas.

Analista: De um lado, as pessoas fazem falta tanto quanto podem preencher.

Paciente: Me ocorreu agora uma música do cantor Daniel, ele canta muito bem essa música, que fala de dois adolescentes na madrugada, para viver a vida e não pensar em nada... ser jovem é muito bom, tudo parece fácil.

Analista: O nome da música é "Apaixonado".

Paciente: É isso mesmo, como você sabe disso? ... caramba… me lembrei agora do sonho que me fez acordar e não dormir mais. Sonhei que um coronel vinha falar comigo sobre a mulher dele, tirar satisfações por eu estar dando em cima dela. Então eu pensei no sonho em dizer, mas não disse, que quando se abre um quartel numa cidade, a primeira coisa que acaba são os puteiros, pois os militares se casam com as putas.

Analista: O poder de uns tira as mulheres de todos, toma posse e causa o não dito, presente na desconfiança que você tantas vezes acusa em relação a suas namoradas.

8. A personalidade irascível: considerações sobre o *splitting* entre o gênio e o temperamento

O texto a seguir se propõe, como os demais deste livro, a dialogar sobre a fundamental e profunda contribuição de Bion à psicanálise contemporânea: a *Teoria do pensar* (1962a) e seus desdobramentos clínicos e teóricos. O diálogo será ilustrado com material clínico.

I

Bion apresentou no Congresso da *International Psychoanalytical Association* (IPA), em Edimburgo (1962) sua *Teoria do pensar* que vinha desenvolvendo como consequência da sua releitura pela *ética trágica* do mito de Édipo no trabalho *Sobre arrogância* (1957).

Houve uma apresentação prévia desse trabalho na Sociedade Britânica de Psicanálise, sobre a qual temos uma carta de D. Winnicott descrevendo sua perplexidade com o trabalho e, ao mesmo tempo, uma curiosidade sobre algo que parecia ser uma novidade de difícil apreensão. Com a carta, vinha também o pedido de uma nova apresentação. Entretanto, essa nova apresentação apenas gerou o aprofundamento de polêmicas e diferenças teóricas inconciliáveis.

Em *Sobre arrogância* (1957), a releitura do mito de Édipo deslocou a ênfase da psicanálise na sexualidade para uma ênfase metafísica na busca da *verdade*. A sexualidade passava a ser o drama periférico que contém no seu centro a tragédia da inacessibilidade à verdade. E sendo assim, não há saída para o ser humano senão por meio de seu pensar e de sua capacidade para imaginar o que seria a verdade caso chegássemos a ela. Aproximações incessantes à verdade, em todas as atividades, constitui o motor do desenvolvimento humano.

Por sua vez, espera-se que, na relação aproximativa com a verdade, ocorra um "*tornar-se*" mais do que um *saber*, e nesse confronto, um espectro de possibilidades interpretativas se instala, sendo um polo a direção à verdade e outro em direção à mentira e fenômenos equivalentes (Bion, 1965; 1970; 1975).

A *Teoria do pensar* constitui o principal *pilar teórico* da obra de Bion, e despertou na ocasião inúmeras reações contrárias. Na apresentação feita no Congresso da IPA, pessoas se manifestaram perplexas após a primeira frase do trabalho e, na segunda frase, um psicanalista proeminente levantou-se e protestou bradando em voz alta que aquilo não era psicanálise, e sim o "produto de uma mente insana". Após a declaração, ele e outros de seu séquito político se retiraram da sala.

Bion permaneceu tranquilo diante do fato, apenas constatando mais uma entre tantas rejeições ao seu talento único. Ciente de ser ele mesmo e de sua posição como psicanalista, Bion nada tinha a dizer sobre esse tipo de reação. Ela nada acrescentava e só atestava o ódio se construindo como dificuldade para pensar.

Essas reações nunca cessaram de ocorrer e persistem até os dias de hoje.

Na primeira frase do trabalho, Bion disse que a psicanálise é uma *resposta prática para questões filosóficas* (ou seja, questões da vida, que os filósofos sabem colocar muito bem de forma geral, mas não têm a prática psicanalítica artesanal, desenvolvida especificamente para cada indivíduo).

Na segunda frase, estabeleceu o *campo* dessa prática, afirmando que este deveria ser regido pela mesma relação existente entre a *matemática pura* e a *matemática aplicada*. Ou seja, a psicanálise necessita especificar seu campo com *princípios epistemológicos* para evitar a interferência de hábitos vazios, mitos e crenças. Posteriormente, Bion salientou o *Princípio ético-estético* (Chuster, 1999; 2002; 2011; 2014) da *Incerteza*, e que destaco como necessário e fundamental para que se possa transitar do campo do *objeto simples* para o *objeto complexo*, que tem no *objeto psicanalítico*[1] *de Bion (Chuster, 2011; 2018) sua tradução mais completa. A teoria do pensar é um exemplo dessa transição na psicanálise.*

Penso que Bion foi acusado de "insano" e, sucessivamente, a cada trabalho que escrevia de "confuso" ou "hermético", porque é evidente que, na mentalidade dos acusadores, não era possível na época ser filósofo e psicanalista. E mais ainda, as duas atividades nada tem a ver com matemática.

Desse modo, pretender numa teoria fazer a psicanálise dialogar com a filosofia e a matemática parecia aos acusadores algo confuso, suspeito e até mesmo provocativamente perverso. Ao longo dos anos, Bion continuou sofrendo um progressivo "gelo" de seus colegas. Em 1965, contava-se nos dedos as pessoas que se dispunham a ter com ele uma verdadeira interlocução. Era considerado pelo *establishment* como sendo no mínimo um kleiniano "exótico", e no extremo, um "louco". Não foi sem razão que, ao se mudar para a Califórnia em 1968,

1 O objeto psicanalítico é o objeto da psicanálise para Bion. Ele aparece no capítulo 22 de *Aprender da experiência* (1962) na fórmula $\psi(\xi)$ $(\pm Y)$ (M), significando que a pré-concepção busca uma realização que a transforme em concepção no espectro narcisismo/socialismo sob a influência constante da complexidade (Chuster, 2011).

declarou que era uma alternativa para "não ser sufocado por honrarias[2] e naufragar sem deixar vestígios".

Todavia, longe de ser "insano", "confuso" ou "exótico", Bion, indo muito além do seu tempo, estabelecia um *diálogo com a ciência* e, por intermédio da sua imaginação, sua autonomia institucional e uma forte intuição correspondente, captava o que se chama hoje em dia de *teoria da complexidade*. Ao realizar isso, ele colocava uma interface entre psicanálise, filosofia e matemática, e indo de uma a outra, deslizando com a linguagem, podia se propor novos problemas.

Em resumo, sua tentativa era estabelecer e exercer uma proposta fundamental: o pensar de uma forma diferente – nem que seja por breves momentos – sobre a psicanálise.

II

Para tentar deixar um pouco mais clara a proposta de Bion, ressalto que, quando se começa a pensar de outra forma e, mais ainda, como consequência disso, se começa a trabalhar de outra forma, algo de *subversivo* ocorre. Então, diante da subversão do sistema (que produz *turbulência emocional*), a tentação é tranquilizar-se com alguma teoria conhecida que tenha *status* institucional do tipo "Freud já disse isso", "Winnicott falou a mesma coisa em outras palavras" etc.

Contudo, a proposta que Bion nos faz para pensar solicita dos leitores que não façam comparações, pois são paradigmas distintos. Tentar comparar paradigmas cria deslocamentos lógicos que só obscurecem as ideias de Bion.

Não devemos duvidar que é muito difícil conservar essa posição *não comparativa* e, mais ainda, falar em *mudança de paradigma* na

---

2 Bion considerava ofensas e elogios como fenômenos da mesma ordem. A intenção de ambos é paralisar o pensamento caso se acredite em tais "honrarias". A frase faz parte do epitáfio de David Hume.

psicanálise. As oposições e ironias maliciosas costumam distorcer as palavras e são muito cansativas. É também muito cansativo quando existe apenas concordância e, algumas vezes, algo bem pior que é a simulação de entendimento. Todavia, é muito satisfatório quando encontramos interlocutores que, de uma forma *autônoma*, conseguem dizer o que nós mesmos não podemos dizer. É desse diálogo que emerge algo mais além do que era conhecido. A prática da psicanálise não deveria ser diferente disso, e a teoria apenas expressa um sumário ou *síntese* da nossa experiência adquirida, sem deixar de considerar que devemos melhorá-la no futuro.

Hipótese definitória

O Dicionário Aurélio Buarque de Holanda define *irascível* como o indivíduo que se ira com facilidade; o iracundo.

Antes de prosseguir, penso que é importante especificar se existe alguma diferença entre *ódio* e *ira*. Sabemos que, em geral, trata-se do mesmo sentimento, mas a ira será considerada como o ódio cuja intensidade o faz transbordar em ações descontroladas e com nítidos *sinais* físicos de sua existência. Na *Teoria do pensar* de Bion (1962a), esses sinais foram chamados hipoteticamente de *elementos beta*, o resultado da falência da *função alfa*, a função que cria os também hipotéticos *elementos alfa*, aqueles propícios à memória, aos pensamentos, e aos símbolos.[3]

Os elementos beta foram redefinidos por Bion (1987) via linguagem não saturada da poesia de John Donne, *The Second Anniversary* (2008): "... seu sangue puro é eloquente; fala em suas faces de forma tão intensa; que quase se diz aí há um corpo que pensa".

3 A função alfa é também a que cria os objetos internos que se desdobram como conceitos de vida existentes na barreira de contato entre consciente e inconsciente e cria o campo psicanalítico, além de permitir que trabalhemos com o objeto psicanalítico (Bion, 1962; Chuster, 2011).

Um bom exemplo do uso da palavra *irascível* nos é dado pelo próprio dicionário na frase de um dos mais sublimes textos de nossa literatura: *O sertanejo*[4], de José de Alencar (1955): "Marcos Fragoso era de ânimo generoso, ornado de prendas de cavalheiro; mas tinha o gênio arrebatado e irascível".

A descrição literária do personagem e a divisão entre *ânimo* e *gênio* não poderia ser mais ilustrativa de um espectro de fenômenos que tenho observado na clínica. São traços de generosidade e gentileza excessiva (ânimo), algumas vezes estereotipada, que ocultam uma *personalidade irascível* (gênio), cujo convívio íntimo é pontuado por mau-humor, extrema teimosia e o que comumente se chama de *rigidez* de pontos de vista. São também pessoas encontradas com muita frequência em movimentos fundamentalistas. Quase que uma espécie de perfil desse grupo.

Tais pacientes, quando procuraram a análise, ocupavam-se longamente nas sessões com crises em suas relações amorosas. Não fossem essas crises, talvez nunca tivessem procurado a psicanálise. Portanto, trazem uma complicação adicional – a necessidade de desenvolver um interesse pelo seu funcionamento mental, ou de perceber a existência

4 Depois que citei o exemplo me dei conta de que o personagem principal do livro é meu homônimo Arnaldo Loureiro, um vaqueiro cearense, simples, mas que luta pelo que quer e enfrenta tudo pelo amor e seus ideais. O vaqueiro trabalha para o capitão-mor, de nome também Arnaldo Campelo. Arnaldo enfrenta todos os riscos necessários com a esperança de um dia conquistar a simpatia da meia-irmã do capitão-mor, Dona Flor. Arnaldo é descrito ao longo da obra como arredio, simples e bom. Chega a ser uma figura misteriosa, atenta a todos os pedidos de seu patrão e, se mostrando um funcionário exemplar, ele tem o hábito de dormir no alto de árvores na mata. Sua submissão é reconhecida como digna. O único rival de Arnaldo se chama Marcos Fragoso, e Dona Flor é prometida para Leandro Barbilho. No dia do casamento, inimigos do capitão-mor surgem, acontece um tiroteio e Leandro Barbilho morre. Arnaldo tenta consolar Flor enquanto ela lamenta. A história acontece no sertão de Quixeramobim, Ceará. No final, o capitão-mor reconhece a bravura e a dignidade de Arnaldo, e permite que ele use seu sobrenome, Campelo.

de uma mente própria, além de uma visão do mundo não utilitarista e imediatista. Nota-se que se surpreendem e se irritam por essa percepção, à qual se soma o sentimento de perda de tempo na vida por não terem se dado antes essa oportunidade.

Na *Divina comédia*, os iracundos ficam juntos daqueles acusados de inveja e arrogância no quinto círculo do Inferno, onde se situa o Rio Estige, o rio da invulnerabilidade. A associação é bem significativa: irascibilidade, inveja, arrogância, incômodo com tudo que é não Eu.

O Estige aparece em várias histórias da Antiguidade. Numa das mais comuns, Tétis tentou tornar o seu filho Aquiles, invunerável, mergulhando-o nas águas desse rio. Porém, ao mergulhá-lo, suspendeu-o pelo calcanhar (o calcanhar de Aquiles), ficando essa parte vulnerável, o que acabou sendo o motivo de sua morte durante a Guerra de Troia.

Não deixa de ser sempre surpreendente que essas histórias provenientes da literatura e da mitologia ilustrem achados clínicos na sessão de análise, permitindo-nos visualizar um portal para um campo onde os personagens mitológicos ganham vida falando aos nossos ouvidos com a voz dos pacientes. Essas histórias são como sonhos da humanidade e nos possibilita trabalhar num plano onírico-poiético desenvolvendo hipóteses de trabalho no campo analítico. Esse plano resgata sempre a originalidade da psicanálise presente desde que Freud trouxe ao mundo a *Interpretação dos sonhos* (1900), e não a explicação dos sonhos.

Elemento ψ

A relação entre *ânimo* e *gênio*, e outras combinações como *onipotência* e *desamparo* apresentada pelo mito de Aquiles, será por mim colocada neste capítulo como uma espécie de "tela" onde se desenha a relação entre a pré-concepção edípica e sua realização (Bion, 1962) para dar à luz concepções no espectro narcisismo ↔ social-ismo (Bion, 1962) do objeto psicanalítico.

A complexidade inerente ao modelo será abordada em vários pontos, ficando implícitos os fundamentos de uma mudança de paradigma na psicanálise (Chuster, 2011).

As demais ideias que serviram de base teórica para o presente ensaio podem ser encontradas nos artigos de W.R. Bion: "Como tornar proveitoso um mau negócio" (1979), "Atenção e interpretação" (1970) e "Transformações" (1965). Tomarei, sobretudo, a questão do artigo de 1979, a qual, parafraseando, colocarei da seguinte forma: duas personalidades se encontram num ponto específico em que qualquer coisa que digam ou façam produz uma terceira em comum que se torna uma *personalidade irascível*. E tudo leva a crer que essa relação se trata de um "péssimo negócio".

Em outras palavras, essa personalidade não aparece facilmente em outras relações. Porém, quando essas duas pessoas específicas se encontram, e existe um vínculo amoroso (L), a personalidade irascível emerge e, por vezes, se torna incontrolável em seus efeitos e, estes, além de serem crescentes, só cessam quando os indivíduos em contato se afastam. A violência típica das relações primitivas é bem observável, e parece ser fruto de um convívio no qual uma série de coisas deixou de ser dita e esclarecida.

Em outras palavras, o "não dito" predominou e foi gerando *transformações projetivas* (Bion, 1965): uma forma lenta de intoxicação da personalidade com sentimentos de ódio (H) e elementos beta.

Com o tempo, as *transformações projetivas* acabaram saturando o campo e estabelecendo a predominância de *transformações em alucinose* (Bion, 1965). Estas podem ser definidas como um funcionamento mental dominado por uma lógica de rivalidade com a realidade psíquica e crueldade do superego primitivo visando alcançar uma superioridade moral. Trata-se de uma espécie de vínculo em que um indivíduo procura empurrar para dentro dos outros os seus sentimentos de desamparo, menos valia e inferioridade, enquanto permanece na lógica da onipotência. É no campo das *transformações em alucinose* que habita a personalidade irascível.

No momento, farei a seguinte indagação: se é fato que a personalidade irascível desaparece quando as pessoas se afastam, então qual é a "química" (termo que esses analisandos curiosamente utilizaram com frequência) ou o ponto específico que a faz aparecer? Existe algo como uma "química" de palavras ou uma espécie de gatilho que a dispara?

Uma visão psicanalítica a partir de Bion nos mostrará inicialmente a "química" da *parte psicótica da personalidade* (Bion, 1957) em difíceis combinações (acordos) com a *parte não psicótica da personalidade*, isto é, está presente um terror de aniquilamento iminente, a predominância de impulsos destrutivos transformando o amor em sadismo, o odio à realidade interna e externa e ao aparelho que faz a ligação entre essas realidades (função alfa) e a formação de relações precipitadas, porém frágeis (relações superficiais e voláteis), que, com frequência, são interpretadas como sendo fruto do discurso da pós-modernidade.

Notação: caso 1

O paciente XZ lamenta, na sessão, sobre a fama de ser uma pessoa muito mal-humorada em seu trabalho e se diz perplexo com esse rótulo, pois acha que costuma ser muito gentil e generoso com todos em sua posição de liderança numa grande empresa estatal. Eu consigo observar que seu semblante se mostra sempre tenso e sisudo quando entra em meu consultório e, ao mesmo tempo, ele é muito culto, educado e, sobretudo, gentil. Minha hipótese inicial foi que poderia estar receoso por algum perigo no vínculo que estabelecia comigo. Essas sensações de perigo comumente surgem quando existe algum grau acentuado de dissociação na personalidade, perceptível nesse paciente pela diferença entre a autoavaliação, a queixa e a conduta. A conduta desmente a autoavaliação que a queixa tenta desmentir.

Um sonho que trouxe logo no início da análise me fez imaginar o modelo do adolescente que quer ser respeitado despertando medo nas pessoas que considera seus possíveis ou potenciais "inimigos" com uso de uma aparência física e vestuário esdrúxulo.

Esse modelo coloca em questão o confronto entre essência e aparência, ou seja, uma aparência sem essência é tão falsa quanto uma essência sem aparência, mas o psicanalista não pode se prender a essa distinção, pois não existem escalas pelas quais podemos medir tais parâmetros. Entretanto, podemos apontar as soluções inadequadas que eventualmente se oferecem a nosso escrutínio. O exemplo que Bion nos dá é o do soldado que serviu de modelo para os cartazes de alistamento por sua boa aparência, qualidade que nada vale na frente de combate. Um diálogo pautado pelo princípio de prudência na ação (Bion, 1979) é sempre produtivo nessas ocasiões.

O paciente veio de outra experiência de análise. De acordo com ele, essa experiência falhou muito, e me alerta dizendo que seu ex-analista com frequência ficava irritado nas sessões. Quando procurei esclarecer como percebia esse acontecimento, XZ me conta que esse analista com frequência se tornava irônico e ria de forma sarcástica, além de dar interpretações moralistas. Por conta dessa atitude, que sentiu como desrespeitosa, pouco séria e insuportável, deixou a análise. Estava decidido a nunca mais procurar tratamento, mas foi convencido por uma espécie de "ultimato" da esposa, que também estava em análise, e lhe assinalou a repetição do conflito em casa. XZ acusava a esposa de estar sendo superficial e sarcástica. Ela retrucava da mesma forma e a discussão disparava uma espécie de crescente e ruidoso frenesi que provocou, mais de uma vez, intervenção policial acionada por vizinhos.

XZ me relatou que, quando entra no seu carro para ir ao trabalho, a quantidade de "coisas erradas que vai encontrando pelo caminho" o enfurece de forma crescente. Grita palavrões e esbraveja dentro do carro até chegar transtornado no trabalho. Algumas vezes, relata que chega "dolorido e exausto", pois soca várias vezes o volante e o painel do carro. É quando a aparência sisuda surge para neutralizar possíveis interlocuções que possam "tirá-lo ainda mais do sério".

Eu assinalei que o significado de *sério* me parecia ser o estado mental em que não estava irado; como se a ira que lhe acomete não fosse uma coisa séria. Por que sua ira não é séria ou algo que não merece ser visto ou tratado com seriedade? E como ele tinha certeza de que haveria "interlocuções" para provocá-lo?

O uso da palavra "sério" sofreu uma inadequação, transformou-se em uma ironia maliciosa, pois o que ou quem não está sendo sério? Ele ficou em silêncio com minha questão, mas percebi uma visível inquietação. Afinal, eu apontei o funcionamento do "ex-analista" e demais objetos "irônicos e não sérios" dentro dele, ou, visto de outra forma, um objeto interno com conceitos específicos e singulares se desdobrando no vínculo ficava exposto como origem do perigo que sentia estar correndo.

Numa outra sessão, ele chegou um pouco atrasado e irritado e se queixou de um taxista "lento" que não arrancou logo que o sinal abriu; e descreveu, cada vez mais irritado, uma série de impropérios que deveria ter dito: uma boa descrição da técnica e da situação analítica em curso pelo vértice –H.

Nesse momento me veio à mente como memória-sonho uma série de associações semelhantes que XZ me descrevera em outras sessões e, antes de mencioná-las, pontuei que, no meu entender, o trânsito era simultaneamente uma representação da análise e uma representação do espaço social onde se encontravam, em igualdade de condições, pessoas como o taxista lento, o motorista ansioso que buzina com o trânsito parado como se pudesse com isso movimentar os demais carros, o motorista que não usa seta como se os demais pudessem adivinhar o que vai fazer, enfim, são diversas situações que levam à pergunta: encontramos falhas de funcionamento mental junto a uma crítica que parece moral e logicamente correta?[5]

O analisando, ao escutar o que eu disse, ficou visivelmente irado; sua mão se fechou como se fosse dar um soco, sua respiração ficou ofegante, a pele do rosto enrubesceu. Do meu ponto de vista, começávamos a ter uma conversa real. Por que ter que escutar outra pessoa dizendo o que ele mesmo falou lhe causa ira? Ou o que causou a ira foi a minha pergunta feita a partir do que ele dissera?

Em outra sessão, além das queixas sobre os engarrafamentos por excesso de veículos e os buracos na pavimentação, trouxe um panorama nacional: o prefeito que não liga a mínima para esses problemas do trânsito; o governador que é conivente com o prefeito; a Presidente da República conivente com o amiguinho governador e por isto não toma medidas contra a incompetência dos governos estaduais e municipais...

Assinalei que a sequência de pessoas que ele associara possuía uma hierarquia como num grupo. Não poderíamos perder de vista que isso poderia ser algo bem mais antigo, talvez um problema que pode ter começado em seu grupo familiar com atitudes excessivas e abusivas de seus pais. Qual o sentido da atualização desses comportamentos excessivos e abusivos? Uma falha do funcionamento mental de um pai tirânico que causou sentimentos de humilhação e ressentimentos no filho que, por sua vez, os traduz por ira e desejos de vingança, desejos deslocados, portanto, nunca satisfeitos?

Usando nosso primeiro par de palavras combinadas para descrever a personalidade irascível, *ânimo* e *gênio* estão em dificuldades para chegar a um acordo.

Fernando Pessoa – que amava o dito espirituoso, a máxima graciosa, a expressão sintética, o paradoxo –, disse certa vez "todas as frases do

---

5 Do meu ponto de vista, confrontei dois estados mentais: o significado social-ista das transformações em K buscando um entendimento com o significado narcisista das transformações em alucinose buscando uma superioridade moral.

livro da vida, se lidas até ao fim, terminam numa interrogação". O paciente parece ir numa direção contrária, ou seja, encontra-se numa busca crescente de uma certeza que elimine suas interrogações. Parafraseando Pessoa: para o irascível, todas as frases do livro da vida deveriam terminar em certeza e previsibilidade. Parece que o fato de ter reproduzido suas palavras para que ele as escutasse inseriu incerteza na nossa conversa. Ou seja, mesmo que as palavras sejam as mesmas, algo sempre muda que as torna diferentes. Esse algo se chama personalidade, ou mente, ou alma, Eros e Psique, gênio e ânimo, que ficam frente a frente numa experiência de turbulência emocional. Esse é o mau negócio ou uma situação adversa. Assim, tudo que se tem a fazer é tentar tirar proveito de um "mau negócio" ou como tornar proveitosa uma situação adversa (Bion, 1979).

Recordo-me aqui de uma ocasião (1971) em que assisti a uma aula para violinistas profissionais ministrada por Yitzhak Stern, um dos maiores violinistas de todos os tempos. Ele tocava um pequeno trecho de Brahms e pedia para os alunos repetirem. Os alunos repetiam, e do meu vértice de ouvinte leigo, o repetido era exatamente igual ao do mestre, mas ele dizia que não e, mais uma vez tocava na esperança que os alunos acertassem. Entretanto, do vértice dele, os alunos não acertavam e ele foi visivelmente se irritando, ficando enrubescido, elevando a voz. Lá pela décima repetição, um dos alunos, irado, falou aos brados que ninguém ali podia ser Yitzhak Stern. Ele rapidamente acatou a crítica e humildemente pediu desculpas pelo seu perfeccionismo. Os alunos entendiam o que o professor queria dizer, mas a diferença entre eles estava em não ser perfeito. De ambos os lados.

Atenção: irascibilidade no mito de Édipo

No mito de Édipo, podemos destacar personagens que se tornam irascíveis por conta de uma simples pergunta. Bion (1957), na sua releitura do mito, mostrou o problema da arrogância presente na busca da verdade.

O Oráculo se enfurece com a indagação de Édipo e o expulsa com as palavras "Afasta-te daqui, ó miserável. . .". O que é que enfurece tanto o Oráculo se a sua função era exatamente a de responder perguntas?

Atraindo com o gentil portal "conheça-te a ti mesmo", o Oráculo não diz toda a verdade, traindo o interrogante, e o aterroriza cruelmente ao não esclarecer a verdadeira história. Reivindica para si o essencial, a sua revelação só mostra uma faceta, uma parte da verdade.[6]

O Oráculo faz com Édipo o mesmo que antes fizera com seu pai, Laio. A solução de ambos para se precaver do trágico, por conta da resposta incompleta e inadequada, leva-os exatamente ao destino miserável de que pretendiam fugir. Uma fuga da verdade causa uma situação desastrosa em que deveria haver uma negociação das posições EP↔D (uma modificação da realidade).

Comparo o Oráculo ao psicanalista que não emprega em suas interpretações palavras combinadas que forneçam uma descrição espectral do vínculo, como Eu-Tu, desamparo-onipotência, dentro-fora, amor-ódio, essência-aparência, bom-mau etc., deixando o vínculo na posição EP, ou ao psicanalista que dá interpretações saturadas e respostas no ponto em que uma nova questão deveria proporcionar uma expansão do pensar.

Em *The grid* (1977), essa singularidade da interpretação em Bion está bem estabelecida e nota-se a preferência e o desenvolvimento original sobre as construções freudianas, sobretudo quando ele menciona o uso delas na demonstração do que chama de simetria. Ele diz:

> *Freud falou sobre esta contribuição em* O futuro de uma ilusão. *Aplicando a construção, a arma polivalente da*

6 Sugiro que a resposta irascível do oráculo representa também o rejeitar alguém que não estivesse funcionando na mesma faixa de onda, aliás, bastante estreita. Por isso, como ocorre em toda estreiteza mental decorrente da parte psicótica, o oráculo age de forma cruel em relação a Édipo.

simetria, sugiro que necessitamos considerar o futuro de uma analogia, o futuro de uma "ilusão", o futuro da "transferência" que é o nome dado pelos analistas a uma forma poderosa e particular de relacionamento. Se pudéssemos sistematizar a transferência em um espectro de acordo com o poder emocional será algo assim: criação ⇒ analogia ⇒ transferência ⇒ delírio ⇒ ilusão ⇒ ilusão grupal ⇒ alucinação ⇒ assimetria ⇒ degeneração. Os elementos C são usados para fornecer uma ancoragem para a relação – boca é uma âncora, seio é outra. Ambos os termos têm sido tratados como se fossem aspectos essenciais da analogia. Precisamente este é um ponto que marca a divergência entre o rumo do crescimento e o rumo da degeneração. A boca e o seio são importantes até o momento que definem uma ponte entre os dois. Quando usurpam a importância da ponte, o crescimento fica prejudicado. . .

Em outro ponto do mito, ao encontrar Tirésias, Édipo é alvo da ironia do profeta que conhece a verdade, mas propõe a manutenção desta nos limites confinados do sonho, negando o vínculo interrogante estabelecido entre eles – só um lado conta. Tirésias,[7] que também foi alvo da ira da deusa Hera por revelar a verdade, nos coloca uma questão central: devem ser os sonhos usados apenas para reprimir? Ou devem ser os sonhos usados como paradigma do funcionamento mental que digere a realidade e a apresenta a nós como um apelo forte ao pensar?

---

7 Tirésias teve a experiência de ser homem e ser mulher como castigo por ter visto o segredo das cobras em coito e ter matado primeiro a fêmea e, sete anos após, o macho, quando voltou à condição de homem. Como sabia dos segredos de ambos, foi convocado por Zeus para falar a verdade na disputa que havia entre ele e Hera. Todavia, a verdade revelada retirou o interesse sexual de Zeus por Hera: a mulher goza nove vezes mais do que o homem. A ira de Hera cegou Tirésias, mas a compaixão de Zeus lhe deu o dom da profecia.

Um funcionamento que nos permite ver o objeto em duas perspectivas, uma visão binocular, ou seja, numa dialética circular de dentro para fora e de fora para dentro e no vínculo entre analista e analisando.

Prosseguindo em sua caminhada, Édipo, na encruzilhada de Delfos, se depara com Laio e discutem em nítida *rivalidade* o direito de passagem. Laio se enfurece, e sua ira é representada por Polifonte, o condutor da carruagem real. O resultado é que Polifonte ataca Édipo que se defende da lança, invertendo-a. Polifonte morre, a carruagem dispara sem condutor, cai num precipício e Laio morre nesse acidente.

Mais além do ato de poder, seja pela força ou pela autoridade, temos aqui a luta física e a ira causando mortes por acidente de trânsito. Nada muito diferente do que acontece em nossas cidades modernas. Nada muito diferente do conflito de XZ. Nada, portanto, que se possa atribuir a um conflito da pós-modernidade como alguns desses pacientes procuram explicar. Mario Quintana, o poeta, dizia: "Não há besteira de agora que não tenha sido dita por um sábio grego de outrora".

Em seguida, é a vez da ira e da arrogância da Esfinge, que propõe um enigma desafiando os jovens que desejam sair ou entrar em Tebas: "decifra-me ou te devoro". Ao obter a resposta certa de Édipo, a Esfinge, iracunda, se mata. Aqui temos, como consequência da arrogância, o suicídio. O significado se repetirá no suicídio de Jocasta antes de ser morta por Édipo que, por sua vez, se cega com o broche daquela que lhe traíra.

Exílio, exclusão, preconceito, rivalidade, disputa, traição, acidente e morte são elementos de uma *Grade Negativa* (Chuster & Conte, 2002) que vão se desfiando na "química" da irascibilidade.

Na encruzilhada, e demais momentos em que poderia haver uma negociação, a ira causa um desastre e produz um apego a uma identidade inadequada.

Com muita frequência, o paciente irascível se expressa para negar sua dificuldade em negociar dizendo: "eu sou assim, isso sou eu e ponto final". Nada mais fatal do que essa frase. O que ele pensa que o constitui como sujeito de tal forma que não se arrisca a perder essa identidade? Mas qual identidade: a personalidade irascível? Certamente que um *objeto* emerge do ódio, mas qual objeto?

Existe algo de grandiosidade e onipotência nas expressões dadas pela ira e, muitas vezes, isso é que mantém o objeto atraente. Em outras palavras, nas pessoas intolerantes à frustração, a imaturidade, a confusão, o desamparo e a impotência são substituídos por prematuridade, ordem, onipotência e poder.

Notação: caso 2

WA é um paciente que possui uma gagueira muito sutil. Ele mesmo não tinha se dado conta dela até que a assinalei. Foi como perceber o erro de uma nota no todo da música. Ela aparece em geral quando não está podendo falar do ódio que sente. Mas quando externaliza seu ódio com xingamentos, sua gagueira dá lugar a um discurso mais fluido e inteligível, apesar de, no geral, ser muito falante e articulado.

Nas sessões iniciais de sua análise, notei uma significativa inadequação no discurso: ele descrevia o seu sentir pelo que se pode chamar de uma opinião racional, ou tentava aplicar um raciocínio explicativo às suas emoções. Ao mesmo tempo, apresentava a típica queixa de pessoas que, ao dizerem que estão "cansadas de pensar", não se dão conta de que, na verdade, não pensam ou nem chegaram a pensar, mas apenas raciocinam na tentativa desesperada/onipotente de encontrar uma fórmula que lhes dê a solução para os problemas. Noites mal dormidas são gastas nesse tipo de atividade mental que deveria ser feita pelo sonhar. E dormir mal produz mau-humor que, por sua vez, produz irascibilidade.

Esse paciente trazia por escrito os temas sobre os quais gostaria de falar na sessão, mas quando eu lhe disse que algo se perdia quando ele lia e, por isto, não conseguia entendê-lo bem, ele se irritou e começou a falar de uma forma mais direta. Assinalei seu sentimento como sendo parte de uma conversa real mais além da superfície do papel. Todavia, ele parecia continuar irado com o que eu dizia.

No filme "*O Discurso do Rei*", a gagueira do Rei George VI ocultava uma personalidade irascível. Quando ele conseguia expressar sua ira pelo pai tirânico e cruel, seu discurso fluía livremente. A gagueira desaparecia. O Rei era um homem extremamente amável e gentil com sua mulher e suas duas filhas. Aliás, uma delas foi Elizabeth II, a Rainha da Inglaterra.

A origem familiar de WA não era obviamente a realeza, mas seu pai o convenceu, quando criança, que faziam parte de uma elite, simplesmente por não serem originários do país. Vinham de outra cultura que seu pai considerava superior à brasileira. Todavia, quando ponderei que a cultura superior não tirou seu pai da pobreza e, que apenas o conhecimento que uma faculdade brasileira lhe dera é que tornara possíveis seus sonhos de uma vida rica, ficou perplexo e depois irado com a própria perplexidade. Era como se fosse uma espécie de arrependimento por estar fazendo análise e, ainda característico dessa situação, ele diz: "nunca havia pensado nisto antes". Eu complico dizendo: como se tudo que fosse pensado, você teria que ter pensado primeiro.

Há uma grande diferença entre a criança idealizar o pai porque está em estado de desespero e precisa descarregar esse sentimento criando uma ilusão onipotente, e a criança idealizá-lo porque está em busca de expressão para sentimentos de admiração e, com isso, cria uma figura acolhedora. Nesse último caso, o problema da frustração só aparece caso surja uma incapacidade de tolerá-la pela parte fundamental do vínculo. Na segunda hipótese, o indivíduo tem capacidade para amar e admirar, mas, no primeiro caso, o paciente pode não ter nenhuma capacidade para amar, mas apenas uma enorme voracidade para receber amor. Nessa situação, a cisão é muito maior e mais grave. Nesse ponto encontrava-se WA.

Diz Bion:

> *Um homem falando de sua experiência emocional começa a gaguejar cada vez mais forte à medida que a memória se faz mais vívida. Eis os aspectos significativos do modelo; o homem tentava relatar sua experiência emocional em palavras, e tentava conter-se como às vezes se diz de alguém prestes a perder o controle; ele tentava conter as forças inimigas em determinada zona. As palavras destinadas a representar o sentido eram fragmentadas pelas forças emocionais para as quais apenas buscava uma expressão verbal; todavia, a formulação verbal não conteve as emoções, que se romperam e se dispersaram, do mesmo modo que as forças inimigas rompem as forças que lutavam para contê-las" (Bion, 1970, p. 104)*

Indagação: o complexo de Édipo à luz da complexidade

A questão seguinte que vou abordar é a configuração edípica a partir das ideias de Bion. Em termos gerais, podemos dizer que onde Freud desenvolve o vértice da dissolução do complexo de Édipo penso que Bion considera o futuro do complexo de Édipo pelo vértice de uma evolução/involução. Esse é um vértice que podemos nomear de vértice da complexidade. Não se trata de uma estrutura intersubjetiva, tampouco de uma ordem explicada. Os vínculos por ele descritos se desdobram numa ordem implicada, como num plano de Riemann (Figura 8.1), no qual as soluções vão surgindo com o aumento do número de planos e das funções, ou seja, com a complexização dos problemas apresentados.

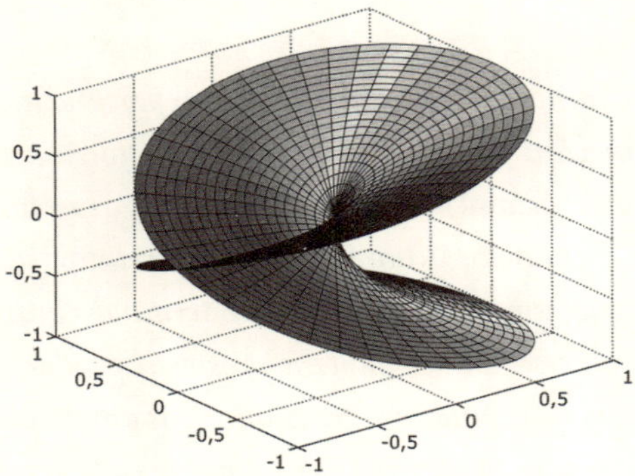

Figura 8.1 Plano de Riemann.

Disponível em: https://upload.wikimedia.org/wikipedia/commons/thumb/b/b5/Riemann_sqrt.jpg/200px-Riemann_sqrt.jpg

Em que condições a configuração edípica evolui/involui? E quando podemos dizer o que é uma evolução positiva e outra negativa? Inicialmente estaremos de acordo com o que Bion chamou de *versão alfa* e *versão beta* do mito edípico. A primeira cria e agrega elementos simbólicos à memória e ao pensar e, a segunda os consome, como aquele erro que ocorre no sistema Word do computador quando teclamos uma letra para corrigir uma palavra e ela apaga outra, mantendo o erro de escrita.

Por outro lado, acho significativo destacar as configurações evoluindo/involuindo em três patamares explícitos em *Atenção e interpretação* (Bion, 1970). Os patamares são os vínculos parasitários, comensais e simbióticos. São termos retirados da biologia por Bion, mas os significados não são necessariamente coincidentes com os da ciência.

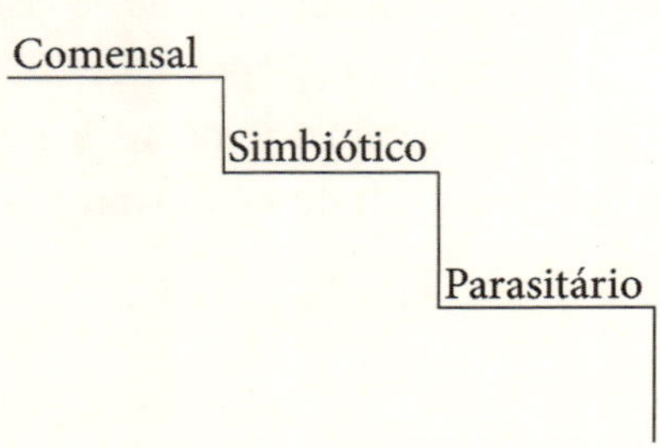

O Édipo *comensal* é o mais conhecido na psicanálise. É o texto *Édipo Rei*, de Sófocles, como Freud nos mostrou. Envolve a relação com a verdade em termos de acordos sociais (os indivíduos comensais, como diz a própria palavra, são os que comem da mesma comida). São os pactos e leis feitas pela sociedade para extinguir os crimes incestuosos e parricidas. A configuração permite relacionar a ausência da mãe à presença do pai ao qual está reservado o direito de gozo sobre a mãe. O pai impede os filhos de terem acesso incestuoso à mãe, assim como esta impede o acesso parricida, denominando que não pode viver sem esse pai. A matemática é sempre $1 + 1 = 3$.

O Édipo *simbiótico* é o Édipo em Colona, cego por consequência de sua arrogância. A luta para buscar a verdade se confronta com os esforços para obstruí-la, vindos das acusações de arrogância por buscá-la. Todavia, para que isso ocorra, é preciso que a verdade seja ameaçadora da ordem do sistema. De uma maneira geral, envolve os acordos instáveis e mutáveis entre as partes psicóticas e não psicóticas da personalidade. A configuração permite relacionar a ausência da mãe à ausência do pai que prefere o gozo com outras mulheres. O pai está ameaçado de parricídio por conta de seu comportamento libertino, a mãe ameaçada de incesto por conta de sua tirania contra esse pai. A arrogância é o fator predominante nos personagens que se opõem ao encontro da verdade e pode terminar em tragédia: cegueira, exílio, morte, suicídio, acidente. A matemática é $1 + 1 = 2$.

O Édipo *parasitário* é o menos conhecido. Como o próprio nome indica, no grego, parasita é o que come a comida dos outros. A verdade deve ser recusada de qualquer forma e devem-se criar mentiras para combater qualquer possibilidade de seu aparecimento. São fatores que tornam o indivíduo e sua produção estéril. Podemos pensar aqui nas possibilidades interpretativas descritas no personagem Antígona. Ela morre duas vezes: a primeira vez, na esterilidade por ficar presa e condenada a cuidar do pai cego; a segunda vez, ao ser emparedada pelo tio ao buscar o poder. Nesse tipo de solução edípica, encontramos pacientes cuidando de projetos que não conduzem a nada (cegos). Na impossibilidade de dar um conceito à intuição cega, surgem as patologias de enclausuramento. Temos aqui também as questões ligadas à infertilidade em geral. A configuração permite relacionar a presença da mãe à ausência do pai que se omite de suas funções. Todavia, a mãe se torna infértil, não mais procria e, por isso, precisa que a tirania prevaleça. A matemática é 1 + 1 = 0.

Uma aplicação prática

Outra possibilidade de acompanharmos os três tipos de configuração edípica encontra-se no tipo de desenvolvimento de uma sessão de análise. Green (1973) descreveu-os de uma forma bem ilustrativa sem nomeá-las como estamos fazendo. Assim podemos considerar nosso tema como uma expansão das ideias que foram apresentadas por Green como sessões tipo I, II e II (1973, p. 172).

1. *Sessão parasitária* (dominância afetiva): dominada por um clima opressivo, apresenta silêncios pelos quais se percebe que algo está sendo evitado. O discurso é dominado pela atualidade: atualidade da presença do analista que não pode, nem por um instante, ser posta em parênteses, atualidade do conflito que domina a vida do analisando, atualidade do real e do mundo exterior, que aprisiona o analisando e sufoca sua fala. Esta é surda, monótona, como que aprisionada pela presença do corpo que se exprime apenas pela voz. O discurso é uniforme, trata-se de um relato descritivo em que não é perceptível nenhuma alusão ao passado; desenrola-se segundo um fio contínuo que não pode se permitir nenhuma ruptura. Essa fala cativa pode absorver o analista de uma forma que o faz sentir-se prisioneiro do analisando tanto quanto o analisando se sente prisioneiro do próprio corpo. A identificação projetiva excessiva tem toda a liberdade enquanto restringe outras formas de comunicação.

II. *Sessão simbiótica* (dominância representativa): a sessão é dominada aqui por uma extrema mobilidade de representações de todos os tipos. Tão logo se deita, o analisando tem muito a dizer. Reflexões da sessão anterior, de tudo o que foi vivido até então. O trabalho associativo vai num bom ritmo, a língua é solta e rápida, quase torrencial. O analista pode ficar afogado sob a torrente de palavras, as imagens se apresentam em massa, tudo aparece como numa enorme refeição compartilhada por cônjuges, amigos, relações de trabalho, as leituras, os filmes. Em alguns momentos, existe espaço para uma conversa, mas o trabalho parece lento.

III. *Sessão comensal* (dominância de afetos e representações concatenados): a sessão tem como característica essencial a de suscitar a escuta do analista como efeito do desejo do paciente de ser ouvido. O discurso se engrena a partir do que se apresenta ao seu espírito numa abertura inicial que, ao longo da sessão, vai se estender ou se restringir de acordo com os momentos de tensão ou distensão da situação transferencial. O analista está presente para o paciente, mas sua presença, motor da fala, não precisará nem ser conjurada, nem ser cativada. Para quem o analisando fala? Certamente para o analista, mas também para o Outro representado por ele, para si mesmo e, enfim, para ninguém e para nada. Ele fala para *dizer*, mas, e embora em alguns momentos fale por falar, existe uma fala fundamental que constrói uma cadeia de significados.

Notação: caso 3

AND procurou análise dizendo-se há muitos anos "destroçada por dentro" e "sem esperança de uma solução". Frisou bastante essa última frase com lágrimas e clara expressão facial de dor. Anos antes fora encaminhada a um psiquiatra que a diagnosticou como portadora de transtorno bipolar e a medicou com antidepressivos, ansiolíticos e estabilizadores de humor. Todavia, AND diz que continuou se sentindo infeliz, com perda de memória por causa da medicação, intoxicada, levando uma vida que não sentia vontade de viver. Estava anestesiada para a vida. Não podendo sofrer sua dor, também não podia sofrer prazer.

Suas relações pessoais e amorosas ocupavam longamente as sessões e foram descritas como um contínuo desapontamento que trazia falta de esperança no futuro. Contudo, no desenrolar da análise, sentindo-se escutada, questionou seu papel submisso em relação às pessoas, sua necessidade irrefreável de agradar e se sacrificar pelos outros, em detrimento muitas vezes de sua saúde pessoal. Penso que essa reversão de perspectiva se iniciou quando ela comentou que não tinha mais esperança, pois nem Deus a escutava e, eu ponderei: "Claro que não, pois a esperança é um sentimento que Deus, caso exista, não possui". Eu pensava estar interpretando a restrição produzida por sua onipotência para lidar com o desamparo, e o efeito foi surpreendente.

Suas queixas em relação ao marido – que dizia ser frio e insensível – aumentaram e, com isso, uma personalidade irascível veio à tona com intensos conflitos em sua área íntima. AND passou a tomar iniciativas que desagradavam a família, afinal, perdiam as vantagens que auferiam de sua generosidade e gentileza. A família passou a fazer pressão sobre a análise dizendo que ela piorava cada vez mais.

No entanto, o que eu observava era um aumento de sua sensibilidade e a retomada de muitos projetos que tinha abandonado ao longo da vida.

Num determinado momento em que o marido a ameaçava de separação por suas posições independentes, decidiu retomar projetos de uma casa de campo abandonada por muitos anos e se sentiu como num recomeço de vida: "me senti de novo como uma criança", e citando o poeta Donne disse: "Grávida novamente de dois velhos gêmeos, Esperança e Medo".[8] Expressiva combinação se tomarmos a

8 "*Pregnant again with tw'old twins Hope and feare*" (To Mr. T.W.).

ideia da pré-concepção se realizando em uma nova concepção com desdobramentos da liberdade de escolha acompanhada de incerteza.

O marido tentou obliterar o projeto atribuindo à sua atitude o rótulo de "doença", e induziu a família a ficar contra ela, o que resultou num aumento do conflito e da irascibilidade. Foi nesse ponto que veio à tona uma vivência de abuso sexual infantil que ocultara durante anos. Essa vivência apareceu sugerida em sonhos que se seguiram às situações de crises nas quais a queixa principal de AND era não ter sido escutada. Além disso, seu discurso era tomado como mentiroso e produto de uma imaginação perversa. Foi assim que vivenciou as denúncias que fez à sua mãe de estar sendo abusada por um primo mais velho. Um sentimento de culpa dominou sua vida mental e um sentido de sacrifício para expiar essa culpa passou a controlar sua vida. É como se oferecesse a si própria como "bode expiatório" dos males de sua família.

AND é portadora do que Meltzer (1997) diferencia como *segredo do isolamento*: algo que a pessoa deseja revelar, mas não encontra para quem fazê-lo. Quando isso ocorre, é bem-vinda tal possibilidade, ao contrário do *segredo do conluio*, que expressa aspectos perversos da personalidade.

Notação: caso 4

A paciente TR parece ter me trazido o rio Estige com a história de sua tese de doutorado que não conseguia completar. "Estava no Inferno", dizendo-se profundamente deprimida e em oposição a todas suas colegas. Acusada de plágio, arrogância e inveja por sua orientadora, tinha crises de irascibilidade com as colegas, chegando a agressões físicas. Ameaçada de expulsão e exílio, procurou análise, mas dizendo-se descrente do processo. Eu comentei: "Ora, o que a análise tem a ver com crença? Tem tudo a ver com quem não crê nela!". A intervenção provocou uma perplexidade e uma contida irritação, mas acho que isso a fez continuar vindo às sessões.

Nas sessões iniciais, tipicamente parasitárias, parafraseava constantemente Sartre dizendo: o Inferno são os outros... E se explicava dizendo que apenas buscava uma valorização do conhecimento que adquirira após anos e anos de empenho árduo numa determinada especialidade. O não reconhecimento era o que causava o atraso da tese. E havia pouca margem para que eu, como analista, pudesse falar sobre qualquer coisa. Essa era a tese que ela defendia na análise.

Assinalei-lhe que não poderíamos perder de vista que poderia existir alguma origem mais complexa e antiga para o seu Inferno: o lugar onde existe o fim da intimidade. Na realidade, eu arrisquei dizer que ela sempre foi assim, e sua história permitia que fosse confrontada com o fato que, desde pequena, sentira ira pela atitude arrogante de seu pai, um intelectual de renome. Sua escolha profissional passou a ser a tentativa de um triunfo moral sobre a atitude do pai. Mas esse triunfo apenas reproduzia a figura paterna, pois seus conhecimentos eram impostos aos demais como uma forma de exercício da arrogância.

Como Aquiles, TR tinha seu calcanhar; não se tratava apenas de estar limitada a lidar com seu desamparo recorrendo à onipotência, mas, também da solução inadequada desenhada pelo funcionamento de uma expressiva personagem da tragédia edípica: Antígona.

Quando TR se sentia desamparada e humilhada, a personalidade irascível emergia com todas as características descritas por Bion como *personalidade psicótica*.

TR trouxe um sonho: estava assistindo uma peça de teatro em que o próprio autor estava presente na plateia apontando para uma estatueta de Eros e Psique (tenho essa estatueta em meu consultório). Ela associa que o autor, Beckett, foi secretário de James Joyce, quando então se sentia inibido para escrever. Também assinala que, no sonho, Beckett estava apontando para onde Joyce aponta no final de Ulisses: o mito de Eros e Psique por meio dos personagens Stephen-Bloom e Molly.

Há um sentido de atualidade da análise no sonho em que ambos os personagens dentro de TR trabalham em conjunto na análise para vencer uma inibição causada por um objeto edípico específico. Todavia, existe também uma cesura entre dois estados mentais, entre dois autores e personagens criativos. E nessa cesura, o que nos cabe visualizar é a continuidade entre os personagens, o mito pessoal entre eles e entre nós, analista e analisando, transitando como no rio Estige. Uma forma de se falar sobre o que acontece na sessão de análise e todas as expectativas que para ela se dirigem.

TR, assim como os demais pacientes irascíveis mencionados, muitas vezes culpam cegamente a crise das suas relações amorosas por seus problemas na vida e, numa espécie de defesa intelectual, culpam também a "pós-modernidade" que as obriga a posições difíceis de escolha. Em termos kantianos, a intuição cega e o conceito vazio não se juntam. Ou em termos de Bion, a pré-concepção não encontra a realização adequada. Ou Eros não encontra Psique.

Eros, divindade cruel e cujas flechas não respeitam nem sua mãe e nem o próprio Zeus, apaixonou-se por uma mortal, Psique. Eros é o elemento inato da pré-concepção; Psique, o elemento variável com a experiência. No processo de realização, apaixonam-se de forma realista, o amor é mútuo e compreendido, nenhum dos amantes é objeto de contemplação platônica e terminam por se casar; surgem as concepções que guardam o valor de pré-concepção e, assim, o processo de pensar não cessa nunca. O conto de Apuleio anuncia uma visão do amor (vínculo L) que destina a mudar.

Molly, a personagem de Joyce diz:

> *flor da montanha que coloquei no cabelo como faziam as moças andaluzas colorem meus beijos sob a parede*

> *mourisca e permito que seus olhos me fitem e falem da minha flor da montanha e posso envolvê-lo em meus braços sim para que possa sentir meus seios e meu perfume e possa seu coração bater acelerado e eu digo sim, quero sim. . . (James, 2022)*

A torrente de palavras na sessão é um grande sim à vida, um sim indiferente do bem e do mal, um sim que pode ser egoísta, prudente, ávido, generoso, opulento, cósmico, e também cruel. Um sim de aceitação que pode ser também de recusa ao confundir em seu monótono fluir: o passado, o presente, o futuro. É nesse ponto que podemos nos voltar para a complexidade do Édipo com a grande questão: o que fomos, o que somos e o que seremos?

Nesse momento assustador, Psique e Eros arrastam a queda sem fim da transformação em O: uma queda do sujeito em si mesmo.

Notação: caso 5

O que me surpreendeu em GM foi a aparente clarividência do seu discurso quando me diz que jamais teria procurado a análise se não fosse o auge da crise emocional com sua segunda esposa. Estavam à beira de uma separação e ele recebeu um ultimato para se tratar.

Viúvo na meia-idade quando atingira o auge de sua vida profissional, conta que passara por um período de "viúvo alegre", negando o luto, saindo com mulheres bem mais jovens. Ele me fala de forma desdenhosa ao me explicar: todas atraídas pelo charme intelectual e pelo poder econômico. Quando indaguei qual era a certeza que tinha desse fato, ficou irritado e me respondeu secamente: "Nunca neguei isto", e se recupera da irritação dizendo sorridente, "mas alguma coisa não está dando certo com minha segunda esposa e odeio estar gostando tanto dessa mulher e sentindo tanta falta dela".

Ele me faz notar que não tem nenhuma sintomatologia clássica de neuroses, tema que alega conhecer bem, pois já leu muito sobre psiquiatria e psicanálise. E "brinca" comigo dizendo que já leu mais do que eu li, uma provocação que lhe é comum de fazer. Mas de algum modo se sente desorientado na vida, instável e inadaptado. Uma ligeira tonalidade depressiva aparece no discurso, mas quando aponto essa característica reage com a intelectualidade: "minha depressão, ainda que aparente, é apenas uma homologia com a desestruturação da política e da sociedade. Não tenho nenhum drama agudo, nenhuma paixão intensa, nenhuma motivação maior. Já fiz tudo que tinha que fazer na vida", e me recita Macbeth:

> *A vida nada mais é que uma sombra que caminha; um miserável ator que se exibe e se agita até sua hora em cena. E depois não é mais ouvido. É um conto contado por um idiota, cheio de som e fúria, sem significado algum. (Shakespeare, 1963)*

O sedutor encadeamento das metáforas expressa a ruptura traduzida de uma vida de glórias – mas isso não suprime a continuidade com outros momentos que não são de glórias. Essa continuidade entre estados mentais existe porque o referente é sempre o mesmo, uma invariante é perceptível: a vida. Uma contradição se revela: uma parte desmente a outra parte que aponta para a vida que continua. Uma ruptura nova se estabelece e isso é incessante, trazendo a depressão.

A ruptura é cesura, ou uma passagem a outro nível. As metáforas são possibilidades exteriores de um objeto com suas imagens, e permitem comparações. Essa exterioridade só vai fazer sentido psicanalítico se mostrada na textura da metáfora: para que haja sombra, é preciso luz; para que haja ator, é preciso teatro; para que haja teatro, é preciso o espectador; para que alguém seja considerado um idiota, é preciso arrogância do acusador; para que haja som, é preciso silêncio; para que haja análise, é preciso analista e analisando. Enfim, os elementos precisam se complementar, se casar, e isso não ocorre sem que se possa encarar o tipo de anulação que tenta se impor nas relações por meio de *transformações em alucinose*. A configuração edípica se tornou parasitária. Vivenciando sua segunda mulher como uma Antígona, que iria enterrá-lo e ficar com sua fortuna e nome ilustre, GM reage sem pensar, tentando diminuir o amor que recebe, humilhando a esposa, sendo cruel em todas as formas sutis.

9. Um inevitável choque entre linguagens: cartesianismo *versus* complexidade ou linguagem de substituição *versus* linguagem de alcance psicanalítico

Cogito ergo sum. Penso, logo existo. A proposição feita por René Descartes é uma das mais conhecidas da filosofia. Ela sumariza a discussão do filósofo sobre nossa própria existência como sendo a única coisa sobre a qual nunca podemos estar enganados. Ora, se nunca podemos estar enganados, fica explícito que existe uma única *certeza absoluta*: a certeza da existência.

A afirmativa cartesiana vai na contramão das ideias de Bion sobre sistemas abertos não lineares, não determinísticos, que são regidos pelo *princípio da incerteza*. Ou seja, Bion se chocou de frente com o cartesianismo ao desenvolver sua teoria do pensar (1962a).

Antes de prosseguir, e caso alguém me pergunte se o *princípio da incerteza* é uma certeza absoluta, esclareço que *princípios* sempre estão abertos a criação de novos princípios. Eles aguardam o futuro para aperfeiçoá-los e criar outros mais detalhados. Então, ainda que soe redundante, o *princípio da incerteza* é uma incerteza militante.

Em seu trabalho *Meditações sobre a primeira filosofia* (1641), Descartes indaga que qualquer outra proposição – mesmo as que têm base matemática – pode, uma vez pensada, tornar-se um *demônio poderoso* que interfere com a mente, enganando-a e levando-a ao equívoco.

Por exemplo, cada vez que penso sobre a soma 2 + 3, esse demônio interfere para me fazer acreditar que o total da soma é 5, quando, na verdade, pode ser alguma coisa a mais. Na realidade, eu posso estar sendo constantemente enganado por esse demônio sobre talvez tudo que penso saber. Talvez a lembrança de que fui ao shopping na semana passada está baseada na *memória* que pode ter sido inteiramente fabricada pelo demônio. Posso não ter ido, gostaria de ter ido e inventei uma memória.

Apesar de muito louvável sua assertiva científica sobre as certezas, quase que formulando um pensamento complexo, aqui começa o equívoco de Descartes: em aritmética, 2 + 3 = 5 é *correto*, e correção não é a mesma coisa que *certeza*. A soma simbolicamente pode representar outras coisas, por exemplo, um grupo familiar composto de 5 membros, mas está em aberto até que agregue mais pessoas. Então, a quantia 5 é, antes do mais, uma probabilidade entre outras. E nenhuma delas é necessariamente um engano, desde que seja excluída a certeza. A certeza transforma em ponto final o que deveria ser parte de um pensamento investigativo. Nega, com isso, a existência do tempo, aproximando-se facilmente do *pensamento psicótico*, que observamos camuflado em todo fundamentalismo, seja ele religioso, artístico ou científico.

Descartes parecia ignorar que o demônio estava rindo dele e dizendo que "esse pobre mortal pensa que o demônio é conduzido pela lógica".

Podemos indagar se, por trás dos questionamentos que Bion fez ao cartesianismo, estaria a influência de David Hume, que dizia ser o homem um *animal irracional*, e também a parte racional, o conhecimento humano, incluindo o prático, é totalmente irracional.

De acordo com Descartes, existe algo distinto sobre a proposição "Eu existo". Isto é, eu não posso ser ou estar sendo enganado a menos que *eu exista* para ser enganado por alguma coisa. E para tal, preciso pensar nessa coisa.

De qualquer forma, tenho que existir para ser enganado até mesmo com a proposição "Eu existo". Cabe duas assertivas: para ser enganado por essa proposição, é necessário que *eu exista* para que possa ser enganado, e que somente na condição de que *eu não exista* para que a proposição *eu existo* seja enganosa.

A discussão de Descartes mostra que é impossível estar enganado pela proposição *eu existo*. Portanto, para todos os seres pensantes, "*eu existo*" é uma proposição que deve ser verdade. Por isso: *Eu penso, logo existo*.

Com esse argumento, Descartes acreditava ter encontrado uma proposição que pode ser conhecida sem nenhuma assunção prévia ou conhecimento, e que, portanto, pode ser usada como uma fundação inabalável para novas proposições sobre o mundo e para o conhecimento humano em geral.

Entretanto, ao tentar derivar tudo do seu *Cogito*, Descartes falha quanto à verdade, pois, ao fazer isso, remete a uma explicação última da existência, além do que, obviamente, suas assertivas ao "demônio" indicam o pensamento religioso que, no fundo, fala de Deus e seu oposto, o demônio. Em suma, podemos duvidar de tudo, menos da existência.

Bion apontou com sutil ironia que Descartes esqueceu de duvidar da dúvida. Essa ironia deriva da percepção de que o filósofo, para manter seu projeto funcionando, precisava que sua proposição fosse a única coisa certa no mundo. Todavia, como qualquer proposição, precisa ser questionada. Caso contrário, vira um dogma.

O projeto de Descartes era expurgar todas as certezas de nossas mentes, exceto da *certeza absoluta*. Uma hierarquia de crenças provém diretamente desse tipo de posicionamento, e podemos aproveitar isso para entender as linhas da lógica e das afirmações implícitas em nossas crenças, portanto, como elas vão apenas informando para remover o processo decisório que permitiria liberdade para não se envolver numa política de religiosidade injusta, preconceituosa e paranoica.

A inversão do *Cogito* que Bion faz é da ordem da *complexidade* no pensamento. Em vez de "penso, logo existo", Bion diz algo como: existo, portanto, tenho pensamentos para os quais sou forçado a pensar, a desenvolver um aparelho para pensar pensamentos, mas necessariamente não tenho certeza de sucesso na empreitada. Além disso, a frustração da ação inerente ao pensar, dependendo de seu grau de intolerância, me leva a atacar minha existência para não ter pensamentos, e muito menos ter que pensá-los.

O projeto de Descartes está baseado em seu *desejo não revelado* (mas indiretamente revelado ao falar de demônio enganador) de provar a existência de Deus, enquanto na *Teoria do pensar* de Bion, é nítido que o Deus está morto, ou seja, não existe mais nenhuma certeza. Pensar é lidar com incertezas, ou pensar é estar sem essa garantia de que existe uma certeza nos protegendo lá no final.

Para pensar, não basta desejar querer. É preciso aprender a pensar. E só se aprende a pensar estando aberto para esperar o inesperado. Nesse processo, a paciência é quase tudo, ou melhor, é essencial não ter pressa de chegar a uma conclusão e obter uma informação ou compreensão.

Vamos tentar expandir um pouco mais essas questões, aproveitando toda essa recente discussão que surgiu com o *projeto cartesiano* revivido em um livro escrito por uma microbióloga e um jornalista, marido e mulher, que se juntam para produzir holofote sobre eles. O jornalista, notório conhecedor da mídia sedenta em manipular a mente das pessoas, em vez de informar, colabora com um discurso racionalista, positivista e pseudocrítico.

No entanto, o problema certamente pode também ocorrer com cientistas desde que a ciência se tornou mais efetiva e conhecida como atividade que se pretende racional. Atualmente, estamos enfrentando o problema trazido pela *inteligência artificial*, assim vejamos, como exemplo, o que dois cientistas dessa área fizeram com suas prospecções sobre o futuro da IA.

Tippler e Barrow, dois físicos, levantaram a hipótese de a inteligência artificial chegar a um *ponto ômega*, ou seja, incluir todo o conhecimento do universo num gigantesco dispositivo de processamento de informações, um hipermegacomputador. Entretanto, se o universo em expansão couber num computador, acabaria sendo um *sistema fechado*, e não poderia se expandir nem involuir. Sendo assim, entraria em colapso em direção a uma *singularidade final*, ou *ponto ômega*. O que foi planejado como evolução chega a um ponto de extinção. Talvez nada mais banal do que a constatação da própria vida mortal transformada em uma teoria científica e vendida como novidade.

Note-se também que a preocupação seria a de construir algo que fosse Bom, um super conhecimento, mas o Bom não é necessariamente sinônimo de *verdadeiro*. Muitas vezes, o belo pode ser sinônimo de verdadeiro, mas não o Bom ou o Bem, que são conceitos morais constantemente manipulados pelos políticos e religiosos. Estamos cansados de exemplos e mais exemplos de indivíduos que pensam que sabem o que é o Bem para todos.

O compromisso com uma moral específica, tantas vezes de autoria de um grupo reduzido, uma elite que se pretende melhor do que os demais, e não com a verdade, acaba por criar vários problemas ao invés de resolvê-los. Não é muito diferente do funcionamento psicótico. E não é raro encontramos nessas elites indivíduos muito psicóticos, enlouquecidos pelo seu narcisismo.

Ao ser indagado sobre a incoerência de suas proposições – uma característica que com frequência conduz a parte *psicótica* –, Tippler incorreu na invenção de um *paradoxo*. Ele afirmou que o *ponto ômega* criou o universo, mesmo que o ponto ômega ainda não tenha sido criado. Trata-se de um tipo de linguagem da *alucinose*, que não transmite o essencial, e dá margem a voltas e mais voltas sem nada dizer. O que interessa a ele é provar que está certo ou sua *superioridade intelectual*.

Ele disse: "nós vemos o universo como algo que vai do passado para o futuro. Mas esse é o nosso ponto de vista. Não há motivo para que o universo veja as coisas dessa maneira". Ora, pode passar despercebido aos incautos, mas é fato óbvio que Tippler acha que o universo é uma pessoa. Ele não usava uma *metáfora*, pois isso faria de sua colocação apenas uma *narrativa*, portanto, *não* confiável. Certamente que o universo não tem um pensamento próprio que se possa comparar ao de um ser humano. Certamente, o universo não tem pensamento algum, nem mesmo uma *lógica* que permita entender seu funcionamento, ou algo como uma razão que explique sua existência. Existe um mistério muito profundo no universo. Fica assim óbvio que Tippler estava colocando alguém agindo por trás dos fatos desconhecidos, como costuma ser a dedução de um bebê muito pequeno em relação ao ambiente em que vive. Tudo que acontece tem alguém por trás, o que foi também a dedução dos povos primitivos e das civilizações politeístas. A monoteísta colocou apenas uma entidade por trás de tudo.

Quando perguntado quem era o ser por trás do *ponto ômega*, Tippler revelou o que no fundo conduzia seu pensamento, o lado religioso monoteísta: recorreu à Bíblia, no ponto em que Moisés, ao subir o monte Sinai, encontra a sarça ardente e pergunta quem ela era. A sarça responde: *eu serei o que serei*. No entender de Tippler, essa é a tradução correta do hebraico (que substitui a tradução errada, *eu sou o que sou*), e, assim, o Deus bíblico conseguiu criar o universo, entabular conversas com seus profetas, e assim por diante, embora só existisse no *futuro*. Tippler tinha uma mãe muito religiosa.

Uma lógica desse tipo pode estimular a fantasia de explicação sobre o que seria uma *memória do futuro*, e também explica por que *místicos e gênios* tanto se interessaram por essa questão de falar e ter contato com Deus, e colocaram na ideia de Deus a resposta última. Eles estavam buscando uma verdade que não fosse adotiva. A verdade biológica, a verdade última.

São João da Cruz, por exemplo, em seu livro *Ascenção ao Monte Carmel*, fala das três noites escuras da alma. A primeira seria a privação sensorial; a segunda, a privação dos significados conhecidos; mas, a terceira, seria a privação de conhecer a revelação do mistério de Deus, ou seja, que não nos é dada a ventura de ter revelado nessa vida. Ou seja, existe uma outra vida no futuro na qual ocorrerá a revelação, mas... isso foi a "solução" para a falta de explicação.

Vejam a questão: Deus vai existir no futuro, mas está conversando com alguém no passado, como se estivesse fora de qualquer tempo. Deus, agindo como uma pessoa, diz que ainda não é. Está ausente de todos os acontecimentos. Não faz absolutamente nada.

Em vez de indicar o problema da inacessibilidade ao *ponto ômega*, ou aceitar que não é atingível, pois não existe um Bem supremo, e, sobretudo, por ser inexistente, criou e não evitou todo *sofrimento* e todos os horrores de nosso mundo, Tippler preferiu distorcer a ciência em seu próprio benefício narcísico com base em sua passividade perante paradoxos que lhe pareciam insolúveis. Usou a ciência popularesca, tão atraente aos indivíduos religiosos, políticos religiosos que fingem que não são (mas usam sua ideologia de forma *fanática*) e religiosos políticos. A ciência popularesca tem sempre uma espécie de *glamour* para os consumidores.

O fato é que a maioria dessas ideologias políticas e religiosas radicais, que não permitem composição, ou melhor, que não aceitam o pensar como sendo o ato mental de compor oposições, são autoritárias, perseguem pessoas e somente conseguem causar sofrimento ao ser humano. E aos que acham que não causa sofrimento é porque neles já se produziu uma imbecilidade assassina da ética típica dos mais religiosos.

Graças à evidente complexidade da ciência, não existem limites para o conhecimento humano. Os cientistas não inventam verdades, eles a *descobrem*. As verdades genuínas emanam uma beleza, uma qualidade evidente por si mesma, que lhes dá o poder da revelação.

A partir desse ponto, sugiro que possamos avaliar como essas mesmas questões podem fazer parte da psicanálise. Uma razão para tal avaliação decorre da recente e midiática provocação de uma microbiologista e seu marido contra a psicanálise, colocando-a junto com campos que nada têm a ver com a psicanálise, como é o caso da acupuntura e da astrologia. Eu diria que essa falta de discriminação, as falsas equivalências e a generalização cega são produtos do *pensamento psicótico*. Mas deixemos um pouco de lado essa alternativa de observação e recorramos à História da Psicanálise.

Desde o seu início, a psicanálise se deparou com a *resistência feroz* de diversos setores, como a medicina, a filosofia, a ciência em geral, a religião e a política. O mundo era (ou ainda é) dominado por positivistas, que ficavam muito irritados – e ainda ficam – com todos os problemas que apresentam o que eles chamam de caráter "pré-científico". Nesse quesito, incluía-se o inconsciente e suas manifestações estudadas por Freud.

Pouco tempo depois de sua criação, a resistência dos próprios analistas se demonstrou igualmente feroz e, em certo sentido, por conta do conhecimento do que é a psicanálise, podemos avaliá-la como maior que a desses setores. As consequências no movimento psicanalítico apareceram em cisões e subdivisões, escolas de psicanálise, seguidores fiéis dessa ou daquela tendência, com acusações mútuas de que o outro não praticava psicanálise. Era uma outra versão do positivismo, as transformações mostraram destruições de formas em alta escala, sugerindo a presença intensa das *transformações em alucinose* (Bion, 1965).

Mas do que se tratava essa resistência? E do que se trata hoje? Como diferenciar resistência com o sentido de oposição cultural por ignorância, fariasianismo,[1] do sentido de resistência psíquica por medo do desconhecido?

1 O termo vem de fariseu, é a atitude do fariseu, aquele que rejeita as ideias novas simplesmente porque são novas.

Antes de prosseguir, acho importante assinalar a relevância óbvia e muito conhecida do tema para o trabalho do dia a dia do psicanalista, pois o trabalho na *transferência* nada mais é do que outra forma de falar sobre a questão da *resistência*. São faces da mesma moeda de troca.

O conceito de resistência sofreu uma modificação importante em Bion (1965) quando ele sugere pensá-la por meio da expressão "inacessibilidade a O", sendo "O" a realidade psíquica existindo como *Onthos* e *Opus*, ontologia (que requer arqueologia) e trabalho em andamento (que requer dimensão onírica e epistemologia).

O conceito de Bion (1965) circunscreve a totalidade dos fenômenos que ocorrem no campo analítico, aponta todos para o desconhecido e uma verdade inatingível, o que certamente irrita os positivistas da psicanálise que, como de costume, vão entender isso como resquício de uma metafísica pré-aristotélica. Ou seja, vão dizer que é muito misterioso ou enigmático, e que Bion é místico.

Em outras palavras, nos interessa questionar quando o analista corre o risco de ser cumplice dessa inacessibilidade a O, podendo fortalecê-la ainda mais, e como isso estará atacando os fundamentos da psicanálise. Podemos incluir esse fenômeno na questão da contratransferência, mas gostaria aqui de ampliá-la na expectativa de descrever suas interações sociais e consequências.

Se um analista faz isso, trata-se de um fato muito grave, pois rompe com o sentido fundamental de O, ou seja, com tudo aquilo que traduz as profundezas onde habita a verdade, única direção a ser tomada pela psicanálise. Em outras palavras, não há lugar para a superficialidade na psicanálise. Mas questões inconscientes podem levar a essa busca, e os meios sociais podem ajudar a reforçar a superficialidade.

Muitos acreditam ingenuamente que hoje em dia a situação é diferente. Alegam que o mundo rende homenagens a Freud, ressaltando os elogios em setores que antes lhe tinham enorme repulsa.

Certamente, na história do pensamento humano, existe um *antes* e um *depois* de Freud. Sua genialidade é reconhecida e homenageada, com exceção de países totalitários e fundamentalistas de toda ordem, onde a psicanálise continua sendo banida, como é o caso de Cuba, Nicarágua, Venezuela (os analistas foram embora), Coreia do Norte, países árabes totalitários como Arábia Saudita, Iêmen, Afeganistão, Iraque, Síria, ou segue sendo praticada precariamente, de forma insípida, regida pelo medo da clandestinidade, como é o caso do Irã e da China.

Portanto, o alvoroço laudatório em torno de Freud é também uma maneira (embora sutil) de resistir ao que ele trouxe de mais precioso, que é uma revolução no pensamento humano ao introduzir uma prática que revela as raízes inconscientes do ser humano. Desse modo, desde sua criação, a psicanálise sempre trabalha com a profundeza e o desconhecido dessas raízes, o que não pode deixar nunca de trazer a sensação de perigo e incomodar os setores que prezam pela superficialidade.

Além disso, não é difícil constatar, nos setores em que a resistência era mais profunda, como a medicina e a religião, que ela não deixou de existir, e até se tornou mais equipada, como é o caso da psiquiatria atual, fundamentalista no tocante à medicação excessiva, abusivamente diagnóstica e pregando terapias que nada mais são do que um culto a si mesmo (na expressão de Roudinesco). Como exemplo mais gritante, incluo aqui a chamada terapia cognitivo-comportamental: uma fraude absurda, uma espécie de produto espúrio do fundamentalismo psiquiátrico.

Em outros setores, a ferocidade da resistência aparece camuflada, como ocorre nas instituições acadêmicas que, a pretexto de estudar a psicanálise, tentam a todo custo domesticar a revolução freudiana por meio de discursos intelectuais das mais diversas naturezas, destacando-se discursos antropológicos, sociológicos, filosóficos e, volta e meia, os discursos políticos travestidos desses discursos intelectuais.

Não é preciso ir muito longe para constatar que as transformações em alucinose os levam às premissas falsas, criando discursos equivocados que se valem de argumentos superficiais que dizem respeito a problemas culturais, de administração da saúde pública ou de sociologia e antropologia cultural, ou de discursos de preferências políticas. Em resumo, livram-se da revolução freudiana enquanto fazem de conta estar militando por ela. Enfim, mentem sem parar.

Ser psicanalista é uma escolha muito difícil. Como disse Bion, existem muitas pessoas que vão à guerra, mas não conseguem fazer análise. Ser psicanalista exige uma renúncia ao pensar lugar-comum, ao pensar cultural da moda, à mediocridade em voga. Também implica uma renúncia de fazer de suas instituições uma instituição comum, banal, traiçoeira, politiqueira. Implica reconhecer que o psicanalista precisa aceitar que, no fundo, tratam-se de questões edípicas a serem desvendadas e interpretadas. O analista não tem partido político quando é psicanalista, sua instituição não pode ser uma extensão de políticas partidárias. O psicanalista é quem segue a ciência da observação dos relacionamentos humanos pela ótica do inconsciente. É uma ciência inédita na história da humanidade. Tem um legado gigantesco.

Se pegarmos as causas das rupturas institucionais ocorridas em vários lugares do mundo, elas sempre se encontram vinculadas a uma divergência na formação dos analistas. O que de imediato envolve as análises que fizeram e os aspectos que não foram trabalhados. Eu conheço muitos que se intitulam psicanalistas e que, na verdade, nunca se analisaram. Muitos que escrevem livros de psicanálise são tidos como sumidades, mas nunca se analisaram de verdade, são retóricos da mentira.

O que estaria falhando nessas análises, ou o que está faltando ser analisado? Estas podem ser perguntas muito simples diante da complexidade da questão.

Posso começar destacando, como fez Bion, a existência de duas versões para a situação edípica, uma versão alfa e uma versão beta. O que vai decidir por uma ou por outra é a extensão da falha do instrumento que permite contato e observação da realidade psíquica, a reverie/função alfa. Dessa função depende a capacidade de ser analista, a função psicanalítica da personalidade.

Essa função promove a dimensão poiética do ser e leva ao uso da linguagem de alcance psicanalítico, a linguagem que tem uma matriz amorosa pela verdade. Essa seria versão alfa do mito edípico.

Por outro lado, a falha da função leva à dimensão da arrogância, do ódio e da mentira, e assim configura a versão beta. Esta última se exterioriza carregando os elementos da parte psicótica da personalidade que podemos sintetizar com a expressão soberania da crueldade (Derrida).

Talvez seja necessário investigar mais profundamente essa dimensão nas análises, pois parece que ela é responsável pelas falhas dos analistas, ou pelos resultados não muito frutíferos de muitas análises. Não é muito difícil perceber que estamos falando daquele aspecto do inconsciente que vai constituir a *pulsão de morte*. As relações parasitárias, nas quais a pulsão de morte se exterioriza como inveja associada a voracidade e ambição, ainda têm muito a ser estudadas. Por exemplo, políticas parasitárias (corrupção e desonestidade intelectual) parecem muito mais fáceis de serem implementadas do que políticas *comensais*. Por que o parasitismo atrai tanto?

Sabemos que a soberania da crueldade atua esvaziando o ser e, portanto, cria espaços vazios para serem preenchidos com falsas premissas, hipocrisias e mentiras. Quando isso ocorre, em vez de seres humanos melhores, temos seres humanos piores e mais propensos a se aliar aos equívocos que criam mitos de identidades boas e más, ou seja, criam a soberania do simplismo político que gera as atitudes mais cruéis e traiçoeiras da cultura humana.

Ser ou não ser, eis a questão. Ser verdadeiro em vários graus ou ser hipócrita e mentiroso em vários graus são as opções de um espectro complexo. Talvez seja essa possibilidade tão frequente de existir uma força desumanizante (ou de existir uma soberana força cruel) que tenha levado Freud a formular a frase: "Não se pode resistir à impressão de que os homens geralmente se equivocam em suas avaliações". A frase, que ilustra tão bem a história do movimento psicanalítico, penso que também se refere às muitas dificuldades do cotidiano da psicanálise, senão de todas elas. Afinal, trabalhamos sempre e de algum modo com os equívocos.

Se os homens submetidos internamente à soberania da crueldade se equivocam em suas avaliações, não há nenhuma razão para que a psicanálise escape dessa suspeita generalizada (ou, se não a psicanálise, pelo menos o discurso do psicanalista). Talvez tenha sido isso que Freud queria dizer quando, ao ser acolhido efusivamente nos Estados Unidos, em 1910, pronunciou a conhecida frase: "Não sabem que lhes trago a peste".

Penso que é preciso assinalar que a frase traduz algo muito próprio da atitude psicanalítica: o suspeitar dos pensamentos mais honestos e mais evidentes. Pois, fundada na hipótese de um rompimento do homem consigo mesmo, ou melhor, do homem rompido com a verdade, a psicanálise se fundamenta no princípio ético-estético da *incerteza*, o que a torna alvo dessa mesma suspeita.

Entendo que a arte do psicanalista depende da incansável posição em levantar suspeitas sobre o conteúdo manifesto das palavras. Se existe descanso, ele ocorre só por um instante, naquele breve momento após fazer todas as perguntas necessárias para tentar esclarecer a direção que tomamos ou que toma o ser.

Após o breve descanso, voltamos às mesmas perguntas, e com isso mantemos a revolução freudiana, ou seja, mantemos acesa a crise inevitável para enfrentar uma simetria para a qual ainda estamos longe de ter o arsenal necessário para lidar, a saber, a *onipotência/desamparo* que sempre quer nos sufocar.

A peste que Freud menciona está no mito de Édipo, e se chama Esfinge. Se Freud traz a Esfinge para o mundo moderno, isso poderia significar que não devemos nos deixar sufocar pela incerteza, ou pela falta de uma resposta correta, e com isso observar que as respostas equivocadas são as que mais ocorrem. O maior dos sufocamentos, que leva à morte da psicanálise, é a onipotência em julgar que sabemos.

São questões, mais uma vez, que implicam pensar sobre o que é, ou o que quer ser, hoje, a psicanálise, e consequentemente, o que vem a ser a humanidade do psicanalista, e, mais ainda, o direito do ser humano a uma psicanálise correta. Não podemos responder a isso, certamente, mas podemos reintroduzir sempre a crise que nos faz pensar no vigor do inconsciente como aquilo que não tem cor, raça, religião ou partido político.

Em outras palavras, a revolução psicanalítica coloca a si mesma em crise. É no seu poder de colocar em crise que a psicanálise está ameaçada, tanto em si própria, como para os pacientes. Portanto, a crise da psicanálise é crítica por ser clínica. Em crise, a psicanálise nos fala de um outro Freud, um Freud desconhecido. Esse é tudo que nos interessa procurar saber. Quem é Freud? Quem somos nós? De onde viemos? Para onde vamos?

No Freud desconhecido, enxergamos a clínica da onipotência/desamparo, uma simetria vigorosa. Tal simetria está implícita na dificuldade em tolerar a inconciliável diferença entre a realidade e o imaginário.

Essa diferença é a coisa-em-si. Para evitá-la, busca-se eliminá-la com os discursos da onipotência e, assim, resolver o desamparo. Na crise da psicanálise, está em jogo a clínica de uma onipotência de uma desamparada consciência do inconsciente.

Tal simetria onipotência/desamparo é que faz a psicanálise não empreender e, portanto, não conseguir penetrar e colaborar para mudar axiomas da ética, do jurídico e da política, notadamente nos lugares onde habitam os fantasmas teológicos da soberania da crueldade e onde se produzem os mais traumáticos acontecimentos geopolíticos.

Os acontecimentos são traumáticos porque a soberana força da crueldade surge de forma avassaladora e confusa, criando um viveiro de obscurantismos estampados na atitude de políticos e sua associação com juristas e teólogos de doutrinas religiosas disfarçadas de ideologias. Essa crueldade, tão bem disfarçada pelas ideologias, precisa ser denunciada, para que sua força destrutiva seja estancada em algum ponto.

O psicanalista contemporâneo precisa se equiparar, e equiparar seu trabalho, ao Satã de *Paraíso perdido*, descrito por John Milton. Satã lutava para afirmar sua individualidade desafiando a perfeição de Deus. Da mesma forma, o psicanalista moderno deve travar uma luta edípica para se definir em relação a seus antecessores muito poderosos. Em última análise, essa tentativa é muito difícil, porque nenhum psicanalista pode ter a esperança de se aproximar da perfeição de seus antepassados, quanto mais de superá-los. Isso faz do psicanalista moderno uma figura trágica.

O psicanalista moderno tem uma tarefa mais pesada do que seus antecessores. As formações levam ao contato com teorias que não são apenas belas, são também verdadeiras, empiricamente verdadeiras, como nenhuma obra de arte consegue ser.

O legado psicanalítico tornou-se demasiado rico para indicar que algo mais é necessário. As formações podem estar de algum modo dizendo isso. Todavia, quem garante que os antecessores eram perfeitos?

Nesse ponto, fiz uma pausa na minha escrita. O que mais teria para dizer? Então me veio à mente uma melodia que, a princípio, não consegui me lembrar o nome nem o compositor, mas fui procurar e logo consegui achar a música. O título é *This is what you came for*, de Calvin Harris e cantada por Rihanna. Ela é transbordante de alegria e força vital; a confiança na ordem da música dissipa a covardia e o cansaço. Quando pude escutar no meu Iphone, fortaleceu-se minha convicção de que a música, sendo um movimento cheio de cesuras ocultas, ou pausas, traduz a escala temporal humana, ou seja, a vida. E dela fazem parte a psicanálise, a ciência, a música, o movimento, a poesia, e penso que podem prosseguir para sempre, ainda que nós mesmos não sejamos mais do que visitantes transitórios, ou meros espectadores e atores do grande drama da vida.

Pude então pular para um poema bem singelo e sublime escrito pelo acadêmico Antônio Cícero de Correa Lima.

Só o desejo não passa
E só deseja o que passa
E passo meu tempo inteiro
Enfrentando um só problema:
Ao menos no meu poema
Agarrar o passageiro
(Antonio Cícero, *Desejo*)

10. A complexidade e a clínica psicanalítica[1]

O objetivo deste capítulo é investigar, e ao mesmo tempo estimular, um diálogo sobre as relações entre a *teoria da complexidade* e a *clínica psicanalítica.*

Para quem não está habituado com a teoria da complexidade, penso que, antes de prosseguir, seria interessante dirigir-lhes rápidas palavras sobre o tema. Espero poder agregar mais ideias durante a minha exposição.

A ideia de *complexidade* sempre esteve presente no vocabulário cotidiano denotando um objeto confuso ou algo de difícil compreensão. O *vértice científico* foi desenvolvido e expandido por muitos autores, dentre os quais destaco Edgar Morin (Morin & Moigne, 2000).

A complexidade, como método de pensamento para a observação científica, confronta o determinismo e o positivismo, pois sai do universo das relações lineares de causa e efeito para abranger interações abertas e quantidades que desafiam nossas possibilidades de cálculo, inclui incertezas, indeterminações, fenômenos aleatórios, múltiplas causas, caos e até o acaso.

1 Trabalho apresentado à Sociedade Brasileira de Psicanálise de São Paulo, 11/03/2023.

Trata-se da relação do ser humano com o desconhecido, portanto, com seus limites de conhecimento, ou do questionamento constante desses limites, e as demandas para criar ideias que os expandam.

A complexidade exige que sempre estejamos dispostos a repensar tudo que nos faz sentir com tendência às certezas. A complexidade nos torna ricos em dúvidas e pobres em crenças; ela nos faz observar com a consciência de que tudo que conseguimos são aproximações sucessivas ao objeto observado e que nunca podemos esquecer da possibilidade de estarmos errados e equivocados em nossas avaliações e observações.

A complexidade tem antecedentes na epistemologia dos conjuntos infinitos de Cantor, nas questões da *instabilidade* dos sistemas dinâmicos levantadas por Poincaré e, sobretudo, dos modelos probabilísticos e os *teoremas de indecidibilidade* de Kurt Gödell (2014; 2017).

Na ciência, temos diversos desdobramentos dessas ideias, como as teorias quânticas, a teoria dos fractais (Mandelbrot, 1975), a teoria do caos (Kellert, 1993), teoria da catástrofe (René Thom) e, finalmente, a *teoria da complexidade* de Edgar Morin (2012).[2]

A noção de sistemas abertos, transformações dinâmicas, espectro e simetria provém dos conceitos de sistemas dinâmicos, inicialmente formulados por Poincaré (Folina, 1992). Ele ficou famoso ao provar que três corpos em interação de órbita espacial (Sol, Terra e Lua) não têm solução fechada por ser um sistema dinâmico. Em termos psicanalíticos e metafóricos, os três corpos vivem uma relação edípica.

Poincaré produziu teoremas que envolveram assuntos novos, como estabilidade *versus* instabilidade, pontos estáveis e conceitos em geral sobre tipos e soluções para sistemas dinâmicos. Nesse conjunto,

2 Embora Bion nunca tenha mencionado a teoria da complexidade, e curiosamente Morin esteve na Ucla na mesma época que Bion estava em Los Angeles (mas nunca se encontraram e nunca souberam um do outro), penso que ele intuitivamente chegou a essa forma de pensar ao consultar muitas fontes em comum, por exemplo, o princípio da incerteza de Heisenberg.

podemos incluir o sistema linguístico e, na psicanálise, a teoria do pensar de Bion (1962).

Como sabemos, Bion (1962b) usou o conceito de fato selecionado de Poincaré e o introduziu de forma a fazer com que a relação descrita por Klein entre as posições passasse a ser entendida como um sistema dinâmico, com aspectos que deixaram de ser opostos para serem colocados em simetria ou em um espectro de possibilidades investigativas: EP↔D. Podemos dizer que isso abriu o modelo das duas posições para quatro posições, sendo que as que ficam nos polos do espectro são infinitas. Essas duas a mais são um mais aquém da posição esquizoparanoide e um mais além da posição depressiva.

Sistemas dinâmicos espectrais recebem esse nome porque são o resultado de mudanças por meio de um fator essencial: o tempo (Larsen-Freeman, 2007). O tempo é a questão essencial em todos os sistemas complexos e abertos, e naturalmente a de todas as transformações ou mudanças catastróficas. Na teoria do pensar, o tempo é contemplado na ideia de pré-concepção como um dos eixos da função que une com os eixos espaço e existência.

Nos sistemas dinâmicos, existem subsistemas, cada um fazendo parte de outro subsistema. Assim, quando percorremos da menor partícula molecular à imensidão do universo, existe invariância, pois todos os sistemas seguem os mesmos princípios dinâmicos de direção. Com o desenvolvimento ao longo do tempo, os subsistemas tendem a estabelecer-se em estados específicos, conhecidos por atratores estranhos (Carver, 1999).[3] Esses estados demonstram uma preferência pelo sistema, mas não são necessariamente estados completamente previsíveis. São invariantes ilusórias.

3 Na física matemática contemporânea, um atrator estranho pode ser definido como o conjunto de comportamentos característicos para o qual evoluiu um sistema dinâmico independentemente do ponto de partida.

A origem da vida na Terra foi recentemente atribuída a um desses atratores estranhos que hoje se conhece como *bóson de Higgs* (Gleiser, 2012). Ao bombardear o caldo de proteínas em estado caótico formado pela turbulência de erupções vulcânicas que ocorriam por toda parte a milhões de anos atrás, o *bóson* ofereceu uma direção espiralada para a matéria se organizar quando nela penetrava. O *bóson* estabelece uma relação continente/conteúdo. Numa fração de tempo, que dificilmente faz sentido para a experiência humana de percepção, uma sequência de incidências em espiral pode produzir uma organização, mas pode também oferecer um caminho inviável.

As proteínas formadas em estado caótico, uma vez bombardeadas por indicadores de direção, que também se denomina de atratores estranhos, criaram o DNA, e este deu origem ao processo de desenvolvimento da vida.

I

A relação entre o *pensamento complexo* e a *psicanálise* me surgiu a partir do contato com as ideias de W. R. Bion. Posso dizer que tive a percepção de que seria possível fazer essa ligação quando tentei compreender a proposta que Bion (1979) faz de substituir os dois princípios de funcionamento mental de Freud por três princípios de vida.

Para quem não se recorda, os três princípios de vida são: 1) sentimentos; 2) pensamentos antecipatórios; 3) pensamentos + sentimentos + pensamento (previsão ou prudência na ação).

Ao investigar retrospectivamente possíveis raízes dessa proposta, percorrendo passo a passo os textos de Bion, frase a frase, cada vez mais fui gradualmente me aproximando do *pensamento complexo* e fazendo com ele novas conexões e correlações. Uma das consequências foi levantar a hipótese de que, na obra de Bion, existem *alterações* nos *fundamentos de observação* que o *pensamento complexo* nos traz. Cito alguns exemplos.

Ontologia: questões trazidas pela *pré-concepção como origem da mente* (base da teoria do pensar). A hipótese geral é que o inconsciente, como um espectro infinito, vai sendo criado constantemente a partir da *pré-concepção edípica originária*. O modelo na complexidade corresponde ao de um *looping autopoiético*.

Epistemologia: o uso de sistemas abertos, espectrais, não lineares, como ocorre na noção de experiência emocional → objeto psicanalítico → campo (Grade) → Grade avançada → cesura.

Metodologia: trabalhar sem memória, sem desejo e sem necessidade de compreensão; *capacidade negativa*; *ato de fé*, linguagem de alcance psicanalítico. Busca de um limiar poiético para desenvolver a linguagem psicanalítica.

Lógica: complexidade de O, a simetria de *Onthos* inacessível que se desdobra em *Opus* infinito e eventualmente é percebido em uma tridimensionalidade: lógica das transformações; imagens em holografia; uso de princípios para evitar a saturação dos modelos e estruturas. Tudo interage com tudo.

Prática: mais além da transferência freudiana; *transformações*, cesura, *simetria* na interpretação, *linguagem de alcance psicanalítico*; um produto de intuição e imaginação, o conceito de futuro da transferência. Os três princípios de vida.

Quanto ao fundamento *prático*, gostaria de colocar resumidamente que os três princípios propõem uma técnica que podemos chamar de humanística, ao transformar as questões trazidas pelo paciente em *questões de qualidade de vida mental*. Trata-se, com isso, de colocá-las em *simetria*, abrindo um espectro para ampliar a vida do pensar a partir de um ponto de indecidibilidade, o ponto do não saber. Trata-se de relacionar elementos diversos buscando uma integração que gere um ponto comum e transitório.

Por exemplo, não falar de onipotência sem falar de desamparo, não falar de arrogância sem a ingenuidade, de anorexia sem ânsia de viver, de inveja sem gratidão, de segurança sem liberdade, de impaciência sem resignação, de fobia sem intriga, enfim, as possibilidades são infinitas.

Em outras palavras, colocar em *simetria* significa interpretar como numa questão de vida mental que está à frente. Assim, a sessão importante, de fato, como Bion chamou a atenção, é *a sessão de amanhã*, aquela que ainda não ocorreu, perante a qual todos desconhecemos seu conteúdo e para onde irá a vida mental.

Além disso, nos três princípios de vida podemos enfocar o princípio integrativo que Bion chamou de prudência na ação. O termo provém de Aristóteles, o qual dizia ser a *prudência* a mãe de todas as virtudes.

Em alguns trabalhos, procurei ampliar essa questão, desdobrando o termo no que chamei de *barreira de contato ética*. Essa barreira funciona como um "anjo da guarda" do analista, no sentido de proteger a *intuição* para que ela se mantenha dentro do campo analítico e não corra o risco de sair do campo e fazer outra coisa com a imaginação gerada.

A *intuição* do analista é disciplinada para atender a um determinado campo, ou seja, desenvolve-se para atender o sofrimento psíquico e o que acontece quando podemos transformar esse sofrimento em outras perspectivas.

O ponto de partida da barreira de contato ética é a *sinceridade*, como Freud dizia que todo valor ético e pedagógico de uma análise repousa na atitude de *sinceridade*: ser o mais sincero possível consigo mesmo.

A sinceridade se desdobra em palavras de honra, palavras de valor, de onde provêm, inclusive, os honorários do analista. As palavras de valor geram o que podemos chamar o caráter do analista, sua capacidade de conter, ou melhor *capacidade negativa*. Essa capacidade gera coragem para trabalhar com um campo muito mais difícil do que sempre se pode imaginar. Ter coragem é diferente de ser destemido. Coragem não implica deixar de ter medo, mas saber dos perigos. A principal busca da coragem analítica é a de gerar compaixão, isto é, entender sem julgar, entrar diretamente na experiência com o paciente, não usar lentes diagnósticas, julgamentos ou avaliações. Entrar da forma mais viva e real possível faz com que a compaixão gere respeito à vida que, por sua vez, gera respeito à verdade e que alimenta o ponto inicial, a sinceridade.

A barreira de contato é um argumento circular, portanto, fadado ao risco de se tornar uma falácia.

O risco é aumentado pelo fato de que o argumento é simétrico a outro argumento circular que surge da sinceridade diretamente para a confiança. Ou seja, sinceridade deveria gerar confiança que geraria mais sinceridade. O diâmetro dessa circularidade podemos chamar de intimidade psíquica. Tal circularidade é válida para qualquer relacionamento humano, e é isso que torna a psicanálise vida real. Todavia, a vida real é instável, e, portanto, essas interações são instáveis.

Um desdobramento dessa barreira descrita é admitir que tudo interage com tudo. Será uma alucinose dizer isso? Sim. Mas até agora é a melhor que existe.

II

Em uma análise, duas personalidades se encontram para conversar sobre algo que ocorre entre elas. O fato de serem personalidades se encontrando diferencia de um encontro entre pessoas. Pessoas podem se encontrar sem que suas personalidades se encontrem.

Esse algo que ocorre entre as personalidades foi chamado por Bion (1975) de "O", expressão que para muitos é considerada muito difícil e enigmática.

Todavia, se aplicarmos as ferramentas da complexidade para pensar a psicanálise, isso permite que muitos dos chamados conceitos adjetivados como "difíceis", "áridos", ou "herméticos" de Bion ficassem perfeitamente claros.

Ou seja, a minha expectativa é aplicar as ferramentas da complexidade para dialogar com a obra de Bion, não como uma obra difícil e hermética, adjetivos que escutamos com muita frequência, mas, como uma obra de pensamento complexo com aplicações clínicas constantes e em desenvolvimento. Além disso, existe o questionamento dos fundamentos da psicanálise. Vou tentar esclarecer mais adiante o sentido ético e estético dessa afirmativa.

A primeira questão que considero importante – na realidade, uma que pode ser bem ampla e polêmica – indica que falar em complexidade envolve uma possível mudança de paradigma na psicanálise.

Será verdadeiro ou possível afirmar que trabalhar com o pensamento complexo nos leva a uma prática com características distintas da psicanálise classicamente conhecida? Ou se trata apenas de uma ampliação do já conhecido?

Quando coloco a hipótese de "possível mudança de paradigma", minha intenção é deixar em aberto para os colegas e interlocutores decidirem por si mesmos sobre sua real existência. No meu entender, utilizar um pensar com princípios ético-estéticos diferentes pode ser útil no desenvolvimento da nossa intuição em outra direção, e que, por sua vez, influencia na capacidade imaginativa que vai gerar a formulação interpretativa. Não excluo com essa afirmativa a singularidade dos analistas que, trabalhando com outros referenciais, podem chegar aos mesmos resultados.

Não pretendo defender essa ideia como se fosse uma tese, mas tão somente expor meus pensamentos imperfeitos sobre essa possibilidade de mudança. Penso que ela de fato existe, mas ainda tem muito para ser desenvolvida, e foi surgindo como decorrência do uso que Bion fez, na sua construção prático-teórica dos sistemas abertos.

Tais sistemas são configurados pelo universo dos *objetos complexos*, que são objetos não lineares, não hermenêuticos, não explicativos, em oposição aos *sistemas simples*, lineares, explicativos e diagnósticos – estes últimos, mesmo que se abram para acolher elementos novos, voltam logo a se fechar.

Os sistemas abertos têm sua primeira grande expressão no trabalho em que Bion descreve um modelo espectral de *partes psicóticas e não psicóticas da personalidade* (1956). O *modelo espectral* nos traz o alerta para as limitações da capacidade de observação, pois o modelo expõe o fato de que, colocadas as partes em simetria, vamos observar apenas determinados fatos, e que são bem limitados em relação ao todo. Colocar em simetria significa estabelecer *dialógica* em vez de *dialética*. Ou seja, observar mais e mais a rede de interações que nos apresenta, onde cada coisa se reflete em outra, e se modifica no momento seguinte.

III

Vou dar um rápido exemplo de intervenção *dialógica*. Numa conversa pessoal com o Dr. Horácio Etchegoyen, na época em que Renato Trachtenberg e eu lhe solicitamos o prefácio de nosso livro *As sete invejas capitais* (Chuster & Trachtenberg, 2011), ele resumiu a influência das ideias de Bion no seu trabalho relatando uma supervisão coletiva com Bion, em que apresentou um caso. Tratava-se do sonho de um paciente que dirigia um ônibus. O paciente diz que, ao colocar o braço para fora, dando sinal de que ia virar à esquerda, o seu braço cai e ele acorda muito angustiado. Não consegue fazer associações. Fica em silêncio parecendo paralisado de terror.

A maioria dos presentes, solicitados por Bion, interpretou na linha da angústia de castração, outros tomaram a ideia do coletivo como representação de identificações edípicas que produziam dificuldades na condução do trabalho analítico. Bion escutou as interpretações e disse:

> *Não descartaria nenhuma dessas possibilidades, mas antes eu perguntaria ao paciente se ele estava sozinho no ônibus, e se ele conseguiria imaginar para onde seu braço podia estar apontando na paisagem em volta. Melhor considerar colocar para o paciente um espectro de possibilidades que gera uma penumbra de associações, e nos move para um outro patamar de observação.*

Note-se como, no sonho mencionado, Bion investiga que tipo de perda foi causada pelo que se poderia chamar de *ataque ao vínculo*, e com que possível objeto esse ataque se articularia. Muitas vezes, a impossibilidade de ter associações na vida de vigília mostra a própria situação do sonho. Os estados mentais se estabelecem como num espectro de possibilidades simétricas. A *parte psicótica* cria uma *mutilação* do discurso, embora a parte *não psicótica* consiga se lembrar do sonho e comunicá-lo ao analista. Mas ambas estão presentes e simultâneas num único momento.

Tal releitura introduz o que podemos chamar de uma *ética trágica* (o elemento principal, a verdade, não está em cena, portanto, é *inatingível, inacessível, incognoscível*).[4] Eu não diria que houve aqui um completo rompimento epistemológico, mas uma colocação em simetria com a ética dramática da leitura freudiana (em que todos os elementos estão em cena). Bion, com isso, ampliou as possibilidades e a fundamental importância do mito de Édipo na psicanálise. Significou também resgatar e ampliar as fontes intuitivas da psicanálise usadas por

4 No trabalho "Sobre arrogância" (1957), Bion aplica o modelo espectral numa releitura ampliada do mito de Édipo. Nesse trabalho, o vértice da parte psicótica da personalidade descentraliza a questão da sexualidade do campo psicanalítico e mostra que a questão metafísica central da psicanálise é a investigação da verdade.

Freud. Mas, certamente, Bion introduziu uma mudança no problema metafísico central da psicanálise.

Para clarificar a questão metafísica, Bion naturalmente necessitará da melhor fonte possível para isso, a *matemática pura*, e também de suas correlações com a *filosofia como ética de pensamento*. Será dessa tensão entre campos (psicanálise, filosofia, matemática pura, matemática aplicada) que surgirá a primeira teoria propriamente psicanalítica sobre o pensar humano. Uma teoria certamente complexa, caracterizada pela interação entre saberes distintos, e cujos desdobramentos atestam continuamente a complexidade do objeto observado.

A ética complexa da teoria do pensar vai inevitavelmente influenciar a prática psicanalítica de Bion, direcionando-a para um viés reconhecidamente humanista, e inédito. São questões que implicam pensar sobre o que é, ou o que quer ser hoje, a psicanálise, e consequentemente, o que vem a ser a humanidade do analista. Mais ainda, em poder discutir o direito do ser humano a ter uma psicanálise efetiva. Não podemos responder a isso com clareza, certamente, mas se essas questões reintroduzirem uma crise de pensamento que nos faz repensar o vigor da observação do inconsciente, como foi trazido pela revolução freudiana, já teremos dado o passo mais importante. Enfim, mais uma vez, trata-se de um campo onde as respostas são a desgraça da pergunta.

A questão seguinte é: qual a saída para essa incognoscibilidade da verdade? A resposta está – como no Kant estético e principalmente em Nietzsche – na capacidade para *criar*. A lógica dessa solução nos informa que, como o que mais se cria na mente são os pensamentos, produzir uma teoria do pensar (1962a) foi a consequência natural no desenvolvimento de Bion.

A afirmação de que se trata da primeira teoria propriamente psicanalítica sobre o pensar (1957-1962) desde a criação da psicanálise é de surpreender, uma vez que os pensamentos e sentimentos são a matéria-prima da psicanálise.

Considero a teoria do pensar o pilar teórico da obra de Bion. Ele desencadeia uma sucessão de questionamentos práticos, metodológicos, metafísicos e epistemológicos suscitados pelo uso de funções, limites e derivadas no lugar clássico de objetos e estruturas.

O uso de funções exigiu repensar a teoria do inconsciente para ampliar seu alcance prático, e isso não poderia ser feito sem uma análise funcional, cujo exemplo é a *Grade* (um espaço não euclidiano, também conhecido na matemática como espaço de Hilbert) levando à ampliação dos elementos da psicanálise (de 4 para 36 ao infinito), e a uma outra noção de campo. A aproximação desse campo com a ciência, por meio de princípios ético-estéticos (incerteza, incompletude, indecidibilidade, negatividade, singularidade, infinitude, ou seja, das ferramentas da complexidade), permitiu a aplicação de uma teoria da catástrofe na psicanálise, apresentada em Bion no texto *Transformações* (1965).

Na sequência do texto *Transformações* (1965), surge o pilar técnico que aparece no trabalho *Notas sobre memória e desejo* (1967).

Em seguida, ocorre a mudança de Bion para a Califórnia (1968). A guinada filosófica de Kant para Nietzsche que se delineava no final de *Transformações* (1965) fica explícita no texto *Atenção e interpretação* (1970), que prossegue introduzindo outros conceitos e ferramentas da complexidade, dentre as quais destaco os conceitos de *capacidade negativa*, *ato de fé* e *linguagem de alcance psicanalítico.* A relação dessas ferramentas com a estética da linguagem e da arte literária é nítida. Porém, o elemento ético do pensar psicanalítico prossegue em discussão e evolução.

Trata-se de expressões como paciência, segurança, tenacidade, compaixão, solidão, alcance, incerteza e generosidade. Mais do que palavras, essas são modificações conceituais que, embora para muitos apenas aparentam uma mudança de estilo, na realidade propõem pensar sobre nossas mentes e nossos corpos em busca de uma estética e de uma ética do vínculo, da complexidade e da compaixão.

Pensar uma ética da complexidade na psicanálise, indissolúvel do termo compaixão, é deixar-se mover por uma estética de pensamento que renuncia aos limites confortáveis do conhecido, da ciência, para lançar-se na errância da criação, em busca de outra forma de compreender a condição humana – o que não deixa, em muitos momentos, de ser uma compreensão poética das coisas. A seguinte frase de Schiller[5] tem aqui uma sensível aplicação: "a verdade somente habita nas profundezas". Ou seja, não há verdade na superfície. E as profundezas se ampliam à medida que a buscamos.

Uma ética que se pretenda verdadeiramente humana supõe primordialmente a restauração do *sujeito responsável* (Morin, 2014). Lembremos que a eliminação do sujeito por uma elite científica e intelectual, hoje dominante nas instituições acadêmicas, configura a alucinose de uma subjetividade que ignora a si própria. A restauração e a evolução do sujeito autônomo são uma pré-condição para o conhecimento objetivo, do qual as instituições acadêmicas fogem para ignorar. A restauração e a evolução do sujeito comportam a exigência da autocrítica, da reflexão sobre a consciência da responsabilidade pessoal e o encargo autônomo da ética.

A complexidade dessas questões se desdobra no texto *A grade e a cesura* (1975) e nos trabalhos seguintes. Seu último trabalho em vida, *Como tornar proveitoso um mau negócio* (1979), trata do

---

5 Friedrich Schiller (1759-1805) foi dramaturgo, poeta, filósofo e historiador alemão. *Guilherme Tell*, sua mais famosa peça, dramatiza a luta vitoriosa dos suíços, na Idade Média, contra a tirania e pela liberdade. Ele escreveu o conhecido poema lírico *Ode à Alegria*, celebrizado por Beethoven no movimento coral de sua Nona Sinfonia. Para Schiller, a arte deveria servir a uma finalidade que a transcendia, a uma finalidade educativa e formadora do intelecto e dos sentimentos humanos. Schiller não acreditava na ciência e nos filósofos e em sua razão fria, calculista e abstrata como os verdadeiros redentores da humanidade.

fenômeno mais complexo de todos que é a observação da turbulência nas sessões analíticas.

IV

Nas sessões analíticas, o analista é responsável por suas palavras e por seus atos quando tenta traduzir suas observações, mas não pode ser responsável pelo modo como suas palavras são entendidas, como seus atos são mal interpretados ou pelo fato de o paciente não desejar, no fundo, que o analista seja o analista. Cada um, em suma, é 100% responsável e 100% irresponsável. Há algo de desnorteador nesse espectro de realidade que a psicanálise revela. A nossa frágil organização mental é pouco mais que um instrumento rudimentar para navegar pelos mistérios infinitos desse caleidoscópio mágico, repleto de simetrias, inundado de luz e sombras em que, perplexos, nos coube existir e que chamamos de mundo. Portanto, sempre nos cabe repensar e assumir nossa incompletude que nada mais pode fazer do que aproximações sucessivas aos fatos.

Seguindo Bion, o que produz essa situação reside no fato de que toda sessão analítica se inicia em um abismo que procuramos lidar por meio de certas condições. Em *Transformações* (1965), ele usa a famosa frase de John Milton em *Paradise Lost* para descrevê-lo: "o mundo emergindo de águas lôbregas e profundas, conquistado do vazio infinito sem forma". É desse lugar indeterminado que começa a sessão de análise. Trata-se de um "O" de *Onthos* e, ao mesmo tempo, de "O" de *Opus*, um trabalho em andamento.

Diz Bion:

> *Em qualquer sessão ocorre evolução. Algo evolve a partir da escuridão e da ausência de forma. Essa evolução pode ter uma semelhança superficial com memória, mas, assim que tenha sido experimentada, jamais poderá ser*

> *confundida com memória. Compartilha com os sonhos a qualidade de estar totalmente presente e subitamente ausente. É essa evolução que o psicanalista precisa estar pronto para interpretar.* (Bion, 2000, p. 393)

Em outras palavras, no centro da experiência analítica, deve existir uma singularidade, que se apresenta como um elemento incognoscível, "O", um abismo, que poderá "vir a ser" quando tiver evoluído até algum conhecimento adquirido pela experiência emocional da análise.

Quem esteve presente à exposição que Michael Ian Paul fez para a Sociedade Brasileira de Psicanálise de São Paulo (SBPSP) sobre sua experiência com Bion, provavelmente lembra-se do que pode ter sido para muitos uma espantosa intervenção de Bion. Michael Paul contou que descrevia uma viagem de avião extremamente turbulenta e aterrorizante que tinha feito de Nebraska para Los Angeles. Bion escutou e disse: "você então se deu conta de que não tinha asas..."

Note-se a singularidade da intervenção, que tem uma parte da simetria que é conhecida apenas pelo receptor da mensagem. Na interpretação, podemos inferir que Bion falava da simetria onipotência/desamparo.

Ícaro seria um mito ilustrativo? Se conhecemos a relação que tinha o paciente com seu pai, Dédalos, o mito pode ser muito adequado.

Uma sessão de Bion com o paciente que colocou no lugar de Ícaro.

M: Tenho receio de lhe contar algo e ser julgado por você; por outro lado, tenho também receio de dizer e ser escutado de forma complacente.

B: Então, não tenho saída. Preciso perguntar a uma terceira pessoa. Se você fosse seu analista, o que dirias para seu paciente?

M: (silêncio). Eu não sei! Tinha esperança de que você soubesse. (tom sarcástico)

B: Se você não sabe, por que eu deveria saber? E por que não se pode ter outra possibilidade de opinião além de julgamento e complacência? Mas, tenho um palpite, existe uma opinião mãe e uma opinião pai, e o produto será uma criança desafiadora?

M: Caramba! É verdade. Irônico da sua parte, mas verdadeiro. Meu pai era um homem cruel em suas assertivas morais e minha mãe atenuava tudo. Eu ficava perdido, não sabia para que lado ir. Nem um nem outro me agradava. Mas espera aí... o senhor disse uma vez que não dava interpretações clássicas como essa de transferência edípica.

B: Eu não sei se disse isso e se fiz isso... mas parece que agora você ocupa a posição do seu pai e me julga um freudiano contraditório.

M: Acho que sim... mas, às vezes, o senhor me parece muito kleiniano.

B: Vou lhe fazer outras perguntas. Aliás, será que faço outra coisa diferente? Se você pudesse escolher, você escolheria os pais que teve? E que tipo de pais escolheria se pudesse? E o analista que foi escolhido, escolheria outro se pudesse voltar atrás? Precisamos escolher a vida que desejamos viver e não viver a vida que outros gostariam que vivêssemos.

V

Em sua discussão do conceito de simetria, Bion (1977) começa refletindo sobre o termo "construção" usado por Freud (1927). Ele chama atenção para o fato de Freud ter considerado que o termo parece mais adequado do que "interpretação". Todavia, Bion (1977) diz que considera muito difícil concordar com isso, pois as interpretações não podem ser feitas sem construções prévias. E essas construções são instrumentos essenciais para trabalhar com as simetrias.

Bion propõe, como na arte, que um componente essencial deste "*instrumento*" é a *imagem visual*. Ou seja, o instrumento depende muito da intuição e da imaginação do analista. Bion a coloca na categoria *elementos C* da Grade.[6] Os elementos C (mitos, sonhos, pensamentos oníricos) são sempre espectrais e complementares. Sem eles, não há processo psicanalítico. Além disso, os elementos C que geram a construção são polivalentes, ao contrário da interpretação, que é monovalente, e são mais rápidos do que as formulações F (conceitos) ou G (sistema científico-dedutivo), embora possam não ser mais rápidos do que as formulações H (cálculo algébrico). Todavia, estas últimas ainda não foram descobertas em psicanálise.

A questão da simetria tem em Bion muitas consequências práticas, entre as quais se destacam as situações em que o analista tem que lidar com *material primitivo*. Ele diz que o analisando que funciona num nível primitivo se aproxima de uma espécie de princípio do "agir primeiro e pensar depois". Geralmente, um analisando como esse age em relação ao analista como se tivesse um inconsciente muito ativo, rápido e flexível, e que está sendo perseguido por um consciente pesado, lento e rígido. Podemos usar aqui a analogia de um elefante tentando perseguir um tigre e, a partir dessa analogia, desenvolver uma estratégia diferente para a observação do material.

Por outro lado, a analogia precisa ser tomada de forma mais apurada, apesar de seu uso muito comum em psicanálise. Precisamos expandir o termo cuidadosamente, pois uma "analogia" pode ser usada sem critério. Para começar, precisamos destacar que ela sugere um continente que é, ao mesmo tempo, um disfarce e uma revelação de conteúdo. Torna-se uma metáfora silenciosa enquanto a relação que pretende mostrar não se revela. Mas quando revela algo, pode ser bastante eloquente: um *disfarce simbólico* tem muitas aplicações na área das narrativas.

---

6 A grade tem a função de pre-concepção, que se estabelece após a sessão analítica, para funcionar criando novas concepções que mantêm o valor de uma pré-concepção, e que possam ser usadas ou não numa sessão futura.

Algumas vezes, uma palavra ou uma metáfora foi tão usada na linguagem coloquial que acaba perdendo a vitalidade e morrendo, mas ela pode ser ressuscitada pela justaposição de outra metáfora, cuja inadequação e não homogeneidade funciona como um choque desfibrilador,[7] fazendo-a pulsar novamente.[8]

Bion chama atenção para a *encruzilhada de desenvolvimento* que pode surgir quando o pensamento privilegia as duas imagens usadas na analogia em vez de privilegiar a relação entre elas. O importante não é o tigre e o elefante, mas a relação entre eles. E quando vamos examinar a relação, diversas possibilidades se abrem. Não há como dar apenas uma interpretação. Se tivermos apenas uma interpretação, algo está mal direcionado.

Vaihinger[9] estudou a relação "como se" implícita no uso da metáfora e da analogia dentro da filosofia. Freud falou dessa contribuição em *O futuro de uma ilusão* (1927).[10]

---

7 Roger Fowler (1939-1999), professor de crítica literária na Universidade de East Anglia, discutiu as técnicas literárias relevantes para se criar uma ficção. A construção analítica é uma espécie de ficção que requer essas técnicas de criação usando metáforas e analogias.

8 Por exemplo, a palavra "elemento", isoladamente, pode significar muita coisa e, por isto, não desperta muita atenção. Mas se a associarmos à letra grega β, temos uma associação inadequada e não homogênea, despertando a curiosidade. Mais ainda, mesmo depois de explicada, continuará trazendo a sensação de algo faltando ao entendimento completo.

9 Hans Vaihinger (1852-1933), filósofo alemão, acadêmico de Kant, e autor da obra *Die Philosophie des Als Ob* (1911). Nessa obra, a filosofia do "como se" é apresentada como um sistema de ficções teóricas, práticas e religiosas da humanidade, com base no positivismo idealista: "Nós nos comportamos como se o mundo correspondesse aos nossos modelos". Isso fornece a aceitação de ficções falsas para justificar uma solução não racional e pragmática para problemas que não têm respostas racionais.

10 Nesse trabalho, Freud propõe a questão: qual o futuro da humanidade? O ensaio indaga se a cultura humana repousa precariamente sobre a repressão de impulsos antissociais naturais a todos, e se a religião é a principal força a controlar tais impulsos, o que nos leva à outra pergunta: qual a origem psicológica da necessidade do sentimento religioso no indivíduo? O que, em cada pessoa, a torna propensa a crer

Bion (1977) considera que, a partir desse ensaio, existem considerações importantes a serem desenvolvidas. Propõe pensar que se a construção é a arma polivalente da simetria, temos que considerar o futuro de uma analogia na análise, pois, destinada a fazer uma observação da transferência, pode ser a criação do futuro de uma ilusão. Assim, sugere que temos que cuidar mais amplamente do "futuro da transferência", pois esse futuro será a consequência das transformações de uma construção estética que foi feita para o paciente com intuito de estabelecer um vínculo ético com o analista. Para começar a lidar com isso, precisamos de um modelo espectral. O modelo espectral respeita o princípio da complexidade dos fenômenos psíquicos, e naturalmente lida com funções. A base desse modelo pode ser encontrada na matemática, no cálculo infinitesimal.[11] Portanto, trata-se de um modelo de transformações.

Utilizar o modelo de funções equivale, em psicanálise, a estudar a relação entre analista e analisando buscando a relação do campo de invariantes/variáveis, ampliando sempre a sua busca e integrando por meio de simetria. Para tal, necessitamos encontrar uma construção que

---

num sistema irracional, indemonstrável e de recusa à realidade? Freud demonstra que a religião ("a neurose obsessiva universal da humanidade") depende de sentimentos infantis não resolvidos e afirma ser ela, bem como seus dogmas, a culpada pela atrofia intelectual da maior parte dos seres humanos. Para Freud, a fim de o homem se organizar razoável e saudavelmente sobre a Terra, livre de ilusões, urge uma mudança radical nas formas de educação – que ele defende magistralmente nesse texto breve, mas impactante, tanto hoje quanto na época de sua publicação. A religião é uma metáfora morta. A palavra indica religar objetos, mas privilegia apenas uma das âncoras da metáfora.

11 Ou seja, ocorrendo uma variável Y que é função de outra variável X, podemos estudar essa relação em dois momentos: uma etapa diferencial, na qual se descobre a variação infinitesimal dX de X e a variação infinitesimal dY de Y; e uma etapa integral obtendo a expressão Y = F(X) a partir da relação dX e dY. O sucesso dessa estratégia depende de como dX e dY são versões infinitesimais de X e Y. Na busca da expressão de dY em termos de dX, podemos desprezar infinitésimos de ordem superior.

contenha os diversos elementos variáveis e integrados. Quanto mais variáveis obtivermos, maiores serão as possibilidades de integração: quanto mais usarmos os elementos C, maior será a base da simetria.

O que realizei até aqui nesse diálogo de hoje foi fazer perguntas relacionadas com os fundamentos da psicanálise. O que está além da psicanálise que hoje é praticada? Mas talvez eu devesse começar perguntado: o que é um psicanalista? Qual a humanidade do analista em seu trabalho? Muitas pessoas dirão que ele é alguém que tem enorme conhecimento sobre a psicanálise, ou pelo menos sobre algum autor de psicanálise. Ora, ninguém sabe demais sobre assunto algum.

Eu prefiro pensar que o psicanalista é uma pessoa que conhece alguns dos piores erros e equívocos que podem ser cometidos em sua área e, assim, deveria saber como evitá-los. Logo, o psicanalista deveria ser um especialista em evitar alguns de seus piores erros, o que não pode fazer sem sua análise pessoal. Um deles é o uso de memória e desejo durante as sessões, pois atraem os pontos cegos edípicos.

Longas discussões podem se seguir a respeito de erros, memória e desejo, mas se tem algo importante nelas é que não façamos desaparecer "as profundezas em que habita a verdade" (Schiller). Nesses assuntos, não se tem o direito de ser superficial. Ser superficial é um dos piores erros que o analista pode cometer, e o faz sempre que achar que sabe dizer o que é melhor para seus analisandos.

11. O ponto ômega

O ponto *ômega*, é um termo criado por Pierre Teilhard de Chardin para descrever o último e máximo nível de evolução que o conhecimento humano poderia alcançar. Que tipo de ser humano será capaz de ocupar esse lugar? Quanto tempo será necessário para se chegar ao ponto máximo de evolução? E se chegar, o que vai acontecer?

A visão de Teilhard tem uma linguagem que pretendeu ser científica, ou seja, convencer os céticos que acreditam apenas em fatos, todavia, suas teses não chegam nem perto de ser científicas. São lógicas, porém, ser simplesmente lógico não é sinônimo de verdadeiro ou correto. Entretanto, esse tipo de discurso costuma enganar facilmente os incautos e os mal-intencionados que precisam delas para provar suas "verdades". Os fatos lógicos usados fazem as pessoas superestimarem o poder da ciência, um poder que ela não tem.

A cosmovisão de Teilhard é teológica, pois seu objetivo é direcionado para Deus; mais ainda, trata-se de uma visão cristã, no sentido de que é Cristo a explicação final, o ponto ômega. Contudo, também não chega a ser uma teologia em termos formais. Ou seja, em seu processo especulativo sobre o ponto ômega, chegou um momento que não suportou prosseguir com o mistério em aberto e colocou a explicação última como sendo Deus, ao sentir sua falta de recursos e conhecimentos.

A letra grega *ômega* obviamente foi escolhida por ser a última do alfabeto. Ela representa um ponto final: *a realidade última*. Mas a hipotética formulação dessa realidade não foi colocada, pois Teilhard estava dividido entre atividades de certa forma incompatíveis e inconciliáveis entre si: cientista e religioso.

A cosmovisão de Teilhard pode ser resumida da seguinte forma: ele observa como cientista da geologia que, na evolução do Universo, ocorreu a formação de estruturas de camadas, como na geologia, cada vez mais complexas e "centradas". Afirma que esta é uma lei de evolução do universo, todavia, tal afirmação não é estritamente científica, pois muita coisa ocorreu na evolução como obra do acaso. Ele chama essa lei de *complexificação/consciência*. A afirmação de que esse processo existiu é lógico, mas projetá-la para o futuro e na direção apontada por ele não é científica no sentido de ciências da natureza, e sim uma visão religiosa para um mundo organizado.

Teilhard projeta para o futuro essa evolução, prognosticando primeiramente a formação de uma *noosfera*, em que os seres humanos estariam cada vez mais centrados, isto é, cada vez mais unânimes nas suas inteligências e vontades. Ele extrapola essa teoria que podemos chamar de narcísica (abole todas as diferenças), jogando-a para o futuro, e afirma que a evolução segue para atingir o "ponto ômega" – que é Jesus Cristo ressuscitado – sendo que o ponto ômega terá sido o ponto de atração de toda a evolução. É claro que isso não tem nada de científico. Nenhuma evidência para isso. Nem mesmo as modernas teorias sobre buracos negros, extinção de estrelas, expansão e retração do universo que usam de matemática e observações astrofísicas.

Eu gostaria de chamar atenção para a *pseudocientificidade* das ideias aqui citadas que, por não levarem em conta a existência de conflitos inconscientes, são produto e produtoras de um indivíduo com questões obsessivas. Tampouco, não houve a percepção tão importante de que o ponto ômega representa a verdade inatingível, que seria a verdade absoluta. Em Bion (1965), ela é representada pelo sinal "O".

Embora nunca seja bom resumir muito, a obsessão do ser humano com a primazia da consciência, encontrada em Chardin e tantos outros, nas mais diversas áreas do pensamento humano, nada mais é do que expressão do medo da realidade psíquica, o medo do desconhecido. Lida-se com o medo fazendo uma cisão nas atividades, mantendo alguma que não tem nada a ver com a outra, mas existe um lado da cisão que fornece segurança ao medo do desconhecido, e também gera culpa pelo fato de que um lado ataca o outro. Na história de Chardin, havia um conflito real entre seus pais, em que ele tomava partido da mãe, embora prosseguisse admirando o pai, o que nos permite, como psicanalistas, entender como se desenvolve uma teoria a partir de questões inconscientes e edípicas.

Existem incontáveis exemplos desse medo na história da humanidade que acabaram se transformando no que podemos chamar de uma *ciência irônica*. De acordo com o dicionário, ser irônico é afirmar exatamente o contrário daquilo que se pensa. A ironia pode ser utilizada com vários objetivos: fazer pouco caso de alguém, denunciar algo, fazer críticas ou mesmo censurar alguma coisa. A ideia é valorizar algo ou alguém quando, na verdade, o sentido implícito é de oposta *desvalorização*.

12. Entre memórias do passado e memórias do futuro[1]

Nenhum tempo é tempo
bastante para a ciência
de ver, rever.
Tempo, contratempo
anulam-se, mas o sonho
resta, de viver.
(Carlos Drummond de Andrade)

Sempre que falamos em *memórias*, uma associação possível é com a questão do *tempo*, essa aparente sucessão de segundos, horas e anos que nos arremessa na vida, gera experiências que criam memórias, movem nossa existência, depois nos arrasta para o nada. As memórias ficam para os outros. Seriam os outros aquilo que chamamos de nossas memórias? É fato que costumeiramente somente sabemos quem nós somos enquanto temos os outros como referência. Nós e outros, eu e tu, são palavras combinadas, indissolúveis, pois quando se separam, alguém cessa de existir.

1 Trabalho apresentado na XV Jornada de Psicanálise – Bion.

Tudo que somos – aquilo que chamamos de nosso Ser – existe no tempo. Essa experiência, caso a toleremos, nos permite a experiência de localização espacial, e tudo que a segue ou acompanha, destacando a capacidade para criar símbolos, verbalizar e ter responsabilidade com nossos semelhantes. Há uma distância entre o Ser e o Nada, um espaço onde existe um tempo que chamamos de história.

O que há de mais universal e evidente que esse curso de fatos? Na história humana, esses fatos, incontáveis vezes são tomados como algo simples porque dizem respeito a todos. Todavia, o que parece simples costuma causar os equívocos mais frequentes do pensamento humano (Rovelli, 2018).

Somos memória, é certo, mas somos também anseio por um futuro. Somos o presente, que nos faz olhar (ou não) para as extremidades temporais. Entretanto, o espaço presente, que supomos estar entre as memórias do passado e pela antecipação do futuro, ou por alguma relíquia do passado e uma sombra do futuro, é algo bem mais complexo. Trata-se de um espectro de tempo.

Na psicanálise, podemos traduzir esse espectro com as três clássicas perguntas edípicas: "de onde eu vim", "quem sou eu", "para onde vou". Essas perguntas se desdobram em outras e nelas se incluem todas as experiências da vida humana. Passado, presente e futuro certamente são elementos da temporalidade humana, mas como essa temporalidade é subjetivamente vivenciada, por sofrer transformações promovidas pela soberania do inconsciente, traz situações que vão das mais simples às mais complexas.

De um modo geral, a percepção da passagem do tempo, seja qual for, de algum modo nos angustia. A teoria das transformações (Bion, 1965) permite pensar que apenas com o ser o tempo nos traz mudanças catastróficas, irreversíveis, por isso é fonte de turbulência emocional, inquietação e dor, mas, no final, apesar dos sofrimentos, é um dom que simplesmente nos fez e faz humanos.

Somos seres condenados ao saber sobre o tempo, seja ele cronológico, que é marcado por instrumentos, ou pelas diversas formas de tempo mental decorrentes da relação entre memórias e desejos. Ao nos defendermos desse saber, estamos fadados a ter ilusões, alucinações, criar falsidades, mentiras, narrativas religiosas e políticas, enquanto, simultaneamente, podemos buscar conhecer a verdade sobre o mundo interno e externo. A complexidade dos fenômenos temporais não cessa.

O tempo não volta, mas o desejo de que o tempo pudesse voltar, esse sim volta, nem sempre reconhecido por sua ligação com a memória. O refrão da música serve para nos consolar da impossibilidade: recordar é viver.[2]

Bion (2000, p. 387) nos alerta que pode existir uma teoria que incrementa tão intensamente a memória e o desejo a ponto de comprometer nosso equilíbrio e até impossibilitar a sanidade. Suponho que a última afirmativa mostra novamente como as coisas relacionadas com o tempo são complexas. A realidade percebida entre memórias e desejos não costuma ser o que parece. Por exemplo, por muitos séculos, a Terra parecia plana aos que buscavam observá-la; foi um desejo de explicação, que alertava para não ir muito além, não desafiar o desconhecido, pois havia um precipício que levaria ao fim do ousado; entretanto, a ciência mostrou que a Terra é esférica. Outro exemplo revolucionário mostrou que o Sol; que parecia se mover no céu, na realidade está parado e somos nós que giramos em torno dele.

Essas teorias, comprovadamente falsas pela ciência, ditaram o que era a realidade, e ficaram em voga durante milênios, pois sendo baseadas em observações simplistas feitas pelos sentidos humanos, permeados pelo medo do desconhecido, foram tomadas como verdades. Da mesma forma, a estrutura do tempo não é o que parece: é

---

2 Música de Vitor Espadinha: "A vida é composta de recordações que fazem de cada pessoa um ser único".

diferente do curso uniforme universal. Esse é um mistério, e que não nos deixa outra saída senão pensar (Oliveira, 2003).

Por que sempre achamos que lembramos do passado, e não do futuro? Não é isso apenas uma concepção determinista? Somos nós que existimos no tempo ou é o tempo que existe em nós? O que realmente significa dizer que o tempo passa? O que significa quando o tema nos coloca entre um passado, que não é mais o tempo em que estamos, e um tempo futuro que ainda não aconteceu, e que também ainda não estamos? Será que existe muito mais lugares onde ainda não estamos do que onde estamos? Quando temos sonhos, isso parece ser confirmado. Eles nos levam a lugares que afirmamos nunca termos estado antes. Quanto tempo dura uma psicanálise, para onde ela vai nos levar?

Tais questões não devem ter a preocupação de uma resposta, mas é totalmente verossímil que a estrutura temporal do mundo é diferente da imagem ingênua que sempre fizemos dela. Essa ingenuidade é adequada à vida cotidiana, mas não serve para compreender o mundo quando o examinamos na sua forma mais minúscula, por exemplo por meio das partículas subatômicas, ou no detalhamento dos fenômenos de turbulência, ou nas mudanças catastróficas que ocorrem em sistemas dinâmicos, ou nos recantos do universo que revelam uma imensidão assustadora, com buracos negros, estrelas em extinção, estrelas nascendo, milhares de galáxias e planetas como o nosso. Qual o sentido dessa imensidão?

Há sempre um mistério profundo que assola a nossa identidade humana, desde que adquirimos consciência de que o tempo existe. Esse mistério mobiliza emoções vastas e profundas que alimenta filosofias e religiões no esforço de aplacá-las. Todavia, nossos pensamentos são imperfeitos, incompletos, com pontos de indecidibilidade com os outros que nos rodeiam no passado e no futuro.

Parmênides (Aranha & Martins, 2009), para fugir da inquietação causada pelo tempo, quis negar a realidade. Platão imaginou um mundo de ideias existentes fora do tempo. Hegel (1976) narrou o momento em que o Espírito supera a temporalidade e se vê como o todo.

Qualquer que seja a filosofia, foi para fugir dessa inquietação trazida pelo tempo que imaginamos espaços como a existência da "eternidade", um estranho mundo fora do tempo, que ansiamos que seja povoado por deuses, por um Deus ou por almas imortais. Um mundo onde podemos reencontrar nosso cachorro da infância ou um avô querido, onde podemos ser apresentados a toda uma infinidade de ancestrais, confortavelmente instalados numa fila para nos conhecer. Haja tempo até chegar lá, naquele ser das savanas africanas que sorridente nos contará como se lembra do tempo em que ainda não éramos humanos.

Nossa atitude emotiva e profunda em relação ao tempo contribuiu para construir catedrais de filosofia, pirâmides de histórias fantásticas, mais do que fizeram a lógica e a razão. A atitude emotiva oposta, como a de Heráclito ou de Bérgson, deu também origem a filosofias, que nem ao menos chegaram perto de compreender o que é o tempo.

Heidegger (2022) tentou circunscrever o campo da inquietação e se interessou por aquilo que é o tempo para a experiência existencial dos seres humanos. Ligou profundamente o ser e o tempo, *Sein und Seit*. Contudo, existe uma dimensão descoberta por Freud para complicar – ou melhor, *implicar* – com esse interesse. Trata-se da dimensão do inconsciente. Essa dimensão nos faz observar fatos surpreendentes. Por exemplo, milhares de pessoas morrem a cada dia, e mesmo assim, apesar dessa óbvia evidência de que o tempo passa para todos, as que permanecem vivem como se fossem imortais. Há aí uma experiência paradoxal, talvez a negação de todas as experiências, ao se lidar com uma ideia que não tem história: a morte. Parece que se não existe história, isso significa que não existe verdade. Apesar de, quando queremos falsificar a verdade, alterarmos a história, criarmos narrativas.

Freud (1926) se declarou absolutamente contra ser imortal. Citou o problema que aí habita como proveniente da dualidade entre os dois princípios de funcionamento mental; admitiu que, nesse mérito, Nietzsche superou a todos em *Assim falou Zaratustra*: a dor grita "vai!", mas o prazer quer eternidade, a mais pura eternidade.

Bion (1970), mais do que qualquer outro autor em psicanálise, acolheu o mistério e o tratou de forma sofisticada pela complexidade do pensar. Nos alertou que ainda não podemos pensar em muitas coisas, pois nosso ser requer evolução, depende do futuro e de indivíduos excepcionais, que podem ser místicos ou gênios, capazes de trazer algo desse futuro. Contudo, não descartou que pode existir um pouco de cada um deles em todas as pessoas; esse pouquinho alimenta nossa ousadia para ter pensamentos selvagens e, em consonância com Nietzsche, de certa forma, Bion afirmou que todos nós, quando *public-amos* na vida um pouquinho de pensamento, contribuímos para a produção de um gênio lá na frente – no futuro.

Bion (1962a) dialogou com a filosofia, não com intuição de fazer filosofia, mas como fornecedora de questões da vida, tentando obter uma ética de pensamento. Por outro lado, dialogou com a matemática pura, que lhe forneceu a metafísica: a busca da verdade. Entre esses dois universos de pensamento, filosofia e matemática, Bion (1962a) produziu sua *teoria do pensar*, cujos desdobramentos não cessaram mais. Colocada na clínica, a teoria do pensar traduziu o ato psicanalítico e produziu o *objeto psicanalítico* (Bion, 1962b), que implicitamente contempla a questão do tempo de várias formas.

A primeira encontra-se no conceito de pré-concepção originária, um pensamento radical que nos informa que a função humana é buscar uma mente futura e, para tal, como toda função, precisa ter um eixo de tempo e um eixo de espaço. Tempo e espaço determinam a existência do Ser, e a forma como lidamos com esses dois eixos determina a profundidade dos nossos pensamentos, consequentemente de nossa existência. No final, estamos na dependência de como lidamos com a turbulência emocional resultante do nosso aprofundamento na existência. Aprofundar é colocar em discussão qualidade *versus* quantidade, essência *versus* aparência (Bion, 1979), ou seja, discutir simetrias infinitas.

A segunda forma, encontra-se no fator μ, como em mistério, ou as vicissitudes que um corpo biológico sofre com o tempo. Ou seja, a complexidade.

A terceira forma está no destino das *concepções* geradas no *espectro narcisismo-social-ismo* (que podemos observar como analistas). Nele podemos ver concepções avançando no tempo em busca de criações na arte e ciência, outras concepções parando no tempo como crenças, e outras saindo do tempo ao se tornarem dogmas.

As propostas de Bion possibilitaram um avanço significativo no desenvolvimento da clínica, permitindo examinar as questões como um espectro de possibilidades, tendo num imaginário ponto de encontro entre estas, uma área de indecidibilidade e incerteza. Essa área, sem a qual não podemos pensar no tempo de uma forma complexa, Bion (1965) chamou de "O".

"O" (Chuster, 2014; 2018) denota simultaneamente *Onthos* (ontologia) e *Opus* (restauração e evolução). Quando achamos que estamos nos aproximando dele, ele já se afastou, tornou-se mais profundo, foi mais à frente de nós. Mostrou-nos uma faceta inexorável do tempo dentro da qual estamos imersos.

As ferramentas da complexidade empregadas no modelo de Bion, afastando-se das dialéticas habituais e conhecidas, permitem uma dialógica que estabelece simetrias, lançando-nos no desafio das possíveis relações entre as memórias do passado e as memórias do futuro.

Em poucas palavras, o conceito de simetria que pertence ao pensar complexo é consequente às diretrizes dos sistemas abertos, espectrais, não lineares (Chuster, 2023). Esses sistemas dão forma a muitos modelos matemáticos e físicos, criando interpretações aproximativas e constantes da realidade por uma perspectiva dialógica entre finito e infinito. Mas permitem também aplicações na linguística, e na psicanálise.

A dialógica é uma ferramenta da complexidade buscando um progresso de conhecimento. A intenção é levar o conhecimento ao seu limite, o que traz o desconhecido e o mistério. O mistério não é somente privativo; ele nos libera de toda racionalização, tantas vezes delirante e religiosa, que pretende reduzir o real à ideia. Ele nos traz a mensagem do inconcebível que tantas vezes precisa passar pela linguagem poética para ser alcançada.

Por meio da dialógica, podemos enfrentar relações indissociáveis e relações inconciliáveis, pois o principal objetivo deve ser nos conduzir ao futuro, onde encontraremos uma possível ideia que nos abre caminhos para outras soluções. Isso não é otimismo. É memória do futuro: um mergulho na incerteza que nos faz criar.

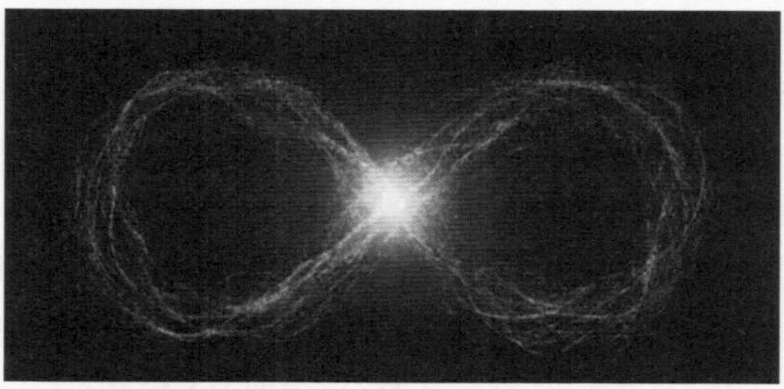

Figura 12.1 Símbolo do infinito.

A Figura 12.1, que sugere o símbolo de infinito, mostra uma aplicação do conceito de simetria na física quântica. Trata-se do conceito de entrelaçamento quântico entre duas partículas subatômicas que se comportam como uma unidade, até mesmo quando estão bastante separadas. O conceito foi produto de um enfrentamento dialógico, iniciado por Heisenberg com seu princípio da incerteza, e que em Bion aparece em diversos momentos de constituição de sua teoria. Por exemplo, ele aparece nitidamente em *Transformações* (Bion, 1965) via "O". Note-se a aproximação do inconcebível "O" que Bion realiza pela linguagem poética de John Milton em *Paradise Lost*: "o mundo surgindo de águas lôbregas e profundas, conquistado do vazio infinito sem forma".

A simetria entre memórias do futuro e memórias do passado não é cabível no pensamento determinista ou positivista; apenas a segunda hipótese é admitida. A primeira hipótese é inconcebível e soa, no máximo, como poesia. Mas na teoria da complexidade, podemos colocar as duas em contato. São hipóteses plausíveis.

O enfrentamento do problema a partir da teoria da complexidade nos permite observar paradoxos, contradições, encarar problemas insolúveis, alcançar os limites do conhecimento e, sobretudo, ficar observando o campo pelo tempo que for necessário, para que novas variáveis surjam e novos espaços para pensar sejam criados.

Apesar do conceito de entrelaçamento ter sido produzido com as ferramentas da complexidade, um poeta como Keats chegou bem antes a essa percepção quando criou o termo capacidade negativa: a capacidade de tolerar os mistérios, as incertezas, as meias-verdades sem ansiedade para alcançar um significado ou uma compreensão. Essa capacidade, cujo adjetivo negativo provém da química, é como um polo totalmente receptor à corrente elétrica do polo positivo, sua função é gerar palavras novas e eletrizantes. De acordo com o próprio Keats, essa capacidade foi a razão do alcance literário de Shakespeare. Bion (1970) a propõe como modelo a ser apurado pela psicanálise.

Não sei se essa descrição seria argumento suficiente para que não nos afastássemos da poesia, cujo entrelaçamento de ideias sempre pode nos surpreender, ao nos antecipar algo que a ciência posteriormente tenta explicar ou interpretar. Para complementar essa ideia de afinidade entre a poesia e a ciência, assinalo que as partículas subatômicas foram batizadas com palavras obtidas do texto *Finnegan's Wake* de James Joyce, como é o caso dos *quarks* e *bósons*. Não digo que essa pesquisa literária foi uma razão do sucesso da descoberta na física quântica, mas contribuiu bastante à coragem e à liberdade de pensar.

A psicanálise é uma forma de comunicação verbal, assim nos mostra Bion. Se a hipótese é correta, podemos aplicar o modelo da simetria e do entrelaçamento nas palavras que refletem nossos pensamentos.

Não penso que possamos fazer o mesmo com palavras que simplesmente existem para o exercício de ações evacuativas ou publicitárias. Essas apregoam o *splitting*; quanto mais *splitting*, melhor. Todavia, essa é mais uma complexidade que temos que enfrentar no trabalho analítico.

Tomemos a palavra – qualquer que seja ela – como uma entidade limitada pelas letras e pelas regras gramaticais. Essas limitações podem produzir o risco de sufocar a palavra até matá-la, e de criar sociedades de palavras mortas. No entanto, a poesia consegue abrir essa limitação para uma realidade infinita.

Guimarães Rosa dizia que, como escritor, devia prestar contas de cada palavra, o tempo necessário até ela ganhar vida; sendo assim, considerou o idioma a única porta para o infinito. Penso que os analistas devem fazer o mesmo, mas se defrontam com alguns problemas importantes que descrevo em seguida.

A complexidade, da qual o princípio da incerteza é parte essencial, mostra que os fatos absolutos de uma sessão nunca podem ser conhecidos – tais fatos são denotados por Bion pelo sinal "O". No entanto, eles podem evoluir como um processo de conhecimento na transitoriedade dos fenômenos psicanalíticos.

Essa afirmativa indica que se desejamos dar um futuro à psicanálise, será necessário abrir para a possibilidade de inserirmos mais elementos em nossas observações, pois quanto mais incógnitas pudermos colocar no campo, as possibilidades de aproximações sucessivas aos fatos absolutos das sessões irão aumentar, mas nunca chegaremos a uma observação que esteja plenamente correta. Uma das razões para essa impossibilidade é a existência do tempo, que passa implacavelmente e produz transformações que alteram o fato observado, assim como alteram o observador que altera o fato observado.

Uma analisanda, ao se deitar no divã, começa dizendo que vai perder tempo falando de um assunto trivial, mas está tão irritada que não pode deixar de fazê-lo.

Eu já havia percebido a ansiedade na sala de espera pelo movimento de mãos se esfregando e pela sua fisionomia pálida e tensa. Acolhi esses dados sensoriais, acompanhei-a até a sala de consulta, percebendo seu caminhar mais pesado que o habitual. Ao me sentar na poltrona, deixei de lado o sensorial para poder escutá-la.

Paciente (P) diz irritada: eu entrei no meu carro para vir para cá e o carro não dava partida. Imagina, que absurdo, é um carro novinho, não tem nem mil quilômetros. Achei que poderia ser a bateria, mas toda a parte elétrica funcionava bem. Falta de gasolina também não era... que ódio... tive que pegar a droga de um Uber...

Analista (A): E no Uber lhe ocorreram mais algumas ideias sobre o que não funciona? Algo assim pode estar ocorrendo aqui entre nós?

P: Fico surpresa de ter me perguntado isso. Parece que não está dando importância ao que eu senti. Mas, me surgiram muitas questões sobre meu trabalho, memórias de como e quando comecei, e minhas dúvidas sobre continuar e o que fazer no futuro.

A: Penso que existem três perguntas que você está se fazendo, duas você já formulou, de onde eu vim? E para onde eu vou? Mas, falta uma pergunta importante: quem sou eu? Essa é uma pergunta que tens sentido dificuldade de responder, principalmente quando é tomada de sentimentos de ódio em função de algo que não funciona.

P: Você me disse uma vez que o que não funciona é defunto. Eu pensei mesmo que melhor era morrer. Não consigo mais me adaptar ao meu trabalho. Também não sei o que buscar além dele. Me sinto desvalorizada, após todos esses anos dando meu sangue.

A: Falta algo em seu trabalho, como em todos os trabalhos; a incompletude faz parte de nossas tarefas. Aquilo que falta poderia ser um estímulo para descobrir, mas foi interpretado como sendo uma indicação de que você é sempre menos alguma coisa...

P: É assim que eu me sinto: perdendo tempo.

Uma história importante sobre um continente que falha e que não tem acesso aos motivos da falha, pode ser uma hipótese. Tem também o esforço para vir a análise enfrentado dificuldades que a impedem de vir. O que poderia ter suscitado esse ódio? Obviamente, trata-se de uma frustração de expectativas, frustração geradora de ódio, e do ódio gerando outras situações. Fato importante, como nos alerta Bion (1963; 1965; 1970), não são somente as emoções, mas também aquilo que as emoções produzem, certamente, incluindo além de pensamentos, outras emoções.

Podemos, *a posteriori*, refletir sobre uma sessão analítica, colocando-a num contexto do tipo que nos sugere a Grade. Poder-se-ia dizer que a falha do continente é uma *hipótese definitória*. Todavia, a hipótese não é nada além de uma mera tentativa de aproximação a algo que imagino estar ocorrendo, por exemplo, como uma atualização na análise da história da função alfa dessa analisanda. Todavia, uma hipótese definitória significa que, ao escolher um vértice, sempre excluo os demais. Minha presença altera o fato observado e não há como isso não acontecer. Isso coloca em primeiro plano os sentimentos (Bion, 1979): o primeiro dos princípios de vida.

Claro que toda história sempre indica *memórias do passado*, mas suponhamos um pensar diferente que possa nos conduzir a falar de uma forma distinta, ou seja, permitir o nosso "carro" psicanalítico funcionar com intenções futuras de chegar a algum lugar, incluindo uma simetria com *memórias do futuro*. Poderíamos chamar isso de uma análise adequada? Imagino que todo paciente tem direito de ter uma análise adequada, embora não saibamos definir o que seja isso. Alguém escreveu especificamente sobre os direitos dos analisandos? Não indago somente sobre a aplicação geral da ética.

O *perder tempo*, no entender da analisanda, refere-se ao papel contingencial do analista, cuja função é descrever a situação com a qual interage. Supostamente, parece à analisanda que não haveria nada para interagir nesse fato que foi trazido. Mas isso não é verdade, embora ela assim considere no momento. Outro detalhe seria o *sentimento de dependência* de alguém para realizar a análise.

O analista pode representar "O", o que não significa que deva assumir esse fato absoluto. Sua função é descrever a situação com a qual interage pelo vértice psicanalítico, e essa função indica sempre uma falta ou falha ou incompletude ou incerteza, que nos remete a diversas interfaces ou *cesuras*. Vou sugerir uma delas, real e imaginário.

Diz Bion (1975):

> *Real e imaginário apenas se complementam quando não se encontram, quando é sabido que duas linhas paralelas se encontram no domínio sensorial, mas no domínio da personalidade tornam-se simétricas. O amadurecimento das ideias de Freud sobre o uso do termo interpretação mostra que o termo construção parece ser mais aplicável, o que é certamente compatível com minha ideia (embora dificilmente a confirme) de que, para alguns propósitos, as interpretações devem ser substituídas por construções, pois estas são instrumentos essenciais para demonstração da simetria.*

A analisanda quando se encaminhou para seu carro com intenção de vir para a análise, por ser um carro novo, estava tomada de certeza que tudo iria dar certo. Mas, isso foi apenas a ilusão de que duas retas paralelas se encontravam no infinito. Como não se encontraram no ponto que ela esperava, isso causou uma frustação, que por sua vez produziu ódio que criou a dificuldade para pensar.

Eu disse para a analisanda que se olhasse para o passado não veria nenhuma evidência de certeza que indicasse que a análise iria funcionar, seria apenas o *imaginário*; mas se olhar para a frente também não existe nenhuma evidência de que a realidade da análise vai funcionar no futuro. Estamos sós e ao mesmo tempo dependentes um do outro para que a análise funcione. Qual o sentimento mais doloroso?

Não fiquei satisfeito com minha interpretação. Existem elementos que poderia ter dito e não disse? Deixei explícito o vértice sobre a incerteza da vida, que pode ser um tanto vaga, e não foi surpresa a reação da paciente ao dizer desafiadoramente e sarcasticamente: "e daí?".

Eu disse: "e daí seguimos... o problema pode estar mais adiante. Não penso que atingimos o problema a ser trabalhado".

Pensei *a posteriori* que minha sensação foi proveniente de não ter podido fazer uma construção. O trabalho analítico necessita dessas aproximações que são polivalentes em interações. Elas estabelecem cesuras significativas. A cesura liga tempo e mente, são sinônimos nesse aspecto da vida.

Uma cesura extremamente importante é aquela que existe entre verdade e mentira. Quando um paciente faz um sarcasmo e um desafio, chegamos a algo que nos pode aproximar da crueldade e das *transformações em alucinose* (Bion, 1965). A transformação em alucinose produz uma experiência de tempo confusa. Perde-se a distinção entre os tempos passado, presente e futuro. A imagem é como a de um rabisco, linhas indo em várias direções.

Toda cesura coloca uma simetria entre lados que se comunicam em um ponto comum (Chuster, 2023). Esse ponto, que podemos chamar de indecidibilidade da origem – "O" – é algo criado a partir da imaginação produtora, como elemento fundamental das transformações psíquicas necessárias à linguagem do trabalho analítico.

Em outras palavras, somente a imaginação capaz de fazer construções pode realizar essa união entre real e imaginário, sem perder o caráter ilusório da união, nem o caráter transiente dessa união, nem sua inescapável complexidade.

Uma analisanda me conta que acordou no meio da noite tomada de um medo terrível e, logo em seguida, começou a chorar sem parar. Diz que foi um choro convulsivo. Achava que estava enlouquecendo. Seu marido acordou, perguntou muito assustado o que estava acontecendo, mas ela relata que não conseguia falar naquele momento. Quando conseguiu falar, disse que não sabia o que estava acontecendo. Conta que o marido se irritou, e disse: "ligue para o seu analista, pois não está adiantando nada essa análise. Você não vê que nada está acontecendo". A paciente me conta isso e fica em silêncio, e pega um lenço de papel para enxugar suas lágrimas. Diz que tem vontade de sair correndo, de desistir de tudo, de sumir para onde ninguém a encontrará, e morrer. E diz: "Quem sabe, no futuro, alguém encontra meu cadáver e me traz de volta à vida num mundo melhor".

Este sobressalto descrito pela paciente, a intensidade de sua reação, a impossibilidade de expressar em palavras, pode ser vista como uma *transformação projetiva*: a vivência de tempo é de um tempo oscilatório, como o da imagem de uma hipérbole. Alguma coisa aparece, desaparece, dá uma longa volta no tempo e reaparece de forma intensa.

Creio que foi esse entendimento do tempo na transformação projetiva (Chuster, 2018; 2023) que me trouxe à mente imagens da história da expedição para encontrar a tumba de Tutancâmon, sobre a qual, em algum momento passado, a paciente me havia falado. Não me vieram à mente como fatos de memória, mas como algo que faz parte da minha atividade imaginativa na sessão. Como se aproximar dessa experiência que não é exatamente uma memória do passado, e que pode ser algo que foi guardado para ser descoberto no futuro?

Penso que o contexto para ajudar nessas aproximações está em Bion.

A transição do estado pré-natal para o estado pós-natal, a passagem pela cesura do nascimento, de dentro para fora, e vice-versa, promove a mais primitiva de todas as tragédias. Existe nessa passagem uma cesura para a vida e para a morte. A criança que nasce mata os pais que a conceberam, num processo aparentemente inverso ao de Cronos, que matava os próprios filhos: a criança assume o papel de Cronos. Portanto, a criança nasce com uma vivência de solidão e, ao mesmo tempo, de grandiosidade. Eis a simetria onipotência/desamparo.

Continuando o voo pela imaginação, podemos conceber a criança que nasce se sentindo à mercê de forças tirânicas ou titânicas. O fato está no mito de Édipo: a criança sendo recebida pelo pai tirânico, Laio, que deseja a morte do filho, pois o filho trará a sua morte.

No nascimento, o relógio da vida foi acionado, a contagem para o fim começou, Cronos está lá na frente esperando para devorar a todos. Isso é o que podemos chamar de transformação em movimento rígido, a imagem é de um círculo, algo retorna no tempo com uma fidelidade incômoda, parecendo que ocorre no presente o mesmo fato que deveria ter ficado no passado.

O Deus Cronos não foi e nem pode ser derrotado. Atua tiranicamente e implacavelmente enviando seus muitos representantes. Para o bebê que nasce, partes de si mesmo foram arrancadas, notadamente as partes pai e mãe, que estavam integradas no útero. No útero, os três eram um só, e este um só pode ser chamado de divindade.

"Há muito mais continuidade entre a vida intrauterina e a primeira infância do que a impressionante cesura do nascimento permite imaginar"(Freud, 1926). Mais do que um recado dado a Otto Rank, que ambicionava centrar a origem de todos os conflitos no trauma do nascimento, ou seja, encontrar uma explicação última para todas as questões, a frase de Freud, retomada por Bion (1975), nos apresenta uma releitura original de processos psíquicos com os quais a psicanálise trabalha.

Após o nascimento, a criança precisa voltar a integrar o que foi despedaçado pelo nascimento: pai, mãe e filho precisam voltar a se juntar, e essa triangularidade recuperada é que recoloca a vida pré-natal numa nova dimensão, sem descartar, no entanto, o que trouxe lá de dentro e que pode influenciar a forma de integração. Uma pressão para que isso ocorra está gravada desde tempos imemoriais: gerou o ser humano. Em Bion, ela adquiriu o nome de pré-concepção. Podemos agregar que uma pré-concepção é sempre edípica; trata-se de uma mente tridimensional em busca de outra, em busca de uma função que as conecte e preencha as necessidades e faltas inerentes a esse vórtice de demandas físicas e psíquicas inseparáveis.

O complexo de Édipo primitivo, a consciência moral primitiva, o Édipo em estado pré-natal, a imaginação radical, a família líquida dos Titãs, precisa ser vencida pela nova família do Olimpo; os pedaços necessitam ser reunidos na luta pela conquista de um novo território em clima seco, mas, sujeito a tempestades e mudanças climáticas e alagamentos diversos. Há um vento que continua soprando daquele Paraíso tão selvagem que excluiu o bebê. Esse vento, como disse Adorno, imaginativamente, ao receber de seu amigo Paul Klee o desenho do *Ângelus Novus* (Figura 12.2): é a história; é o tempo.

Figura 12.2 Ângelus Novus, Paul Klee (1920).

A tragédia que a paciente revela está nos primórdios da vida, estados mentais primitivos. Ela foi adotada por uma tia materna quando tinha um mês de idade, pois a mãe biológica alegava não ter tempo e nem vontade para cuidar de um bebê. A mãe foi embora e nunca mais voltou. Durante toda sua infância, e mais intensamente na adolescência, imaginava que essa mãe biológica fizesse "programas sexuais" para sobreviver. A paciente, na fantasia, supunha que teria sido trocada por esses programas, e a reconstituição que fez do corpo primitivo, que ficou com ela por apenas um mês, se expressou em sua vida por preocupações físicas obsessivas, mescladas com os sentimentos de vingança pelo abandono. Um corpo dilacerado pela família interna de Titãs não havia sido vencido pela família organizada do Olimpo.

Sempre que ocorre uma não integração de aspectos da vida pessoal, também não existe evolução, por isso o sentimento de insatisfação/frustração é intenso, trata-se de uma privação. A insatisfação atrai a parte psicótica, mantendo-a ativa e gerando transformações em alucinose.

A expedição conduzida pelo famoso arqueólogo Howard Carter em novembro de 1922, coordenada pelo não menos famoso mecenas Lorde Carnavon, estava quase para desistir, quando um menino de 13 anos veio dizer que tinha encontrado o degrau de uma escada num lugar totalmente oposto ao que estavam até então escavando.

O lugar era um acampamento abandonado de trabalhadores de túmulos, o que explica o desinteresse pelo local. A escada tinha 16 degraus, foi escavada no mesmo dia, revelando a porta da tumba.

Carter cuidadosamente fez um buraco ao lado e, com toda sua equipe atrás de si, foi o primeiro a colocar a cabeça para ver o que havia lá dentro com o auxílio de um archote. Ele ficou mudo. Carnavon, logo atrás, insistia em perguntar o que ele estava vendo. Quando finalmente conseguiu vencer a emoção que o calava, disse: "estou vendo maravilhas" (Figura 12.3).

Figura 12.3 Expedição Howard Carter (1922).

Fonte: Google. Disponível em: https://www.google.com/search?q=expedi%C3%A7%C3%A3o+Howard+Carter%2C+1922&sca_esv=e4af76ca050776ea&authuser=1&udm=2&biw=1280&bih=665&ei=KCJDZ7HXIM_N1sQP2dDU6Q8&ved=0ahUKEwi-xi9z_gfWJAxXPppUCHVkoNf0Q4dUDCBA&uact=5&oq=expedi%C3%A7%C3%A3o+Howard+Carter%2C+1922&gs_lp=Eg-NpbWciH2V4cGVkacOnw6NvIEhvd2FyZCBDYXJ0ZXIsIDE5MjJIrYYBUNwKWPeBAXACeACQAQOYAdoBoAHCLKoBBjIuN-DEuMrgBA8gBAPgBAZgCDKACgAyoAgDCAg4QABiABBixAxiDARiKBcICCxAAGIAEGLEDGIMBwgIFEAAYgATCAggQABiA-BBixA8ICChAAGIAEGLEDGArCAgcQABiABBgKwgIEEAAYHsICBhAAGAgYHpgDAYgGAZIHBDAuMTKgB_xv&sclient=im-g#vhid=itvl8ETGEaM7TM&vssid=mosaic

Diz Bion (1981) que aquilo que, num estágio mais desenvolvido, pode ser descrito como medo e agressividade, "luta e fuga", está relacionado com reações endócrinas no desenvolvimento do embrião. Essa afirmativa não pode ser comprovada pelo que se chama "fato científico", mas pode servir como conjectura racional para pensar que, em algum momento futuro, ou seja, do desenvolvimento pós-natal, a personalidade de um bebê irá apresentar emoções fortes e sintomas, por exemplo, um choro contínuo de tal intensidade que os pais não conseguem tolerar. Trata-se de um tipo de arqueologia não muito diferente da realizada pela ciência arqueologia. Os achados se transformam em algum tipo de narrativa imaginativa, não muito diferente de um mito, ou sonho, na tentativa de se aproximar do funcionamento mental. Sabemos que não vamos acertar com a narrativa, algo sempre fica incompleto, mas o importante é que duas pessoas se vejam engajadas na busca da verdade. Essa busca produz expansão, um movimento transcendente pela *linguagem de alcance psicanalítico* (Chuster, 2023). Correndo o risco de um reducionismo, posso me arriscar dizer que onde todas as mazelas da situação edípica estavam presentes, uma linguagem com matriz amorosa deve possibilitar que exista um vir a ser eu mesmo (*transformação em O*; Bion, 1965; 1970).

Ainda seguindo as considerações de Bion (1994): os pais podem dizer algo do tipo "não sabemos o que essa criança tem, pois não há nada de errado na forma como está sendo cuidada". Nada mais equivocado. Quando essa criança se torna adulta, ela vai, em algum momento, expressar a pressão de sentimentos intensos que criam uma espécie de consciência de que vai enlouquecer (despedaçar). O que é despertado nos pais e nos médicos responsáveis pelo tratamento são reações prematuras, inadequadas e capazes de manter cegas as intuições. Na vida de vigília, tais reações podem emergir como um pânico que atinge até mesmo tropas disciplinadas e seus comandantes.

Com esse conjunto de conjeturas racionais e imaginativas, que uniu imagens arqueológicas a uma teoria sobre o psiquismo fetal, perguntei à analisanda se alguma coisa que pudesse ter acontecido a sua mãe no momento que ela estava grávida podia ter surgido repetidamente interrompendo sua infância diversas vezes, e ainda continua acontecendo.

A analisanda, surpresa, rapidamente respondeu: *sim, minha mãe teve um aneurisma rompido na gravidez e ficou em coma por duas semanas. Ela se recuperou. Mas, nesse momento me dou conta que a ideia de que alguma coisa vai se romper foi o que sempre precipitou este tipo de choro que tenho.*

Poderia complementar perguntando: diante da descoberta de uma realidade passada, sobre a qual nada se pode fazer, será que tudo depende da história a ser contada? Uma construção psicanalítica pode preencher a distância entre o tornar-se e o Nada?

Note-se um fato importante: a surpresa sempre envolve uma experiência onírica, um contato com o mais íntimo da capacidade imaginativa, sempre antecedida pela existência da intuição.

Vou tentar desenvolver um pouco mais algumas ideias que propõem um modelo para o trabalho que executei.

O analista tem como ponto de partida apenas suas observações. Sobre elas pode fazer *conjecturas imaginativas*, provenientes de sua intuição cega, que desemboca em imagens, e, de outro lado, pode fazer *conjecturas racionais* provenientes de conceitos vazios (teorias psicanalíticas). O casamento da intuição cega com o conceito vazio supomos que forma um pensar psicanalítico.

Se coloco essas conjecturas em simetria, que talvez não sejam nada mais do que perguntas sem resposta, posso visualizar a possibilidade de associar certas palavras de uma forma inusitada ao sentido previamente existente. Portanto, existe criação. Muitas vezes, uma criação ocorre onde menos se espera: mais ainda, ela aponta para o fato de que é necessário utilizar algo proveniente da arte para que um pensamento faça conexão com o que está enterrado tão profundamente no passado ou tão distante no futuro que se costuma dizer que seria um não pensamento. Esse algo podemos chamar de capacidade negativa (Bion, 1970). O termo provém da poesia, e de negativo não tem nada, pois se trata do polo negativo da química, aberto a receber o que vem do polo positivo. Significa buscar a suprema empatia, algo que não temos.

Pensamento/não pensamento

Muitas vezes, Freud se utilizou de imagens tiradas dos mitos e da literatura. As imagens provam que existe sentido mesmo onde não parece ter, e que existe algo enigmático no que parece ser apenas um lugar comum.

Bion, seguindo Freud, também abriu novos caminhos para mostrar a especificidade do campo psicanalítico. Ele apontou a existência da dor psíquica nesse campo, por isso precisava de uma *ética* de pensamento para acolher a *estética* dessa dor.

Figura 12.4 Reconstrução do rosto de Tutancâmon.

Fonte: Época Negócios. Disponível em: https://epocanegocios.globo.com/tecnologia/noticia/2023/05/rosto-do-rei-tutancamon-e-recriado-digitalmente-por-uma-equipe-internacional-de-academicos.ghtml

A Figura 12.4 é uma reconstrução do rosto de Tutancâmon usando computação gráfica. Podemos supor que é uma reconstrução bem precisa de algo que ficou enterrado no passado, mas que, por meio de certos recursos, pode nos dar uma experiência ricamente imaginativa sobre um faraó que morreu com apenas 19 anos de idade.

O psicanalista tenta fazer o mesmo em uma construção analítica? Isso tem a difícil função de abrir um mundo novo, não saturado, com sentidos comuns. Não deixa de ser intrigante que podemos ver o passado com recursos que antes seriam inimagináveis. Algo ficou conservado como uma memória do futuro?

A construção analítica precisa revelar um mundo que vai mais além da gramática e da combinação de letras. Trata-se de um mundo que trabalha com a simetria finito/infinito.

Bion sugeriu que, para nossa conveniência, podemos usá-la no lugar de consciente/inconsciente. O que nos permite uma outra visão do tempo. O tempo que aproxima a psicanálise de ser uma atividade prático-poiética.

Para finalizar um pouco do humor de Mario Quintana: "Tempo. Coisa que acaba de deixar o leitor um pouco mais velho ao chegar ao fim desta linha".

13. A clínica em Bion: uma clínica da complexidade

I

A simples existência da psicanálise é sinônima de uma crise de pensamento. A crise é crítica por ser clínica. Em outro sentido, a clínica é crítica por despertar uma crise. Na crise, o desconhecido nos é revelado. *A psicanálise é um debruçar-se sobre o desconhecido.*

Troquemos agora a palavra crise por turbulência emocional que gera uma mudança catastrófica. Essa mudança revela, sistematicamente e criticamente, uma clínica da simetria onipotência/desamparo, e outras tantas. Nesse universo de infinitas possibilidades, situo a clínica em Bion.

Consideremos daqui em diante as infinitas possibilidades de observação dessas simetrias que colocam elementos da psicanálise em um modelo espectral. Essas simetrias ocorrem quando percebemos uma cesura entre os elementos.

As frases anteriores podem soar reducionistas e até simplistas, mas longe dessa intenção ingênua, diria que soam simples por serem uma porta para a complexidade de questões sem resposta, que tentarei expor neste capítulo.

Bion se referia a uma visão geral da clínica usando três expressões em inglês: *break up*, *break down* e *break through*. Criação, colapso, elaboração; não necessariamente nessa ordem, pois podem ser alternados em ordens diversas. Elas constituem outra faceta a ser examinada para enfocar a clínica em Bion.

Para começar, gostaria de assinalar – de forma veemente – a fidelidade e a honestidade intelectual de Bion a esse fundamento essencial da psicanálise: a crise. Nela, a psicanálise nos fala de um outro Freud. Trata-se de um Freud que pouco conhecemos, apesar de tantas historiografias e biografias minuciosas.

Refiro-me aqui a um Freud no seu "esplêndido isolamento", na solidão absoluta de sua criação da psicanálise, contando apenas com sua intuição em plena erupção, que mostrou na consciência de nossos conhecimentos a soberania do mundo inconsciente. Nesse mundo de mistérios e profundezas habita a clínica psicanalítica. Freud certamente passou pelos três estágios da clínica de si mesmo: *break down*, *break up* e uma vida de *break through* do que havia descoberto.

Freud foi autor de uma das maiores e mais verdadeiras revoluções de todos os tempos, uma revolução cuja chama sempre despertou os maiores e mais ferozes esforços para apagá-la. Chamou-se a isso de resistências à psicanálise, sendo que muitas das piores resistências partiram dos próprios psicanalistas.

As consequências dessas resistências apareceram em cisões e subdivisões no movimento psicanalítico, produziram as escolas de psicanálise, geraram seguidores crentes dessa ou daquela tendência, com acusações mútuas de que o outro não praticava psicanálise. Tratava-se de uma nova versão do velho positivismo, temperado com autoritarismo, demagogia institucional e incoerente intolerância às diferenças.

Mas do que no fundo se tratava essa resistência? E do que se trata hoje?

Ontem e hoje, a relevância do tema para o trabalho do psicanalista é óbvia, pois o trabalho na transferência nada mais é do que outra forma de falar sobre a questão da resistência. São faces da mesma moeda. O que variou ao longo do tempo foi como a clínica pode revelá-las e trabalhá-las.

De forma inversa, também se trata daquilo que não foi trabalhado, da incompletude de todos os processos analíticos, e por isso se difundiu por outros meios, produzindo ideias miseráveis, sempre carentes de ampliação e aprofundamento.

O conceito de resistência sofreu uma evolução importante em Bion (1965) quando ele sugere pensá-la por meio da expressão "inacessibilidade a O", sendo "O" a realidade psíquica existindo como *Onthos* e *Opus*. Ou seja, existe uma ontologia, que é inacessível, que se desdobra o tempo todo como trabalho psíquico. A seguinte imagem metafórica de Bion é profundamente ilustrativa desse fenômeno: o consciente é um elefante pesado correndo atrás de um tigre ágil e veloz: o inconsciente; a psicanálise é apenas uma listra no tigre.

O conceito de Bion, essencialmente complexo, descreve a totalidade inatingível do campo analítico, o que certamente irrita positivistas, deterministas etc., que, como de costume, vão dizer que ele é muito difícil, misterioso ou enigmático.

O contexto em que essa nova visão da *transferência* aparece mais claramente começa no livro *Transformações* (1965) e se desdobra até o texto *Cesura* (1975).

Em *Transformações* (1965), Bion descreve que o entendimento freudiano da transferência é apenas uma possibilidade, entre quatro que ocorrem num campo de mudanças catastróficas, sendo esse campo circunscrito por concepções psicanalíticas que devem evoluir e com consequências na transformação do Ser ou do tornar-se.

Em *Cesura* (1975), esse termo que dá título ao trabalho praticamente se torna sinônimo de transferência (Chuster, 2014). Ou seja, a psicanálise deve ser a cesura da *vida* real, e isso supõe uma constante transição de dentro para fora e vice-versa, por meio de uma *cesura* – símbolo do limite entre a vida intrauterina e a vida extrauterina, com o qual se representa a transição de um mundo regido pelo *acaso* para um mundo regido pela *escolha*. Essas duas possibilidades continuam existindo a vida toda e o momento de confronto traz sempre a *turbulência emocional* (Bion, 1976; 1979).

Todavia, nesse ponto de minha exposição, vou questionar: quando o analista corre o risco de ser cúmplice da inacessibilidade a O, podendo fortalecê-la ainda mais, negando o mistério que nos move, e como essa dificuldade pode conduzir a atacar ou a se desviar dos fundamentos da psicanálise?

É muito fácil ser cúmplice quando lidamos com ontologia sem epistemologia a serviço de uma mitologia que nos faz circular livremente no campo analítico. Espero esclarecer essa frase mais adiante.

Se um analista ataca os fundamentos da psicanálise, trata-se de um fato muito grave, pois rompe com o sentido fundamental de O, ou seja, aquilo que traduz as profundezas onde habita a verdade, única direção a ser tomada pela psicanálise. Em outras palavras, não há lugar para a superficialidade na psicanálise, mas ela pode ser produto de pontos cegos do analista, que tem em sua análise pessoal o único lugar para resolvê-los. O que não é nenhuma garantia que vai conseguir fazer isso sempre. Mas podemos tentar, apurando nossa disciplina psicanalítica ao longo de toda vida, mantendo a vitalidade daquele Freud mais desconhecido.

No fim do capítulo VI de *Aprender da experiência* (1962b), Bion faz uma observação penetrante a propósito do pensamento na psicanálise. Após dizer que o esforço para escapar da experiência emocional de contato com objetos vivos torna alguns pacientes incapazes de relacionamento a não ser com autômatos, ele diz:

> *O cientista, cujas investigações incluem a matéria da vida, se encontra numa situação simétrica a desses pacientes. O colapso no equipamento do paciente para pensar leva à predominância de uma vida mental, em que seu universo se povoa de objetos inanimados. A incapacidade dos seres humanos, mesmo os mais evoluídos, de fazerem uso de seus pensamentos, por ser embrionária nossa capacidade de pensar, indica que o campo das investigações, toda investigação sendo em última instância científica, é limitado pela deficiência humana aos fenômenos que apresentam as características do inanimado. Nós supomos que a limitação psicótica se deve à doença, não a do cientista... Parece que nosso equipamento rudimentar para "pensar" os pensamentos é adequado quando os problemas se associam com o inanimado, mas não quando o objeto de investigação é o fenômeno da própria vida. Diante da complexidade da mente humana, o analista deve ser prudente ao empregar um método científico, mesmo o mais estabelecido. Sua fragilidade pode estar bem mais próxima da vulnerabilidade do pensamento psicótico do que um exame superficial poderia admitir. (Bion, 1962b)*

Que convite de pensamento nos traz esse texto de Bion para a teoria e a clínica psicanalítica?

Certamente não é uma condenação da ciência e dos métodos científicos por despersonalizarem o ser humano e reduzi-lo a uma inteligência artificial incapaz de se relacionar com a vida de seus objetos. Para viver, não precisamos ir contra a ciência e a técnica. Tampouco

Bion denuncia a psicose como identificação com a morte, mas sugere aquilo que em Spinoza declara a existência de um *paralelismo disjuntivo*. Sanidade e insanidade são lógicas diferentes que devem ser respeitadas para que se possa encontrar a composição entre elas. Ou seja, não podemos colocar numa só dimensão ciência, técnica, psicose, vida, morte, pensamento, psicanálise. Fazer isso é ficar numa dialética de uma única faixa de onda, como um rádio de uma única estação, e com isso não podemos pensar. Presos à oposição de uma ou outra opção, ainda não chegamos à composição do pensamento. *Pensar é compor oposições*. Esse é o convite que Bion nos faz para entrarmos na clínica da complexidade. Aqui a dialética será substituída por uma dialógica que coloca os fenômenos dentro de um modelo espectral de possibilidades aproximativas.

Uma longa jornada de milhões de anos foi percorrida até que uma modificação nesse DNA criou o ser humano, que se viu por esse DNA condenado a ter uma mente, que, por meio da intuição profunda de Freud, foi descrita como uma mente edípica.

III – Redescobrindo sempre a psicanálise

Um dos primeiros descobrimentos de Freud, o complexo de Édipo, constitui-se até hoje o principal fundamento da psicanálise. Portanto, a relação do psicanalista com esse fundamento determina sua condição profissional, isto é, ser ou não ser psicanalista depende da compreensão e e da fidelidade do profissional a este fundamento. O tempo passou e nada mostrou o contrário.

Vamos encontrar Bion procurando desenvolver, de forma provocativa e ousada, essa fidelidade ao fundamento freudiano. Quais são esses desenvolvimentos e como eles se constituem em diferenças clínicas?

Com frequência, encontramos na teoria psicanalítica uma distinção entre um nível pré-edípico e um nível edípico do desenvolvimento psíquico. Essa distinção não é identificável no pensamento de W. R. Bion.

Se seguirmos as ideias de Bion sobre a *pré-concepção edípica*, verificaremos que não existe um "pré" no humano, a menos que desejemos falar do *pré-humano*. Espero, ao longo de minha exposição, tornar essa ideia mais clara.

Bion, como ponto de partida, adotou a teoria de Melanie Klein, que desloca o Édipo para as fases precoces do desenvolvimento, porém, ele a ultrapassa e amplia para "antes" do nascimento por meio da teoria das *pré-concepções*. Com isso, a configuração edípica existe desde sempre. Ela representa, antes do mais, a tridimensionalidade da mente humana: espaço, tempo e profundidade. A mente humana é uma mente edípica, uma mente tridimensional lutando para equilibrar a relação entre seus vértices.

Nesse "antes" do nascimento, o Édipo tem como ponto de partida uma forma pura, uma pré-concepção originária que irá buscar uma realização que se case com uma concepção. Posteriormente, podemos entender esse movimento como uma intuição à espera de um conceito futuro. Quando encontra o conceito, estabelece um vínculo, que, em termos metafóricos, trata-se de uma *dialógica continente/conteúdo*, um dentro e fora em permanente troca criando um espectro de possibilidades e aproximações.

O princípio de observação que rege essa assertiva pode ser definido como princípio ético-estético de indecidibilidade de origem instalado pelas seguintes questões: quando é que a mente começa? Nesse começo, com que elementos pode contar? Pode, uma vez ocorrida a cesura do nascimento, subsistir alguma parte da mente que se manteve embrionária? Essa mente pode vir a nascer em algum momento da transitoriedade da vida e, mais ainda, de uma psicanálise? Pode essa mente embrionária ser, ao longo da vida, o que chamamos de intuição cega – usando aqui o termo de Kant? Um lugar visitado por poetas, artistas, escritores, gênios, místicos e psicanalistas?

Devo enfatizar que a noção de forma pura alude ao fato de que é o Édipo que especifica a condição humana. O ser humano é um ser edípico. Somos, como humanos, ao mesmo tempo pré-concepção (verdade) e história (memória). Uma história relacionada com um momento indefinível no sistema do qual todos participamos que é o do pensamento.

Como psicanalista, tenho que eticamente prestar conta das minhas ideias utilizadas numa prática que atende ao sofrimento humano. No presente da sessão, preciso correlacionar os termos verdade e história e, para isso, posso lançar mão da minha imaginação produtora e sempre pensar num mais além ao usar, como fez Bion, uma tese de Freud (1926): "há muito mais continuidade entre a vida intrauterina e a primeira infância, do que a impressionante cesura do nascimento nos permite acreditar".[1]

De um modo geral, Bion, seguindo Freud, reafirma de diversas formas que o *mito de Édipo é a linguagem da psicanálise*.[2] Longe de

---

1 Se, a princípio, pode parecer que existe um distanciamento de Bion da obra de Freud, é nesse ponto em que talvez mais encontremos a afinidade. Duas epistemologias se confrontam na descoberta freudiana do complexo de Édipo, provenientes de duas formas distintas de investigação: uma arqueológica e outra mitológica. A primeira é uma epistemologia positiva, continuísta, evolucionista e empirista, de objetos que se impõem como presença à visão e cuja constituição estratificada reconhece um tempo linear de determinações, um antes e um depois, uma história. Na segunda, ocorre uma epistemologia negativa, descontínua, apontando para rupturas, estrutural, com objetos que são privilegiados a partir da ausência ou perda, com uma concepção não linear de tempo, onde o antes é concebido a posteriori do depois. Essas duas epistemologias circulam entre si como numa espiral e podem ser lidas em Freud. O conceito de cesura atende as duas simultaneamente: história e estrutura.

2 Freud estabeleceu que um dos critérios pelo qual dever-se-ia julgar (avaliar) um psicanalista seria o grau de fidelidade que atribuía à teoria do complexo de Édipo. Ele mostrou, assim, a importância que atribuía a essa teoria, e o tempo não fez nada para sugerir que ele errou em superestimá-la. A evidência do complexo de Édipo nunca está ausente, embora nem sempre observada. Melanie Klein, no seu trabalho "As fases precoces do complexo de Édipo", fez observações dos elementos edípicos em que sua presença não tinha sido detectada. Bion radicalizou situando-o no

uma limitação interpretativa, a revolução de Freud fez o mito recuperar a força de uma *hermenêutica* originária. Em grego, o verbo significa transmitir, trazer mensagens. Sua referência é Hermes, o mensageiro dos deuses. Ele traz e transmite o destino que trama as vicissitudes da história dos homens.

Cabe aqui uma ressalva: nem toda interpretação é uma hermenêutica. Somente aquela que desce até a dinâmica do destino que estrutura a história. É o que faz Freud ao mostrar, via mito de Édipo, como se funda e se desenvolve a história humana. Nesse contexto, o mito assume um outro sentido. Deixa de ser uma lenda – isto é, um relato sem verdade – para reaver toda a força de sua palavra: a *verdade da história*. Pois o mito de Édipo exprime o destino que se lega historicamente à existência. Por isso, em sua originalidade, o mito de Édipo, como todo mito, antes de ser uma palavra, é uma etiologia, um *Onthos*, que se transforma em *Opus*, ou na vivência de um destino do pensamento.

IV – Uma nova leitura do mito edípico por meio de uma ética trágica

As vicissitudes dos personagens do mito de Édipo têm um momento original na teoria psicanalítica: no artigo de Bion, *Sobre arrogância* (1957).

Esse trabalho surge no final da sequência de trabalhos sobre *a parte psicótica da personalidade e é decisivo* na criação da *Teoria do pensar* (1962a). Bion, prosseguindo na investigação da relação entre a parte psicótica e não psicótica, procura mostrar a presença da primeira no mito de Édipo, gerando com isso uma nova leitura.

O tema investiga uma das atitudes mais abrangentes e frequentes nas organizações humanas: o *estado mental arrogante*. Basta uma

---

contexto das pré-concepções, onde existiria na mente como uma forma geométrica pura estaria para a geometria aplicada.

rápida visão pelo universo social para verificarmos a arrogância em funcionamento nas corporações militares e policiais, na razão cínica que utilizam, bem como nas organizações criminosas, na atitude pomposa de magistrados e outras autoridades do poder constituído, enfim, em qualquer indivíduo que possa, por qualquer razão, exercer algum tipo de poder em qualquer momento, não excetuando os presidentes de sociedades psicanalíticas e demais organizações da área.

Partindo da observação clínica com pacientes, Bion destaca uma articulação entre três elementos: *arrogância*, *estupidez* e *curiosidade*.[3] Diante dessa configuração, deve ser levantada a hipótese de que o funcionamento psicótico da personalidade está ativo. Cabe especificar o que significam tais termos, pois Bion não o faz extensivamente.

1. Arrogância: na personalidade em que predominam os impulsos destrutivos, o orgulho se transforma em arrogância; já na personalidade em que predominam os impulsos de vida, o orgulho se transforma em autoestima. Note-se que Bion não usou a oposição tão comum entre narcisismo *versus* Édipo.
2. Estupidez: é consequente à arrogância. Deve ser tomada no sentido da palavra em inglês (*stupidity*), que dá a ideia de uma ação que mistura grosseria e burrice. É motivada pela crueldade do superego (isto é, motivado por uma herança do complexo de Édipo), e é simultaneamente um veículo de identificação projetiva. As atitudes estúpidas visam a paralisar e controlar o objeto para a qual são dirigidas.

---

3 A articulação arrogância-estupidez-curiosidade já prenuncia, de certa forma, a concepção estrutural do triângulo K, L, H negativo (a antiexperiência emocional) que Bion irá desenvolver em seu trabalho *Aprender da experiência* (1962b). Como mostrou Meltzer (1992), o –K pode ser visto como farisaísmo (oposição às ideias novas só porque são novas), o –L como puritanismo (oposição à sexualidade, ao amor e à estética) e o –H como hipocrisia (no ato da violência). Obviamente que a arrogância é uma forma de farisaísmo ou vice-versa, assim como o puritanismo uma forma de curiosidade mórbida, e a estupidez, uma espécie de hipocrisia.

3. Curiosidade: é o traço mais atingido pela arrogância; deve ser tomado não no sentido comum, mas no sentido da *curiosidade mórbida*, a única admitida pela parte psicótica da personalidade. A curiosidade é voltada para o mal, para o extermínio dela própria, sendo empregada para livrar-se dos maus objetos por meio da identificação projetiva. A ação de "matar a curiosidade" nunca é usada para ampliar o saber, mas para detê-lo.

Como exemplo, cito a atitude de policiais que ficam sexualmente excitados pela visão de algum crime ou tragédia. A excitação fica presente nas atitudes e perguntas investigatórias que estão desvinculadas de qualquer finalidade prática.

Outro exemplo é a conhecida e popular curiosidade do cidadão que detém seu caminho para admirar uma tragédia (um atropelamento ou acidente grave), mas é incapaz de fazer o mesmo em algum espetáculo artístico ou dádiva da natureza. É também aquela curiosidade voyeurística de indivíduos que exercem atividades, como padres no confessionário ou funcionários de estatística, que ficam solicitando mais informações do que o interlocutor deseja ou necessita exibir. Mas, de uma forma geral, isso pode ocorrer com qualquer profissão.

A *experiência emocional* do mito de Édipo adquire uma nova visão quando Bion privilegia a questão da sede de saber, o *vínculo K*, assinalando que o crime sexual não foi punido, mas sim a busca de Édipo para descobrir a verdade. Essa busca foi tomada como arrogância e, dessa forma, punida como *hubris*.

Bion assinala que a sexualidade se situa numa trama periférica da questão metafísica central que é a busca da verdade. Diversos personagens repetem na trama do mito esse conflito: o oráculo que possui um saber e despreza o desejo de Édipo de buscá-lo, Tirésias que possui o saber, mas desdenha da iniciativa do Rei de encontrá-lo, as atitudes de arrogante rivalidade entre Laio e Édipo na encruzilhada de Delfos e Daulios, a Esfinge que se suicida, uma vez decifrado o enigma que propõe a todos os jovens e, finalmente, o próprio Édipo, que se cega com o broche de Jocasta (que também se suicida com a verdade revelada) quando descobre a verdade de sua história.

Bion mostrou um campo fundado por uma ética trágica central: a questão do conhecimento e do desejo de descobrir a verdade, extensivo a todo tipo de investigação científica. Desse modo, temos um espectro que, no centro, tem a verdade indecidível e que se encaminha para polos opostos: de um lado, a mentira, de outro, a sexualidade. Graus de distorção da sexualidade representam graus de afastamento da verdade.

Cabe então a pergunta: se a psicanálise se instala no movimento de uma ética trágica, que é a descoberta da verdade, não é ela uma tarefa insustentável por ter que pensar o desenrolar vertiginoso de uma situação impossível?

De imediato, temos que nos dar conta de que nenhuma situação é plenamente analisável. Somente a arrogância pode nos levar a pensar que podemos nos ocupar plenamente de um material. Diante disso, o analista deve estar em condições de reconhecer que fornece apenas o início de uma investigação, sendo otimista. O princípio da incerteza, e sua consequente asserção de incompletude, tem uma ação constante no campo analítico.

Uma grande parte do trabalho da análise, sem dúvida a parte mais importante, não é explicitada e nem explicitável. A psique é um mistério, um labirinto, do qual se observam algumas entradas e algumas saídas. Mais saídas do que entradas. Poder-se-ia dispensar para a prática o conhecimento dos "mecanismos internos" se as ligações regulares existissem entre entradas e saídas da psique. Ora, a ideia em si de tais ligações regulares é duplamente absurda. Do ponto de vista epistemológico, entradas e saídas nunca são idênticas, nem entre sujeitos, nem para o mesmo sujeito, e nunca são observáveis como coisas iguais. A incerteza predomina.

Do ponto de vista da teoria do inconsciente de Bion, que o torna coincidente com o incognoscível, a psique surge de uma imaginação radical e, como tal, é essencialmente indeterminação. Esta não quer dizer caos, desconhecível absoluto, mas singularidade inefável. O "universal" pode estar presente sob múltiplas formas, o que é suscetível de ser conhecido, e, assim, quase tudo pode ser dito. Mas o desconhecido, a criação em função do embate com o desconhecido, o novo, e a autotransformação resultante desse embate, sempre irrompem na mente. E com todas essas questões emergindo, qual sistema Bion poderia utilizar para dar conta da ética trágica?

A resposta veio de um caminho natural. Sua formação ampla em filosofia, suas consultas ao pensamento científico, sua fidelidade à tradição freudiana de investigação, permitiram-no vislumbrar uma teoria do pensar como única possibilidade para a existência de uma verdade inatingível. Pois só o pensamento é algo que cria incessantemente no ser humano. Criar é a única saída para lidar com essa realidade que não pode ser conhecida, apenas imaginada.

Nesse sentido, por mais "asséptica" ou "intelectual" que possa parecer uma teoria do pensar, ela se refere à organização do ser, e tem em sua origem, evidentemente, os progenitores, que realizaram a função biológica chamada de reprodução, cumprindo com a conservação da espécie, a autopreservação da vida. Há, em um extremo, o ser e, no seu oposto, o nada. Serão as noções de *self*, história, corpo e a noção de *ser humano* que delimitarão a distância entre os extremos. Quanto mais se apaga a verdade da história, mais o ser se aproxima do nada.

Mesmo na operação biológica do corpo, em que são necessários dois para criar uma unidade humana, temos de considerar na sua realização as diferentes organizações de cada um dos progenitores, seus modos de defesa, suas inibições culturais, seus conflitos etc. Tais diferenças tomam parte da concepção e da história do indivíduo, assim como as relações amorosas entre os progenitores, inclusive sua posição frente ao problema da reprodução e da geração: defesa, temor, exaltação dessa função, desconhecimento ou exaltação da função sexual, ou seja, de toda vertente libidinal – são tantas as variáveis, são tantas incógnitas, que apenas o desenrolar da experiência analítica pode mostrá-las. Para tal, temos um instrumento desenvolvido por Bion que lida com o campo analítico como sendo um campo de funções: a *função alfa*.

V – A função alfa como instrumento da análise e do mito de Édipo

Função significa relação unívoca, ligação entre dois conjuntos infinitos. Seu emprego em psicanálise estabelece uma nova forma de pensar que coloca as teorias objetais em segundo plano, para enfocar o vínculo em primeiro plano. Em momento algum se trata desse ou daquele objeto, mas a ligação entre eles. O mito de Édipo é tomado como modelo de ligação, portanto, tem descrição de funções. Ora, quem diria, a função alfa, por mais impressão que cause de ser uma ideia matemática, é uma teoria edípica.

Vou enfocar rapidamente duas aplicações dessa função, usando significados conhecidos em psicanálise clássica. Indago aqui sobre a função da mãe e a função do pai, ambas formadoras dessa organização que chamaremos de indivíduo, que seria a função do filho. Essa configuração clássica foi a usada por Freud para descrever a configuração edípica. Bion a utilizou, porém, adotando os sinais bem conhecidos na genética para representar uma relação continente/conteúdo: ♂♀ Os sinais representam, portanto, uma função com a posibilidade de infinitos fatores sendo ligados.

Em Bion, a função do pai– evocando a tradição do complexo de Édipo ou a tragédia de Édipo como representante do trágico e, como representação trágica pelo personagem Laio – é acionada inicialmente pela função da mãe, Jocasta. Seu desejo de ter um filho passando por cima dos temores de seu marido a coloca, por causa deste, na posição de falhar naquilo que Bion chamou de reverie: a capacidade de acolher as comunicações originárias do bebê, apresentando a ele o social. A função da mãe que deveria ser acionada pela *pré-concepção edípica*, que necessita de uma realização para formar uma *concepção*, ou as primeiras formas de pensamento, falha pela ação homicida de um pai que não deseja o filho.

O mito de Édipo foi considerado por Bion (1963) uma forma de pré-concepção e, simultaneamente, como ocorre com todo mito, uma forma de *public-ação*. Esaa definição permite entender a pré-concepção transitando em diversas facetas social-históricas. Ou seja, está presente em qualquer nível da experiência humana. Uma razão para tal é que uma das partes constitutivas da pré-concepção é a informação da existência do tempo.

No sentido platônico/kantiano, a pré-concepção dá origem à concepção que é a forma. Portanto, a pré-concepção é a essência humana, o inconsciente em sua acepção mais ampla, como um *Onthos* inacessível, portanto, incognoscível. O caminho entre a pré-concepção e a concepção é fornecido pela realização, com todo o espectro de significados que o termo permite. Todavia, é pela realização estética, decorrente do fato de que todo mito é uma fala sobre pensamentos e sentimentos, que podemos situar a pré-concepção edípica.

Pois, se todo mito é uma fala, uma narrativa, qualquer fala pode se transformar em mito. Nesse ponto, podemos aplicar um princípio ético-estético de singularidade. Isto é, para Bion, o mito de Édipo é uma parte essencial do aparelho de aprendizado nos primeiros estágios do desenvolvimento. Há uma pré-concepção edípica que opera como precursora de uma importante função da personalidade para a descoberta ou o conhecimento da realidade psíquica, de forma distinta, para cada ser humano. Há algo que não se repete.

Essa pré-concepção conduzirá as investigações da relação com os pais e a realização dessas investigações ficarão evidentes no contato com os pais reais ou substitutos. Ou seja, no processo de socialização e humanização, que são processos distintos, podemos ser até opostos.

Por isso, Bion postula o "mito de Édipo privado" (*private Oedipus myth*) formado por elementos alfa, e sugere que é um importante fator na assim chamada "função psicanalítica da personalidade" (1963). Esse mito funda o crescimento mental por meio da singularidade dos modelos obtidos na cultura em que vive o indivíduo, e pode sofrer ataques destrutivos pela inveja, voracidade ou sadismo proveniente da parte psicótica da personalidade que se opõe ao conhecimento da verdade. As consequências do ataque são a fragmentação e a dispersão da pré-concepção nas concepções e conceitos, evitando a formação do aparelho de aprendizado (*learning apparatus*) e da intuição, mas, sobretudo, impedindo o desenvolvimento da "função psicanalítica da personalidade".

Sobre esses distúrbios de pensamento presentes na situação edípica, voltaremos mais adiante.

VI – A linguagem do mito de Édipo, seu alcance psicanalítico

Como já dito, o mito é um discurso, uma narrativa. Seus autores não confiáveis desapareceram no tempo, por isso, obviamente, não é um discurso qualquer. São necessárias condições especiais para que a linguagem se transforme em mito, isto é, que traduza situações comuns aos seres humanos. Porém, desde o início, a teoria da pré-concepção de Bion estabelece que o mito é um sistema de comunicação, ou seja, é uma mensagem, um veículo de pensamentos, sentimentos e ideias. Eis porque não poderia ser um objeto, um conceito; ele é um modo de significação, uma forma como a dos sonhos e dos pensamentos oníricos: um espectro de possibilidades e, como tal, tem uma infinitude.

Bion coloca o mito em pé de igualdade com os sonhos e pensamentos oníricos (categoria C da Grade). Além do mais, já que o mito é um discurso, tudo pode constituir um mito, desde que seja suscetível de ser avaliado pelo vértice de um indivíduo. O mito não se define pelo objeto de sua mensagem, mas pela maneira como a profere: o mito tem limites formais, mas não substanciais. Logo, tudo pode ser mito no plano individual. Todos nós temos mitos particulares e são estes o objeto da psicanálise. Não há uma história pessoal em que o indivíduo deixa de ser o herói Édipo dela própria.

Bion descreve o mito de Édipo em duas versões de acordo com o funcionamento da função alfa. A primeira, a versão elemento alfa, pela qual a criança consegue fazer aproximações conceituais e estabelecer contatos com os pais como são, no mundo da realidade. A união dessa pré-concepção edípica elemento alfa com a realização dos pais da realidade produz a concepção dos pais, e daí se desenvolve para a concepção de família, de sociedade e de uma mente criativa capaz de gerar soluções para todos os extratos que chegam ao bebê para protegê-lo e atendê-lo.

Essa versão elemento alfa indica que os problemas edipianos foram atingidos, ao contrário da versão beta, em que a carga emocional é de intensidade intolerável (e possui conteúdos de frustração gerando ódio, inveja, sadismo, voracidade etc.) que aniquila a própria pré-concepção edípica. Como resultado, a criança perde o aparelho essencial para desenvolver uma concepção da relação entre os pais e, por conseguinte, para a resolução dos problemas edipianos. Bion diz: "Não é, pois, que não se resolvam estes problemas – ela apenas nunca os atinge".

Menciono aqui um analisando que, toda vez que a análise o aproximava de uma compreensão de seus sentimentos, ele sonhava que estava nadando no mar e não atingia a praia. Isso era dito com um certo prazer, aparecendo como um deboche sutil, em que insinuava que a análise poderia ser mais uma dessas situações de sua vida em que ele "nadava, nadava e morria na praia". Essa formulação pode ser tomada como discurso de seu mito pessoal. Uma série de projetos era iniciada e abandonada, havendo por trás disso um ataque à cena primária, consequentemente à sua capacidade criativa, por não suportar as emoções que despertavam.

A versão elemento beta do mito edípico é a inviabilização da criação de inconsciente e ocorre no paciente psicótico. Em certo sentido, para Bion, o psicótico é o que não tem inconsciente. Desse modo, podemos dizer que o elemento alfa é o próprio ser. Inviabilizando-se a criação de elementos alfa surge o não ser, sentimento de não-existência (o nada), com frequência descrita pelos pacientes psicóticos. Num outro aspecto, a impossibilidade de formar elementos alfa, está ligada à impossibilidade de sonhar, assim produzindo no psicótico o estado em que não pode estar dormindo nem acordado.

Em *Cogitações*, Bion diz:

> *Um exemplo do que eu entendo por "sonhar" o ambiente no qual o indivíduo se encontra é a elaboração que o grupo faz de um mito, tal como na história em que Newton descobriu as leis da Gravitação ao ver uma maçã cair. A asserção é produto do trabalho onírico, e seu objeto é a corporificação, em um símbolo pictórico, de fatos que os indivíduos num grupo necessitam transformar, de modo que esses fatos possam ser estocados e evocados à vontade. O símbolo pictórico, uma vez formado e estocado, pode então ser recuperado e interpretado pelo indivíduo para produzir os conteúdos que ele sentiu precisar estocar. Uma peculiaridade da psicanálise é que seu sistema dedutivo científico é uma série de hipóteses sobre hipóteses sobre hipóteses... Isto merece uma comparação com a hipótese do físico de mecânica quântica sobre dados básicos que são, de fato, hipóteses estatísticas.* (2000, p. 59)

Essa comparação nos leva a confirmar o uso intuitivo por Bion da teoria da complexidade. O modelo de sujeito que daí deriva aponta para um sujeito indeterminístico e para sempre rompido com a verdade. Penso que também reafirma uma das teses que Bion desenvolve, situando a versão do mito de Édipo, feita por Sófocles, e as descobertas de Freud como tentativas de resolução de uma encruzilhada do desenvolvimento. Essas tentativas estão muito mais dispersas no tempo e são muito mais variadas nas suas formas e métodos de resolução adotados que temos nos dado conta ou, até mesmo suspeitado, até hoje.

Em *Transformações* (1965), Bion situa o problema da complexidade da personalidade na encruzilhada nas situações em que os impulsos devem dominar quando o pensamento é traduzido em ação, ou quando uma conjectura imaginativa deve ser traduzida em decisão, ou quando um estado mental transita para outro. Esse tipo de problema pode ser considerado como um problema de poder e de captura de uma posição de comando, que será divertidamente exemplificado pela história do General Slim,[4] com a qual surpreendeu a todos numa das Conferências de São Paulo, em 1978 (Bion, 1978). Essa luta pode ser encarada indiferentemente como desenvolvendo-se dentro da psique, fora dela ou tangencialmente, e pode comparar o modelo de Édipo na encruzilhada de Tebas com um círculo cuja circunferência é intersectada em dois pontos reais e distintos, dois pontos que são reais e coincidentes ou dois que são complexos e conjugados.[5]

---

4 "O finito não deixa espaço para o desenvolvimento; estamos aqui preocupados com algo que requer espaço para o crescimento. Para ilustrar alguns dos problemas que enfrentamos tomo como método de descrição uma operação em grande escala – o empenho do 14º Exército Britânico que foi derrotado em Rangoon, em 1942 . . .". Em resumo, a função narrativa da história demonstra como a imaginação produtora é o elemento central na composição de interpretações. No relato de Bion, é a ficção, produto da imaginação, que produz consequências, que, de um lado, elevam o moral e, do outro, despertam uma ambição que produz a derrota.

5 Cabe a indagação se não corresponderiam, na ordem mencionada, às estruturas de neurose, perversão e psicose. De qualquer modo, temos de considerar sempre

Em *Cogitações*:

> *Proponho, com essa finalidade, examinarmos os elementos de Euclides. Isso me traz de volta ao ponto em que disse ser necessário pesquisarmos a interseção entre os processos análogos aos que vemos corriqueiramente nos sonhos e processos que associamos comumente com a lógica matemática. Mas, antes de fazê-lo, preciso fazer um alerta: é inevitável que, em certos pontos da discussão, possa parecer que eu esteja vendo símbolos sexuais, especialmente edípicos, em certas proposições euclidianas. Ficará claro que não há nada de novo nisto: na realidade esses* insights *existem desde, pelo menos, a época de Plutarco. Mas, de certa forma, pensar que as descobertas que Freud fez a respeito do Édipo elucidam o teorema de Euclides seria colocar o carro à frente dos bois; pois desejo propor a hipótese de que o teorema de Euclides e a descoberta de Freud a respeito do complexo de Édipo, junto com o mito de Édipo e a versão dele por Sófocles, são indistinguíveis, enquanto tentativas de resolver conflitos e problemas; são, ao mesmo tempo, uma manifestação desses conflitos e problemas e uma tentativa de solucioná-los. Desejo, ainda, mostrar que os problemas envolvidos no interjogo entre as posições incitaram também tentativas de resolução; essas são análogas àquelas que mostrei estarem associadas com o matiz, ou matizes, do mito edipiano. (Bion, 2000, p. 209)*

De uma forma mais concisa, no mesmo texto ele diz:

---

o grau de falência da função alfa, como sendo equivalente ao grau de falência da capacidade para amar. Na falência total, a psicose; na tangencial, a perversão; e, na capacidade mantida em graus distintos, a neurose.

> *O psicanalista precisa saber quando está enfrentando um problema para o qual um mito poderia fornecer a contraparte psicanalítica do cálculo algébrico. Poderíamos dizer que Freud fez exatamente isso; ele reconheceu, como um cientista, que estava perante um problema cuja solução requeria a aplicação do mito edipiano. Daí resultou não a descoberta do complexo de Édipo, mas a descoberta da psicanálise. (Ou será que quando estes elementos estão constantemente conjugados descobriam o homem, a psique humana?) É nessa acepção que acredito que devemos usar o mito de Babel, ou de Édipo, ou da Esfinge:[6] como ferramentas comparáveis àquelas da formulação matemática. (Bion, 2000, p. 236)*

Nesse ponto, aproveitando a concepção da ferramenta que é a *Grade* de Bion, tentarei expor o que poderíamos chamar de uma *Grade edípica* e, a partir dela, acrescentarei algumas contribuições pessoais sobre aspectos da patologia dos elementos de sua estrutura.

---

6 Na p. 233, intitulada "Curiosidade e medo do superego socializado", Bion diz: "Tanto na história do Jardim do Éden como a história do Édipo contém um personagem cuja atitude frente ao conhecimento é hostil – ou talvez se pudesse dizer, de 'dupla-face', uma vez que a esfinge exige a resposta para uma questão, podendo, portanto, ser vista como promotora desta resposta. O Deus do Gênesis planta no Jardim a árvore do conhecimento do bem e do mal. Os psicanalistas têm concentrado sua atenção sobre o papel sexual, deixando de lado a discussão sobre a atitude perante o conhecimento. No entanto, poucas disciplinas penetraram tão longe quanto a psicanálise na procura que o homem faz do conhecimento, ao iluminar essa fonte de dificuldades que é interna ao próprio homem. Isso aumenta a importância de se negligenciar o material que poderia estar compactado nos papéis atribuídos à Esfinge, a Deus e ao Diabo (também à Torre de Babel – pensamento verbal atacado). Mas não estou aqui interessado em elucidar esses mitos. Desejo esclarecer essas semelhanças e diferenças entre psicanálise e método científico, do modo como ele é empregado por outras esferas que não a psicanálise . . .".

A Grade, como vou apresentar, aparece em *Aprender da experiência* (Bion, 1962b) de um modo não esquemático, e esquematizada em *Elementos da psicanálise* (Bion, 1963). Os elementos que formam o eixo horizontal (destinado a formulações sobre o uso) são representados não mais da forma genérica, mas pelos elementos do mito edípico de acordo com seu transcurso sequencial na narrativa. Assim, naturalmente, o movimento inicial é a *declaração do Oráculo*; no lugar da coluna, uso como *hipótese definitória* e, sequencialmente, a atuação de Tirésias no lugar da *coluna* ψ etc.

Antes ainda de expor essa forma de conceber os desenvolvimentos psíquicos, penso que é importante lembrar o que são *objetos psicanalíticos* para Bion, pois são eles que estão em nossa linha de investigação neste trabalho por meio dos elementos do mito de Édipo. Os elementos psicanalíticos (1963) e os objetos que deles se derivam apresentam três dimensões:

1. Aplicação no terreno dos *sentidos* (na psicanálise, é preciso haver corpo presente, algo audível, visível etc.).
2. Aplicação no terreno dos *mitos* (na relação psicanalítica, existe um "como se" que Freud chamou de "indesejável fidelidade", e que pode ser clarificado e transformado pela linguagem).
3. Aplicação no terreno das *paixões* (na psicanálise, as intervenções e as ações derivam da articulação dos vértices K (conhecimento), L (amor) e H (ódio).

A escrita dos objetos psicanalíticos é dada pelos seguintes termos: $\{\psi(\xi)\ (\mu)\ (\pm Y)\}$, que podemos traduzir singelamente da seguinte forma: a pré-concepção $\psi(\xi)$ realiza-se num espectro de possibilidades que vão do $-Y$ (narcisismo) ao $+Y$ (social-ismo), pressionado pelas vicissitudes de tudo que pode ocorrer com um corpo biológico (μ de mistério ou a complexidade), que tem fluxo específico no espaço-tempo.

Desse modo, uma interpretação da situação edipiana é *objeto psicanalítico* na medida em que tem como conteúdos os pensamentos e o pensar, que se aplicam simultaneamente, por exemplo, a:

1. Realização dos relacionamentos entre pai, mãe e criança (todas metáforas derivadas dessa tridimensionalidade).
2. Pré-concepção emocional (experiência emocional geradora de outras).
3. Reação psicológica que se produz no indivíduo a partir dos relacionamentos entre pai, mãe e criança (turbulência emocional).

	Oráculo	*Tirésias*	*Encruzilhada de Delfos*	*Esfinge*	*Édipo*	*Consequências...n*
Elementos β	A1	A2				A6
Elementos α	B1	B2	B3	B4	B5	B6
Sonhos, mitos, pensamentos oníricos...	C1	C2	C3	C4	C5	C6
Pré-concepção	D1	D2	D3	D4	D5	D6
Concepção	E1	E2	E3	E4	E5	E6
Conceito	F1	F2	F3	F4	F5	F6
Sistema dedutivo-científico		G2				
Cálculo algébrico						

Note-se que, ao construir uma Grade edípica, optei pela representação de uma *Grade* fechada, ao contrário do original de Bion, por entender que minha Grade é limitante, ao tomar em seu foco apenas um *mito*, apesar de considerarmos que o mito edípico é o instrumento de que Freud se serviu para descobrir a psicanálise, e a psicanálise como instrumento que possibilitou a descoberta do complexo de Édipo pela modernidade.

O mito é, portanto, como já foi dito, uma forma de *pré-concepção em busca de uma realização*, como é a psicanálise.

Assinalo também que a coluna da *pré-concepção* é a mais importante para o psicanalista, devendo permanecer nela para poder perceber as diferenças entre a *ética* trágica e a *ética do poder* (ou dramática), separadas uma da outra, exatamente pela capacidade de lidar com as pré-concepções. Essa capacidade, também nomeada de *capacidade negativa* (Bion, 1970), corresponde à atitude mental que elimina ao máximo possível as interferências de memória, desejo, necessidade de compreensão e aparelho sensorial. Esquematicamente, minha proposição para a faixa do analista pode ser representada da seguinte forma:

	Oráculo	*Tirésias*	*Encruzilhada*	*Esfinge*	*Édipo*	*Consequências...n*
Elementos β						
Elementos α			Área da ética do poder ou dramática			
Sonhos, mitos, pentamentos oníricos...						
Pré-concepção						
Concepção			Área da ética trágica ou estética			
Conceito						
Sistema Dedutivo-científico						
Cálculo algébrico						

Seguindo então o eixo horizontal, relativo à progressão dos usos, podemos destacar, de acordo com Bion, os seguintes passos do mito:

1. O pronunciamento do Oráculo é uma *hipótese definitória*, por sua afirmação sobre algo que exclui necessariamente outras possibilidades. Levanta também uma incógnita aparente que irá

"matematicamente" se satisfazendo ao longo do relato, como ocorre com qualquer equação. Dois são esses pronunciamentos: o primeiro refere-se à consulta que Laio, filho de Lábdaco e marido de Jocasta, faz secretamente ao oráculo para saber as razões de sua infertilidade. O oráculo responde com a advertência de que um filho com Jocasta chegaria um dia a ser seu assassino. Como consequência, *coluna 6*, ação, Laio deixa de ter relações sexuais com Jocasta, sem lhe dar nenhuma explicação. O segundo pronunciamento é na consulta feita por Édipo, que decide investigar suas origens após a troça, feita em um banquete, por um de seus amigos, sobre sua semelhança com os seus pais. Quando fez a consulta, a pitonisa *gritou* enojada; "afasta-te daqui oh miserável, pois matarás seu pai e casarás com sua mãe". Como consequência, Édipo, que venerava a Pólibo e Peribea (seus pais adotivos, sem o saber), para evitar a desgraça, não retorna à corte de Corinto, e toma o caminho de Tebas. No desfiladeiro entre Delfos e Daulios, encontra-se com Laio, sucedendo-se a conhecida tragédia.

2. Tirésias, que poderia ser uma hipótese verdadeira, usando seu conhecimento, pela sua *arrogância* representa uma *hipótese reconhecidamente falsa* por atuar contra a ansiedade produzida pelo *desconhecido* implícito em qualquer investigação. Figura de singular importância na mitologia grega, filho de uma ninfa, viveu por nove gerações. Essa longevidade está indissoluvelmente ligada a uma assombrosa forma de bissexualidade: Tirésias nasceu homem, sofreu uma transmutação sexual que o converteu em mulher e recuperou, após sete anos, seu sexo original. Isso ocorreu por ter visto o coito das serpentes e ter matado a fêmea com seu cajado. Sete anos depois, repetiu o feito, só que matando o macho. Tirésias é uma ressonância de Dionísio, filho de Zeus, que é, ao mesmo tempo, o próprio Zeus. Essa identidade entre pai e filho será aproveitada por muitas religiões. Dionísio é também o

feminino, junto no mesmo corpo com o masculino: daí resulta sua fecundidade, sua eterna juventude, sua imortalidade, sua morte e ressurreição, ritualmente celebrados na Antiga Grécia. A figura de Dionísio é símbolo da misteriosa trindade: pai, filho, espírito santo (a Mãe) distintos e unificados. A capacidade de procriar torna-se o problema central do personagem quando responde a Zeus que a mulher goza sexualmente nove vezes mais que o homem, numa nítida alusão à gravidez e ao parto. A *rivalidade* entre os sexos tem sua raiz profunda no problema de quem é o ser que dá a vida. O saber de Tirésias, que passa pela busca da verdade sobre a sexualidade, ao transformar-se pela arrogância em partidarismo, é punido por Hera. A deusa, sabedora da verdade, não a quer revelada ao marido. A disputa entre ambos, para saber quem goza mais, se o homem ou a mulher, mantinha aceso o interesse de Zeus. Uma vez revelada a verdade, Zeus se desinteressa de Hera. O dom de ver o futuro significa estar no futuro, ou seja, não morrer. Já que não poderá sobreviver no futuro no corpo dos filhos, poderá, mediante o dom da profecia, trazer esse futuro para sua vida presente. Indago a vocês, calcado no mito: não seria todo partidarismo cego e arraigado como crença uma expressão de arrogância?

3. Todo mito necessita ser registrado como um todo, para não perder sua *função narrativa* que é responsável pela combinação de hipóteses, analogamente a um sistema dedutivo científico. Isso significa que existe a necessidade de um sistema causal para expressar o sistema moral do qual é parte integrante, que é dado por registro na *memória*, ou o que Freud chamou de *notação*. A narrativa no mito de Édipo é de alguém investigando um enigma, expressão da curiosidade humana voltada para si, como um traço essencial da narrativa. Isso confere à investigação analítica, origens de antiguidade respeitável.
4. A Esfinge estimula a curiosidade propondo um enigma, mas, ao mesmo tempo, propõe a pena de morte (decifra-me ou te devoro),

que também vale para si mesma quando se suicida ao ter seu enigma revelado. Representa a função que Freud atribui à atenção, mas também pode implicar ameaça contra a curiosidade que estimulou, dependendo da área da Grade em que é utilizada. É significativo mencionar que Esfinge vem do grego *Sphinx*, cujo significado em verbo é estrangular. De onde também vem a palavra esfíncter, o que segura, retém, controla o trânsito. No mito de Édipo, a cidade de Tebas estava dominada pela Esfinge instalada numa colina próxima a cidade, de onde vigiava e tiranizava os habitantes jovens. Ela teria sido para aí enviada por Hera para continuar castigando Laio pela sedução homossexual de Crísipo. Mas, na realidade, a ele propriamente nada acontecia; eram os jovens que sofriam com o temido enigma das musas. Esse mítico direito de trânsito representa o controle da mãe sobre a natalidade, que assim pode impedir seu marido de ter com ela relações sexuais. Mas, também pode significar a mãe que se defende corporalmente do objeto que lhe causa dor, o filho, que a dilata para nascer. Cabe ainda o desejo de manter a gravidez indefinidamente, de reter o filho, como o falo que adquiriu para sobrepujar o marido. A Esfinge era uma leoa alada com cabeça humana, enigmática e cruel, em que se pode ver o símbolo da feminilidade pervertida, o negativo da neurose de Jocasta. A Esfinge de Tebas representa a dominação perversa e as consequências destrutivas. Todos os atributos da Esfinge são índices de banalização do mal, isto é, o monstro só pode ser vencido pelo intelecto, pela sagacidade, antídoto do embrutecimento banal: a psicose.

5. Édipo representa o triunfo da curiosidade resoluta sobre a intimidação e, assim, pode ser usado como símbolo de integridade científica, o instrumento de investigação, na área trágica. Na área do poder, representa a arrogância, o *hubris* para os que detêm o conhecimento. Note-se que nomeei a ética do poder de dramática por fazer prevalecer a falsidade e a mentira, isto é, por dramatizar

sem permitir a interpretação que esclareça que o conhecimento contido é posse comum de todos os seres humanos.

6. O discurso de qualquer personagem, dependendo da área enfocada, pode resultar em algum tipo de ação. Na área dramática, as consequências são: assassinato, incesto, suicídio, autoagressão, cegueira, exílio, dispersão. Ataque à linguagem, incapacidade de aprender com a experiência, ausência de autoconhecimento. Na área trágica, investigação científica, psicanálise, criação de um modo geral, representações simbólicas da sexualidade, ligações via idioma, aprendizado, autoconhecimento, capacidade de usufruir a vida.

A sugestão de Bion é no sentido de que o analista não deveria se incomodar tanto com tentativas de tomar notas a respeito dos pacientes, mas poderia retomar, por exemplo, o mito de Édipo, e escrever suas associações livres a ele, anotando a data. Ele pode repetir isso quantas vezes lhe aprouver – as associações livres jamais serão as mesmas, nas diversas datas. Se o nome de um paciente surgir nas suas associações, o analista pode anexar esse nome, caso sinta necessidade de fazer anotações sobre seus pacientes. Esse procedimento pode ser repetido para outros mitos, para outras versões do mito, que podem ser comparados. Uma versão que resiste à passagem dos séculos terá provavelmente um apelo mais poderoso à mente humana do que outra versão, que pode ser uma aberração efêmera e, portanto, excessivamente particular.

Tal procedimento promove intuição psicanalítica e serve para que o analista use o inconsciente para interpretar um estado de mente consciente, associado a fatos dos quais o analista se dá conta. Esse caminho difere da visão aceita na psicanálise em que o analista usa o material consciente para interpretar o inconsciente.[7]

---

7 "As teorias psicanalíticas, como os melhores analistas as propuseram, foram bem úteis à causa do desenvolvimento científico, mas Freud deveu suas descobertas mais à utilização – ao método inconsciente de utilização do mito de Édipo – do que de quaisquer outros aspectos mais facilmente reconhecíveis de seu método científico." (Bion, 2000, p. 246).

VII – Novos desenvolvimentos

Um desenvolvimento surpreendente na obra de Bion aparece no livro *Atenção e interpretação* (1970). Bion descreve três tipos de configuração edípica e apresenta com isso toda a complexidade implícita em seu pensamento. São as configurações comensal, simbiótica e parasitária. Penso que elas correspondem às três peças de Sófocles, a saber: *Édipo Rei* (comensal), *Édipo em Colona* (simbiótica) e *Antígona* (parasitária).

A configuração *comensal* (os que comem da mesma comida) apresenta os acordos que permitem a convivência social, como foi descrito por Freud quando usou o mito da Horda primitiva para mostrar esse momento de passagem de uma horda para a sociedade humana, seguindo acordos de não mais matar o pai (acordo entre irmãos) e não se casar com as mulheres do mesmo clã.

Todavia, essa configuração pode perder sua estabilidade. O elemento que irá produzir isso é a *arrogância*, que leva para um extremo da configuração onde ocorre o que podemos chamar de uma deterioração social. Surge uma configuração grupal *simbiótica* na qual uma parte deseja se desenvolver e outra faz tudo para impedir, simplesmente por não poder aceitar ideias novas ou por não conseguir conter a rivalidade entre os irmãos.

Essa rivalidade será em última instância, o que incrementará o aparecimento da inveja e produzirá a deterioração para a *configuração parasitária*, na qual a ação final é a morte do Outro.

Outra consequência de visualizarmos o Édipo como um espectro crescente-decrescente de três configurações é a possibilidade de descrevermos diversos tipos de superego, ou um espectro de superegos.

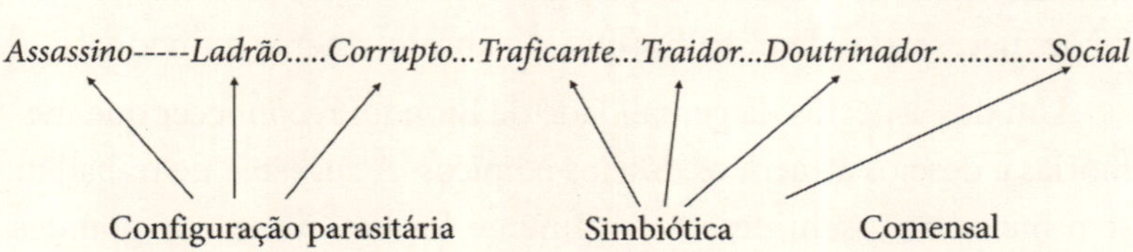

Esses superegos correspondem à predominância de um tipo de sentimento: ódio mortal no assassino, inveja no ladrão, ambição voraz no corrupto, ira no traficante, ódio à realidade no traidor, amor ao poder no doutrinador e, finalmente, a consciência social, em que predominam as formas de amor ao Outro.

Matar o objeto --assassino

Usurpar o bem do outro --ladrão

Crescer pela destruição --------------------------------------traficante

Forçar o desejo ---corrupto

Vingança pela dor ---traidor

Manipulação para dominar --------------------------------doutrinador

Esse espectro de superegos privilegia a experiência emocional e seu resultado. Diante dessa descrição, podemos dizer que não existe no inconsciente um desejo de ser analista. Existe todo tipo de desejos, desejos edípicos primitivos que criam a configuração mental do sujeito e, dentro desta, temos sempre o que podemos chamar de um *ponto cego*, um desejo mais intenso do que os demais, que desequilibra essa configuração, gerando ações e interpretações.

A análise de formação deveria ser capaz de colocar o candidato em contato com esses desejos, explicitar os desequilíbrios e analisá-los exaustivamente até que torne a pessoa capacitada a reconhecê-los e lidar com eles de modo a não interferir no processo analítico. O desejo de ser analista é um árduo trabalho de elaboração de tais desejos, e que muitas vezes pode aproximar o sujeito de um *breakdown* ou um *break up*. Mais ainda, deve garantir ao candidato condições de desenvolver uma disciplina de trabalho, condições de estabelecer as mínimas condições necessárias de trabalho, que são absolutamente individuais.

Um dos aspectos da genialidade de Bion foi reconhecer que memórias e desejos atraem os desejos edípicos. A sugestão de trabalhar sem memória e sem desejo certamente foi um avanço de grandes proporções na técnica do analista. Expandiu a proposta freudiana para o método da atenção livremente flutuante e inseriu um espectro de métodos que devem estar simultaneamente presentes na investigação analítica. Podemos listá-los seguindo o eixo horizontal da Grade de Bion, da seguinte forma:

Hipótese definitória --------------------------------Método de escolha

Elemento ψ --------------------Método de dúvida: falso ou verdadeiro?

Notação --------------------------Método de esclarecimento histórico

Atenção -----------------------Método da atenção livremente flutuante

Indagação -----------Método de investigação: arqueologia ↔ mitologia

Ação --------------------------------Método de interpretação: simetria

Outra questão importantíssima é a transformação em O quando o saber é totalmente excluído. Apenas ocorre um tornar-se. Aqui nos aproximamos da problemática central do Édipo que pode ser representada pela pergunta "quem sou eu?".

A sensação no início dessa transformação faz o indivíduo associar com aparições, assombrações, fantasmas, espíritos, almas de outro mundo, seres extraordinários. Nesse momento, falta o espelho da linguagem comum. Precisa-se de uma linguagem especial que é a *linguagem de êxito*. A ideia de êxito pode ser entendida porque se pode comemorar algo importante como o *advento do ser* e da criatividade que ela proporciona. Comemora-se o *nascimento do sujeito*.

O sentimento de terror que se expressa nas associações com "assombrações" existe enquanto o indivíduo estiver sendo apenas um espectador da sua vida. A partir do momento em que a assombração for assumida como uma ação do indivíduo, que o transforma em um novo ser, o terror desaparece. Ao passar de espectador para ator, e descobrindo quem é o autor, o espelho da linguagem mostra novas formas de pensar e agir.

Um paciente, após uma série de melhoras em sua forma de se relacionar amorosamente, conta que teve um sonho no qual era atacado por um vampiro, e nada mais disse sobre o sonho. Apenas menciona o sentimento de medo intenso no sonho. O analista procura "sonhar", no sentido de exercer sua imaginação, o sonho do paciente e sugere a si mesmo que uma transformação em O pode estar ocorrendo. Constrói uma analogia com o personagem do vampiro que passa diante do espelho e não vê sua imagem. A interpretação pode ser dada como uma pergunta: onde está tudo que conhecia sobre mim? Por que não há linguagem que mostre quem sou eu?

O vampiro, personagem muito usado no cinema, de tempos em tempos tem uma versão aprimorada. O conto de Bram Stoker é refilmado com detalhes mais apurados de tecnologia. Como muitos personagens da literatura, novas versões são criadas à medida que a civilização se altera com a tecnologia, mas a tecnologia, apesar de tornar as cenas esteticamente mais próximas da realidade, não aumenta nem diminui o sentimento de medo. O ser humano continua o mesmo.

Comparemos agora o processo analítico com o ato de transpor o personagem do cinema para a encenação no teatro, ao vivo. Qual a diferença? Podemos dizer que o cinema está mais próximo de nos fazer sonhar e o teatro mais próximo de nos fazer despertar.

Em analogia, a cena analítica entra em contato com o sonho e pode fazer o paciente despertar e, ao fazê-lo reformula o sonho possibilitando sonhar de outra forma.

O teatro pode nos tirar de nosso sonho, porque nos torna acessíveis à dimensão da *ausência da verdade*. A cena do teatro introduz a dimensão da ausência pela aparição do ator. Quando um paciente se transforma em ator de seus objetos ausentes e de suas falhas, o espectador, até então passivo, encontra-se na cena que o separa desses objetos divinos.

O espaço da cena que se situa entre ator e espectador são da mesma ordem do espaço entre Eu e Outro, continente e conteúdo, masculino e feminino etc. Nesse espaço, encontra-se o berço da ética e todo o alimento de que o eu ético necessita para manter-se vivo. Aqui emerge o silencioso desafio do Outro que demanda respeitá-lo, para entendê-lo sem julgá-lo, e junto com isso surge nossa dedicada e desprendida responsabilidade de analistas. O apagamento desse espaço se dá em virtude da intensidade da identificação projetiva proveniente da frustração de encontro com o não eu que também é um não todo. A esse apagamento vão se agregando outros elementos.

Por exemplo, uma paciente desafia o analista dizendo que ele não pode entendê-la em certo nível por ela ser mulher e ele, um homem: "um simples homem", ela enfatiza com certo ar de certeza e desdém, "que terá sempre problemas com as mulheres em geral, pois não pode nunca as compreender".

O analista pode destacar a generalização que destrói o afeto entre os sexos – o que é importante de ser ressaltado para essa paciente em função de sua história pessoal com o pai. Problemas com mulheres, quem não os tem? As mulheres têm problemas com as mulheres, os homens têm problemas com as mulheres. A dificuldade não é essa. Isso é o lugar do disfarce. A dificuldade é que as mulheres têm dificuldade em existir como mulheres quando são condicionadas por uma imagem de mãe. São colocadas nesse lugar muito cedo por um pai autoritário. Uma mulher pode se disfarçar de mãe para agradar ao pai e não conseguir jamais sair desse lugar. Assim, na vida, ela pode encarnar a função, mas nunca totalmente. Ficará faltando algo. Seria antes o não totalmente que a leva a fingir tão profundamente que chega a sentir o que a mãe deveras sente?

A origem pode estar na relação mãe/filha. Essa é uma relação sempre difícil por conta da *identificação projetiva* que tende a apagar as diferenças entre ambas. Quanto mais identificação projetiva, mais a filha tem dificuldade de existir como mulher, e a mãe, por sua vez, também deseja incentivar isso. Na luta edípica, sai vencedora pela versão elemento beta.

A identificação projetiva, diminuindo o espaço da diferença, esvazia a fonte do alimento ético e estético do Eu. Então, a filha espera que a mãe seja uma cúmplice e vice-versa, e cúmplices não têm liberdade. Sem liberdade, a tendência é pensar na morte, fato que se observa numa série de ações destrutivas que essa paciente realiza no seu dia a dia. Essas ações destroem sua capacidade para sentir e fazem-na buscar uma sensorialidade em atividades físicas que nunca satisfazem.

O que a paciente se referia com o "não poder entendê-la como mulher" é talvez o fato de que o analista, sendo homem, não seria seu cúmplice, e não o sendo, isso significaria não concordar com tudo como ela desejaria. Nesse caso, o homem é o objeto que despertaria nela o ódio destrutivo, o mau olhado e outras coisas dessa ordem.

O processo da análise pode ser descrito para essa paciente como uma cena em que se precisa produzir algo novo, outra coisa que não seja mãe, para que possa existir uma conversa entre homem e mulher, num outro nível, em que a mulher não tenha como único problema produzir representações de mãe e do homem de se defender da falta de um modelo que atenda as mulheres. Note-se que essa linguagem traduz, dentro da singularidade do caso, o encontro frustrante da pré-concepção edípica com o objeto que executa a integração dos elementos mais primitivos (função alfa/reverie).

A cena analítica pode separar a mulher da mãe, e a paciente, como atriz dessa cena de separação, deixaria o papel de espectadora para encenar a tragédia tão temida, mas significa também criar outras coisas em sua vida, além de olhar para outros elementos que ficam excluídos e que, em geral, são atribuídos ao papel masculino.

A tragédia deixa de ser tragédia e se instala na dimensão de que a verdade não pode ser conhecida e que essa é a questão central da análise. A verdade não está com o homem ou com a mulher, não está quando ambos pretendem ter o poder de qualquer coisa, mas apenas em seu encontro na ausência de poder.

Muito recentemente, observei, em um dos jogos de vôlei de praia das Olimpíadas, que um dos jogadores de uma dupla saía na "arena" de seu papel de "ator-jogador" para encenar um apelo à torcida por meio de um gestual de incentivo. Ali deixava de ser o jogador e se preocupava em como se deve encenar o papel do espectador. Como consequência disso, seu rendimento imediatamente declinava. O que acontecia nesse momento é que ele ficava com o mesmo medo que o espectador tem ao assistir ao jogo: o medo da perda tornava-se maior e, por isso, errava lances que não podia errar. Esse é um ponto fundamental no atleta: nos momentos mais difíceis do jogo, precisa se divertir em vez de tomar como uma questão de vida ou morte. Divertindo-se, as coisas saem dentro do esperado pelo treino. A disciplina desenvolvida nos treinos funciona protegendo o atleta.

O analista, em analogia, precisa ter "lazer" nas sessões, tirar de si o peso de dar interpretações que vão resolver e compreender tudo. Precisa ter um *ato de fé*, ou seja, brincar com as palavras, criar linguagem. Aguardar que "O" vai evoluir se lhe dermos oportunidade e se tiver havido "treino" de hipóteses para a sessão. Para tal, sua disciplina sem memória e sem desejo deve estar bem treinada.

O que isso significa?

Os atores do teatro grego, antes de entrar em cena, eram acometidos por uma espécie de estado de possessão pela divindade, de tal forma que eram considerados como um estado de poder profetizar. Não profetizavam, na verdade, mas era como se uma *memória do futuro* fosse captada. O grau de possessão indicava que a cena que ia ser representada seria de boa qualidade.

No esporte, esse momento prévio se chama "concentração". Um dos times das Olimpíadas teve essa concentração quebrada por um dos membros da equipe técnica que levou um problema pessoal que estava lhe ocorrendo. Os atletas ficaram penalizados e começaram a discutir sobre o problema. Isso quebrou a concentração no jogo e passaram a filosofar sobre o que podia ser feito se estivessem no lugar desse indivíduo da comissão técnica. Resultado: a equipe entrou dispersa e isso gerou o medo de perder. Não representaram bem o papel que deveriam encarnar, erraram tudo que tinham treinado. Tinham encarnado um perdedor.

O que dizer sobre a analogia com o "*stage freight*" ou terror do palco. E que tal compará-lo com a resistência à análise? O indivíduo corre algum tipo perigo em ir para sua sessão. Seria o perigo de ser espectador de uma cena terrível que lhe colocará à beira de um colapso? Ou de um rompimento? Ou um divórcio? Quando estamos diante dessas hipóteses, acrescentamos outra, a elaboração, e podemos então observar o ponto nodal da análise: o encontro do indivíduo com sua divindade.

Esse encontro estabelece um confronto entre as forças desintegradoras e as forças de integração. Em outras palavras, há um momento em que os deuses devem ser abandonados, devemos nos separar deles para prosseguir a vida, usando apenas aquilo que deve deixar de ser deles para se tornar parte de nossa humanidade. Isso deve ser feito sem sacrifício. Não devemos ser como Prometeu, ou como Palinurus, ou como Cristo.

O medo do palco, como qualquer fobia, tem uma história e um momento para ter começado na história do sujeito. Podemos fazer uma analogia desse momento com aquele em que o homem grego se libertou da religiosidade para se transportar do altar ao palco, e deixar de lado o drama do renascimento do deus e passar a encenar o renascimento do sujeito.

Essa transferência do palco para o teatro aconteceu no século VI a.C., que foi excepcional em termos da criatividade em todos os sentidos, começando pela filosofia e espraiando-se por todas as artes.

Foi um momento de iluminação para a humanidade que chega a nós até hoje com vigor inigualável. A família organizada do Olimpo que derrotara a família de Cronos foi derrotada pela família dos filósofos e dos poetas. A derrota dos deuses nos garante a humanidade. Ou seja, os deuses se retiram. Por si mesmos, eles se excluem de sua divindade, ou seja, de sua presença. Não se ausentam simplesmente: não vão alhures, retiram-se de sua própria presença; ausentam-se de dentro.

O que resta de sua presença é o que resta de toda presença quando ela se ausentou: resta *o que se pode dizer* dela. O que se pode dizer dela é o que resta quando ninguém mais pode se dirigir a ela: nem lhe falar, nem a tocar, nem a olhar, nem lhe dar um presente.

Talvez os deuses se retirem porque ninguém mais dá um presente a sua presença: não há mais sacrifício, não há mais oferendas, senão insinceramente por costume ou imitação. Temos outras coisas a fazer: escrever, calcular, legislar, analisar. Privada de sacrifícios, humanos ou de animais, a presença da divindade se retira. Convém que seja essa a sua história verdadeira. E como a sua presença fugiu, não é mais certo que qualquer história seja absolutamente verídica. O que se pode dizer da sua presença aumentada é sempre uma de duas coisas: é a sua verdade ou é a sua história.

Tomemos aqui o principal mito do psicanalista que advém das peças de Sófocles. A cena do Édipo é um lugar nascido de uma separação arcaica entre espectadores e atores, onde se cria um vazio que é a cena – que, mais arcaicamente falando, é a separação entre o ator e o coro.

O coro está sempre presente no teatro grego de forma estrutural, simbolizando uma separação que deve ser respeitada e reconhecida. Se não for respeitada e reconhecida, a cena é obscena.

Mas o que significa essa separação tão importante entre o ator e o coro? O que havia antes que se dividiu, e as partes se separaram? Havia um grupo ritual, praticantes de um culto a um deus muito privilegiado:

Dionísio. O famoso três em um, cujo templo principal ficava em Éfeso. Os praticantes de seu culto eram chamados de místicos.

O ritual que praticavam constituiu o cristianismo. Primitivamente, consistia em se sacrificar um animal, dilacerá-lo em tantos pedaços quantos fossem as mênades ou bacantes. O animal sacrificado representaria o deus Dionísio que, em sua origem, foi dilacerado pelos Titãs. Trata-se da ideia de um deus sofredor que passa por uma paixão. O ritual das bacantes visava reincorporar os pedaços, para refazer a unidade de Dionísio. Com isso, o deus renasce pela comunidade, pelo grupo ritual que incorpora um pedaço da divindade (o mesmo que acontece com o ritual da comunhão). A unidade do grupo é assegurada pelo fato de que todo mundo está lá reunido e que o deus renasce por meio de cada um quando se juntam os pedaços.

O que o ator introduz de novo é o fato de que não se pode mais, que não há mais possibilidade, de se presentificar a *divindade*. Ela se foi para sempre e não pode mais ameaçar.

A ideia de tornar presente a divindade, que é a função do ritual, é contestada radicalmente pela aparição do sujeito falante, que é o *ator*. Ele faz desaparecer o medo da aparição, pois ela se encarna no próprio ator porque ele interpreta e fala, coloca em linguagem.

O conflito opõe o coro inocente (sujeito indeterminado) ao ator culpado (determinado).

A *transformação em O* é um ato que sustenta a impossibilidade de lembrar e desejar, pois não existe nem memória nem desejo possível, pois não existe saber possível.

O analista surge no lugar do vazio que é a cena analítica e que remete a um despedaçamento do Um original, "O", indistinto, vagamente representado pelo "coro" das ideias. Torna-se sensível pelo trabalho analítico uma ausência, uma terceira dimensão que aparece e produz nos espectadores alguma coisa da ordem de um despertar, que não é necessariamente agradável, mas é um despertar de algo.

O que fazemos no trabalho analítico não é apenas da ordem do rememorável, mas o surgimento de um indivíduo que fala por si mesmo com autenticidade do saber sobre si mesmo que incorporou como uma forma de ser.

VIII – Minha contribuição pessoal ao entendimento da configuração edípica

A causa de uma turbulência emocional, como qualquer causa, é equiparável ao fato selecionado, por serem ambas ideias capazes de associar a uma experiência emocional que gera o senso de síntese criativa, consciência de objetos separados e ainda não sintetizados.

Toda experiência emocional de obtenção de conhecimento psicanalítico é simultânea, e simétrica, a uma experiência de ignorância não esclarecida.

Linguagem de êxito é oposta a uma linguagem de fracasso para sintetizar os objetos separados, as partículas elementares, que são revelados pelo êxito. Comemora-se o ser, mas ele nunca é completo, o que envolve um fracasso.

Um predomínio das forças de vida acarreta uma contínua repetição dessa experiência de êxito. Um predomínio de forças destrutivas repudia a vida, idealizando e libidinizando a não síntese. A linguagem da psicanálise necessita ser uma linguagem de alcance psicanalítico, o que é óbvio, porém sofre constante interferência da linguagem de substituição, que leva ao fracasso da análise e do que se pretende comunicar.

Podemos acompanhar o confronto desses processos até pelo tom da voz usada pelo analisando. Ou, em outras palavras, acompanhar o *pathos* do saber pela estética da voz.

A Grade de Bion serve como um roteiro na medida em que cada uma das formas de uso no eixo horizontal alterna elevação da voz e gritaria, com tentativas de silenciamento e sedução pela suavidade da voz. No oráculo, existe gritaria pelo que se considera uma obstinação maníaca de Édipo por saber o que é melhor não saber. Com Tirésias, Édipo se vê diante da recusa de reconhecer a verdade na forma como ela se apresenta. Tenta convencer a Édipo a se calar em sua busca pela verdade. Na encruzilhada, no encontro com Laio, de novo a gritaria pelo direito de passagem, o furor que impede de ouvir. Com a Esfinge, no "decifra-me ou te devoro", a pergunta feita como uma cantiga de ninar, tenta silenciar Édipo, e isso gera uma catástrofe de um saber insuportável. Um saber que o obriga a subtrair-se do mundo do visível. No final, ao descobrir a verdade e os excessos que ela envolveu, bem como a paixão e o sofrimento de se descobrir como sujeito, Édipo sai de cena gritando. Vai para o exílio. E no exílio temos uma nova configuração com as mesmas alternâncias da voz que sobe e decresce. Até que chega o momento da morte e do esquecimento, levando a configuração para outro plano, o da descendência, onde a tragédia se repete.

A aceitação da complexidade é a aceitação de uma contradição, de uma ideia que não pode camuflar as contradições numa visão eufórica (maníaca) do mundo.

A complexidade encontra-se onde não se pode superar uma contradição, até mesmo uma tragédia. E essa condição trágica que está presente mostra o humano não conseguindo superar a si mesmo. Pode melhorar, apurar suas questões, criar, mas não pode deixar de ser edípico ou melhor de ser humano.

Daí a complexidade do Édipo que se apresenta com traços inquietantes do emaranhado, do inextricável, da desordem, da ambiguidade, da incerteza.

14. Os três princípios de vida[1]

A questão discutida neste capítulo tenta esclarecer o que pode ser considerada uma importante mudança epistemológica em Bion (1979) quando ele formula os *três princípios de vida* como alternativa para as difíceis e ambíguas questões envolvidas nos dois princípios de funcionamento mental formulados por Freud. Veremos que essa mudança segue o compromisso ético da estética psicanalítica de uma forma inédita, ou seja, relaciona-se com a *linguagem de alcance psicanalítico*; a intepretação e a conversa do analista com seus analisandos.

Essa proposta de mudança aparece no artigo "Como tornar proveitoso um mau negócio" (1979), o último trabalho de Bion.

O trecho é o seguinte:

> *Suponha-se que respeitemos estados mentais simétricos, quaisquer que sejam eles. Qual devemos escolher para dar uma interpretação? Ação verbal é o nosso problema cotidiano? Em nossa cultura não é considerado correto dar uma resposta rapsódica (expressão que pode*

1 Aula proferida no Instituto W. Bion, Porto Alegre, 4/12/2023.

> *significar um descompromisso com a coerência, que se desenvolve de forma eufórica escondendo conflitos, muito mais do que revelando), um abandono súbito da barreira de contato que existe entre impulso e ação, ou seja, traduzindo diretamente o impulso para a ação sem qualquer retardo causado por alguma intervenção do pensar. De forma análoga, considera-se incorreto prolongar o pensamento até o ponto que a ação não acontece e o pensamento se torna substituto da ação. Quando uma ação instantânea ocorre, provavelmente desperta uma resposta rapsódica, o impulso vai para a ação sem intervenção do pensamento.*
>
> *Freud descreveu dois princípios de funcionamento mental, eu sugiro três princípios de vida*
>
> *1) Sentimento*
>
> *2) Pensamento antecipatório*
>
> *3) Pensamento + sentimento + pensamento (o último é sinônimo de prudência ou previsão → ação. (Bion, 1979)*

Uma das razões para essa sugestão pode ser o fato de que os dois princípios de funcionamento mental de Freud dão a impressão simplista de que a realidade está do lado da dor; assim, a questão geral passa a ser de prazer *versus* realidade, igual a prazer *versus* dor.

Outro ponto é a hierarquia existente em Freud na qual em primeiro lugar está o prazer e depois vem a realidade. Bion coloca em um mesmo plano, de acordo com seu modelo espectral.

Um artista, como um escritor ou um poeta, pode simplesmente seguir o princípio do prazer e adotar apenas alguns critérios do princípio da realidade, como os que a gramática está ditando, mas nunca em detrimento de sua criação. A liberdade artística e poética não tem outro compromisso senão com a criação em si. O psicanalista não pode simplesmente fazer isso; se o fizer, cairá, como mostrou Bion, no modelo do publicitário, tentando influenciar a vida de seus analisandos em vez de, partindo dos sentimentos que eles apresentam, ajudá-los a viver sua vida (Bion, 1965).

Então, o que o psicanalista pode fazer de acordo com Bion?

A resposta que sintetiza esse universo de pensamento em Bion são os três princípios de vida (1979). Uma síntese de diversas questões que veio trabalhando desde que formulou sua teoria do pensar (1962a).

Os três princípios propõem interpretar o material que o analisando nos apresenta como um reflexo do modo de se relacionar com sua vida, discutir qualidade *versus* quantidade da vida, a essência e a aparência, e isso me parece uma questão transcendental e humanística, cujo objetivo é a melhora da qualidade de vida psíquica.

Note-se que a interpretação vai surgir sempre da percepção dos sentimentos. Se percebemos os sentimentos, nossa intuição é acionada e ela vai atrás de pensamentos que possam antecipar a ação pura e simples, evitando-a e colocando-a em um pensamento que se transformará em uma interpretação que segue a ética da linguagem de alcance psicanalítico. Ou seja, que possui uma barreira de contato ética que descrevo com a seguinte circularidade: sinceridade, palavras de honra, caráter, coragem, compaixão, respeito à vida, respeito à verdade que se reflete na sinceridade – ponto de início e fim.

Todos nós já lidamos com pacientes que parecem não ter um mundo interno. Seus relatos na sessão parecem destituídos de sentimentos, como se o mundo simbólico não existisse. Podemos pensar que foram crianças autistas, crianças hiperativas ou crianças que cresceram em ambientes em que receberam pouca ou nenhuma atenção individual, tornando-se crianças carentes em termos de atenção emocional. Mas elas apresentam essa carência via identificação projetiva, ou seja, o analista sente um paciente emocionalmente ausente.

São pacientes que têm dificuldade de fazer qualquer tipo de vínculo emocional, e podemos supor que, quando crianças, operavam na base da sedução e da delinquência. Na vida adulta, continuam operando assim. Eles se apresentam para a entrevista como se fossem um vendedor de automóveis ou de imóveis, mas sentimos ou intuímos que estão vendendo um produto ruim.

Engajar uma pessoa assim em um vínculo analítico implica um processo longo e vagaroso. São pessoas "pesadas", não usam o analista como alguém que pode esclarecer o mundo interno, mas fazem dele um objeto de projeções evasivas. O analista pode sentir tédio, sentir sono, ficar irritado pela perda de tempo. Nada a ver com contratransferência, pois são respostas a um paciente que não tem a capacidade de cooperação mínima.

Um paciente como esse certamente vai arranjar problemas equivalentes a uma delinquência ou uma sedução, e esses problemas aparecem em relação ao *setting* analítico muito facilmente, envolvendo horários, horário para começar ou terminar a sessão, as férias, o número de sessões, uso do divã, o pagamento. Portanto, se vocês perceberem isso na primeira entrevista, convém discutir de maneira sincera e aberta possíveis agravos que o paciente sente em relação ao *setting*.

Por outro lado, podemos ter em mente uma estratégia e chamar nossas interpretações de opinião, palpite ou apenas alguns comentários. Essa forma de colocar a intervenção segue a *capacidade negativa* que sustenta nossa intuição, e nos dá o direito de mudar nossa forma de pensar. Não é possível achar que pensamos hoje exatamente o que se pensava algum tempo atrás.

Certamente que o analista pode cometer erros e não há nada a fazer, a não ser pedir desculpas por eles. Podemos chegar atrasados, até esquecer uma sessão. Os pacientes não perdoam, mas se não tivermos a expectativa de ser perdoado, podemos perceber a transferência infantil, e certamente as crianças não são generosas.

Outra coisa que frequentemente aparece são pessoas externas à análise que assumem a incumbência – que ninguém deu – de criticar a análise. Elas não sabem do que estão falando e não fazem a menor ideia do que se passou na psicanálise desde os tempos de Freud. Provavelmente, se tem algum grau de instrução, não passaram em suas leituras dos *Estudos sobre histeria*. Mas existem também analistas que querem ignorar a enorme afinidade da psicanálise com o avanço da cultura e da sociedade, estando de certa forma sempre à frente. Não faz muito tempo eu usei uma palavra que foi muitas vezes usada por Freud; na verdade, é a palavra que ele usa em alemão para se referir à mente: *Seele*, "alma".

Surgiu um analista saído não sei de onde que perguntou a uma analista em comum,se eu era religioso. Esse é o tipo de pessoa pesada a qual me refiro: exigem uma capacidade de continência muito grande e não conseguem ver o analista como um ser humano que pode buscar poesia na psicanálise. A palavra "alma" é mais poética do que se usar a palavra ego.

A mente não funciona na lógica de causa e efeito, e sim por atividades não lineares e instâncias que podem nem mesmo ter relação entre si, a menos que usemos a capacidade para imaginação. A arte da psicanálise está em permitir a imaginação, atividade de onde surgem as interpretações inspiradas.

A essência da revolução que Bion trouxe para a psicanálise consiste exatamente em nos afastar da antiga crença de que o ser humano é um animal desesperadamente ruim e que a psicanálise consiste em trabalhar um conflito entre o bom e o mau na personalidade. A direção de Bion nos conduz a uma diretriz humanista, que reconhece o ser humano como carregando um fardo difícil, que é o de ter inteligência para ver o problema, mas não para resolvê-lo. Consequentemente, padece de confusão mental, que gera frustração, angústia e ataques à capacidade para pensar que resultam em ações inconsequentes. O que está em oposição é pensamento e ação, e não como na teoria básica das pulsões de vida e morte, cuja forma de colocar os problemas não é muito diferente de falar em Deus e Diabo em luta bíblica.

A proposição dos três princípios é um dos resultados da teoria do pensar que surge na tensão estabelecida por Bion entre a filosofia e a matemática. Uma tensão que gera incontáveis posições entre o conceito e a imagem, a prosa e o verso, a razão e a emoção, o imperativo do universal e as atividades do singular, a certeza das verdades e a verdade das incertezas e sondagens contínuas, a visão sem imagens e as imagens visionárias.

Bion, como foi mostrado diversas vezes, não une ou tenta unir filosofia e matemática; ele adentra o campo de tensão gerado pelo confronto de ambas as disciplinas, sendo que da filosofia provém a ética, e da matemática, a metafísica.

Pode ser que isso crie interpretações que são como uma filosofia matemática ou uma matemática poética, mas temos também poéticas conceituais e concepções poéticas na forma de interpretar culminado na ideia de simetria e modelo espectral.

Por mais tentadoras que tenham sido e continuem a ser essas investidas em síntese, ou aquelas tentativas que fazem aparecer a força criativa da cesura entre filosofia e matemática, mantém-se como premissa a forma de pensamento exemplar da filosofia, daí para a passagem pela poesia como linguagem e expressão última do sentimento que nos leva à matemática: a capacidade negativa, o princípio da incerteza de Keats.

Assim, reconhecer na matemática uma atividade de pensamento criativo seria reconhecer a sua parte filosófica, e não exatamente no reverso descobrir na filosofia uma emoção atribuindo-lhe poesia onde parece imperar o racionalismo frio e calculista.

Existe uma poética do pensar, existe um modo de pensar poético que se opõe a filosofia de maneira bem mais enfática do que a forma poética e a poética das formas. Trata-se do simplesmente pensar que não se contenta com a síntese que a filosofia produz.

O modo de pensar poético é o modo de pensar que se surpreende pensando, ou seja, na dinâmica própria do que vai se tornando, no gerúndio do tornar-se: a consequência do luto trazido pelo conhecimento e da celebração de uma nova linguagem. Morte, renascimento, pré-concepção revitalizando cada passo da clínica.

Certamente que os três princípios de vida são um esboço conceitual, uma síntese e uma representação das relações entre experiências de uma vida dedicada à psicanálise em que o conflito conceitual com os dois princípios de funcionamento mental de Freud predominou. Como todo arcabouço,[2] ele pode ser identificado como uma forma de pré-concepção que chega a uma public-ação, como ocorre com o mito, ou um sonho, ou um pensamento onírico. Ocorre também com o que foi chamado de pensamentos selvagens, que são pensamentos livres, pensamentos com licença poética, ou liberdade poética, melhor dizendo, de criação.

Uma criação é a capacidade de fazer surgir o que não estava dado e que não pode ser derivado a partir daquilo que já existia. Portanto, uma criação é um movimento que obviamente produz alterações significativas no que se pode chamar de estado inicial.

Por outro vértice, criações podem ser consideradas como exemplos de mudanças catastróficas, portanto, todos os indivíduos estão sujeitos a realizá-las e sofrer com seus efeitos. Essas mudanças são precipitadas por intuições que adquirem um continente de imaginação capaz de

2 No entanto, trata-se também de um arcabouço formulado no auge da obra, ou seja, pouco antes de seu falecimento. Para comentar esse fato, que acredito que ocorra somente com os chamados gênios, cito uma fala de Oscar Niemeyer em comunicação pessoal: "Entendo a vida como uma rampa que eu crio, uma curva ascendente com momentos mais íngremes e momentos mais suaves, daí advém minha arquitetura. Por isso, estou sempre subindo, e no momento da morte pretendo estar no auge da subida, e não lá embaixo como se propagandeia sobre o envelhecimento".

satisfazê-las. Ocorre uma subversão do sistema prévio e uma mudança de direção (invariância) na forma de pensar. Esses movimentos podem ser sentidos como uma forma de violência.

Bion (1965; 1970), se concentrou naqueles indivíduos cujas mudanças catastróficas atingem uma área muito ampla no corpo social. Bion colocou uma lente de aumento nos fenômenos da intuição, imaginação e criação, por meio dos indivíduos chamados de místicos ou gênios.[3]

A palavra catástrofe vem do grego *katastrophe*, que significa "fim súbito, virada de expectativas", ou mais especificamente, *kata* quer dizer "para baixo" e *strophein* conota o ato de "virar". De modo genérico, trata-se de uma denominação utilizada para expressar uma mudança brusca de padrão em um determinado evento. Virar de cabeça para baixo seria a tradução literal.

Gatilho, evento, padrão são sequências de percepções quando se observa uma mudança catastrófica. Ou seja, toda mudança catastrófica pode ser observada em termos do que acontece num antes e num depois. São as chamadas etapas pré e pós-catastróficas. Entre elas, existe uma cesura.

---

3 Seguindo essa linha de investigação (1965; 1970), pela citação de Nietzsche – sobre a função da nação ser a de produzir um gênio – as criações desses indivíduos podem ser chamadas de social-históricas, pois atuam como um divisor de águas, estabelecendo um antes e um depois, e estão conectadas a uma capacidade intuitiva fora do comum e, consequentemente, a uma capacidade imaginativa igualmente fora do comum, sem a qual a intuição de nada adiantaria. O alcance filosófico dessa constatação é imenso, pois significa que existe pelo menos um tipo de ser que cria alteridade, ou que sendo fonte de alteridade pode alterar a si mesmo. Segundo o dicionário Aurélio, alteridade significa "qualidade do outro ou do que é diferente" e, filosoficamente, "caráter diferente, metafisicamente". Em resumo, podemos dizer que a alteridade é o ato de perceber a diferença entre eu e outro e que o "eu" deve conviver com outros.

São exemplos de mudanças catastróficas: o interruptor de luz elétrica que faz o escuro ficar claro ou quando se apaga a luz e o ambiente fica às escuras, ambos são catástrofes. Logo, é basicamente uma mudança de estado e objetivos que a caracteriza como catastrófica.

Os estados da água são mudanças catastróficas e correspondem a quatro possibilidades. Todavia, se incluirmos o campo e os efeitos das mudanças, temos seis tipos de transformações. Assim, temos uma transformação no estabelecimento de um campo específico, outras que são as consequências externas ao campo e, no campo, temos quatro tipos de transformações em seu no interior.

Na psicanálise, escolhemos observar as mudanças catastróficas por meio da imagem de um triângulo representada pela teoria edípica, ou seja, pela experiência emocional. O triângulo pode sofrer mudança de vértice no mesmo quadrante (transformação em K), pode ser transportado para outro quadrante mantendo as mesmas características (transformação em movimento rígido), pode ser por hipérbole ampliado ou reduzido num quadrante inferior (transformação projetiva) ou ser invertido num quadrante oposto em diagonal (transformação em alucinose).

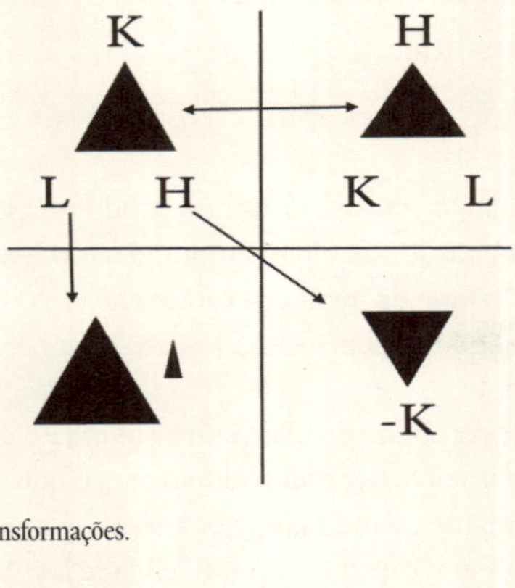

Figura 14.1 Campo de transformações.

A vantagem de trabalharmos com uma teoria da catástrofe[4] em psicanálise se concentra nas observações de transformações que podemos fazer numa espécie de alinhamento, ou simetria.[5] Uma espiral de pensamento é criada: teoria do pensar, expansão do inconsciente por meio da teoria das funções, campo de funções para análise funcional, transformações, e de volta às funções.

Por exemplo, a personalidade psicótica necessita de domínio sádico da experiência sensorial. A Esfinge, usada como categoria C, predomina fazendo uma pergunta para obter respostas erradas da qual se alimenta, o que justifica o assassinato do vínculo: podemos chamar isso de superego assassino.

Se aplicamos a metáfora "sertaneja" do tigre e do elefante, podemos descrever uma relação predador/presa, na qual o analista pode se sentir no papel do elefante pesado, lento e inadequado, diante de um paciente muito rápido, que age em vez de pensar.[6] Pacientes que vêm para a análise num estado de busca de sobrevivência podem solicitar esse modelo, que os segue até que consigam ascender a uma possibilidade de conseguir viver e desenvolver a vida.

A busca de elementos simétricos onipotência/desamparo na história permite a escolha de quaisquer elementos para vértice, sem alterar o valor da função analítica.

---

4 René Thom, matemático francês, criou um modo qualitativo matemático que denominou inicialmente de modelos da morfogênese na designação preferencial, e, posteriormente, chamou de "teoria da catástrofe" (1972).

5 Essa imagem pode ser descrita pelo teorema de Desargues (Bion, 1975), como já assinalei anteriormente.

6 Outro exemplo pode ser obtido do hiato entre a teoria e o paciente que não consegue usar o divã. O hiato pode ser muito amplo para o que, na aparência, é julgado relevante, principalmente quando o apego à teoria é muito ativo e tóxico. Esse apego fica muito mais grave quando é por fidelidade institucional.

A simetria onipotência/desamparo

Bion (1977) chama atenção para a deficiência dos modelos psicanalíticos existentes para lidar com a simetria onipotência/desamparo. Essa simetria possui muitos elementos conjugados, que podem não ser reconhecidos, ou reconhecidos apenas isoladamente quando o conjunto é essencial.

Um paciente que traz o sentimento de desamparo pode acusar o analista de estar causando problemas e tornando as coisas mais difíceis para ele. Na acusação, existe uma atribuição de onipotência ao analista, que certamente não pode concordar com isso. Se olharmos da perspectiva inversa, o paciente pode, via onipotência, estar tentando forçar o analista a ser um tipo de pessoa que simplesmente se adapte a ele, ficando desamparado.[7] O trecho da Eneida sobre a morte de Palinurus (Bion, 1977) pode ser aplicado nessa situação.[8]

Os mitos de Éden e Babel podem ser utilizados como modelos para a simetria onipotência/desamparo e reforçados pelo enigma da Esfinge, e assim a deficiência da psicanálise nessa área pode ser diminuída.

---

7 Trata-se de uma demanda do paciente por um acordo de mostrar na análise somente o tipo de material que não o incomoda. Ou, em outras palavras, o paciente pode estar estabelecendo a condicionalidade de vir para a análise somente se puder ter apenas a análise que ele deseja. Infelizmente, o resultado será somente ter um "analista" despreparado para quem pedir ajuda. Sem ajuda adequada, o paciente pode ser atirado ao mar pelo Deus Somnus e se afogar na vida após ter sido intoxicado com alguma droga social.

8 A possibilidade de lidar com esse material é interpretar com simetria, podemos dizer algo dialógico como "você deseja ter uma análise que imagina ser uma análise que lhe atende, mas o resultado obtido parece estar sendo assustador e desagradável". Numa supervisão, Bion diz isso com uma frase que, para muitos, é chocante: "infelizmente essa é uma fraqueza da análise: os analisandos só podem obter o tipo de análise que merecem. Não se pode forçar ninguém a ser ajudado e a aprender com a experiência". Citação da supervisão 24 em Clinical Seminars and Four papers, Abingdon,1992.

Bion afirma que a "moralidade" da divindade pode ser expandida por conjecturas imaginativas usando os pontos de vista do capítulo 2 do Baghavad Gita. Nesse capítulo, existem 72 argumentos a serem considerados, que se resumem na tentativa de o Deus Krishna convencer Arjuna sobre o valor da Guerra e o triunfo encontrado no desprezo aos medos e sentimentos. Arjuna recusa essas argumentações onipotentes e opta pelos sentimentos e pelo respeito à vida. Tantas vezes o respeito à vida e o respeito à verdade significou renunciar a deuses e suas vontades.[9] Tantas vezes isso significou que os deuses como Krishna desaparecem, ou que o Deus fica para trás como na queda de Satã, ou como Zaratustra afirma: para resgatar sua condição humana, o Deus deve estar morto.

Os modelos que utilizam mitos ajudam o psicanalista a construir uma ponte sobre o hiato entre a teoria da continência (relação continente/conteúdo) e o material que se manifesta na experiência analítica.[10] Ser continente não significa ser benevolente. Benevolência atrai a voracidade que atrai parasitismo. Não se pode esperar gratidão quando a inveja é dominante e causa inibições de tudo que promove

---

9 Algumas vezes, o analista se depara com um paciente que o trata como se fosse uma mobília ou um computador. O analista não tem vida própria nem contas a pagar. A pandemia trouxe um aumento de situações desse tipo com o processo online. Alguns pacientes mostraram que não têm noção do que seja um ser humano. Por essa razão, não têm consciência de que fazem coisas muito cruéis. Se estivessem conscientes, perceberiam que certas atitudes causam sofrimento. Não há desumanidade que não venha acompanhada de onipotência sustentada por algum Deus. Se esse Deus não se retira, não podemos resgatar o humano.

10 Presume-se, de acordo com Bion (1977), que os psicanalistas consideram que as sofisticadas formulações teóricas (F) e o modelo (C) são transformações legítimas de uma para outra. (F) ↔ (C). Na exatidão dessa hipótese depende a legitimidade da psicanálise. Em outras palavras, o entendimento do fundamento da psicanálise, que é o complexo de Édipo, permite avaliar um psicanalista em dois pontos fundamentais: a sua capacidade e sensibilidade de resgatar a intuição e transformá-la em interpretação.

crescimento. Tem sempre aquele paciente que esperava mais... que gostaria de mais... e não está satisfeito com o momento, que somente é parte do seguinte onde exige mais até se desesperar com ódio.

A escuta do analista pode ser tomada como o principal pressuposto que estabelece em suas interpretações a compreensão do que foi dito pelo analisando. A escuta deve estar inteiramente relacionada ao complexo de Édipo, ou mais especificamente à natureza tridimensional da mente humana.

Uma teoria edípica fundamental se traduz pela teoria da pré-concepção ao estabelecer que a mente humana tem três dimensões: tempo, espaço e existência. A função tempo e a função espaço devem ser contrastadas com a profundidade da existência promovida pela experiência emocional.

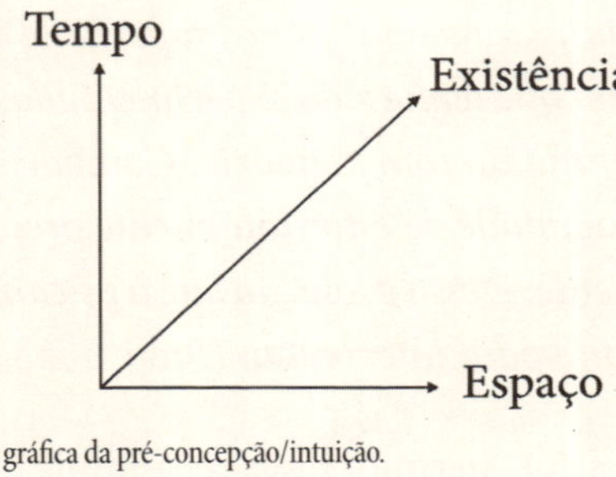

Figura 14.2 Representação gráfica da pré-concepção/intuição.

Transformações e complexidade

Na construção da *linguagem de alcance psicanalítico*, podemos usar questões derivadas da matemática e da arte para pensar nas transformações do campo em observação do objeto citado. Esse diálogo é um exemplo de complexidade no pensar psicanalítico.

A vantagem de uma teoria das transformações é permitir aproximações cada vez maiores ao problema real a ser interpretado. Sabemos que existem pacientes que parecem não resolver nunca seus problemas, mas não é que não resolvam, eles simplesmente não os atingem (Bion, 1965).

A teoria das transformações oferece a observação de um ponto de indecidibilidade da origem dos fenômenos. Esse ponto é "O", um ponto do não saber a quem pertence. Se pudermos vivenciar "O" com capacidade negativa, tolerar o tempo que for necessário o desconhecido, então ficaremos mais livres para não tomar decisões interpretativas que sempre atribuem o discurso imediato ao passado ou ao aspecto interno do paciente. Não que essas intepretações não façam parte do processo. Elas fazem em algum ponto. Mas precisamos de mais precisão poiética.

Podemos resumir essas afirmativas pela seguinte afirmativa de Bion:

> *Em qualquer sessão ocorre evolução. Algo evolve a partir da escuridão e da ausência de forma. Essa evolução pode ter uma semelhança superficial com memória, mas assim que tenha sido experimentada, jamais poderá ser confundida com memória. Compartilha com os sonhos a qualidade de estar totalmente presente e subitamente ausente. É essa evolução que o psicanalista precisa estar pronto para interpretar. (Bion, 2000, p. 393)*

A tolerância a "O" permite resgatar a intuição, a imaginação, e, sobretudo, a criação interpretativa que vai mais além do que se observa no que é chamado classicamente de transferência.

Para dar uma ideia do que significa uma transformação, podemos usar o modelo de construção de um quadro a partir de uma paisagem que tem uma fonte, um caminho e uma árvore. Em primeiro lugar, o percebido é representado num pedaço de papel por um esboço singelo feito por retas paralelas que convergem para uma elipse e algumas que parecem divergir.

Figura 14.3 A transformação.

O esboço de linhas gerais, invariantes, colorido pela imaginação, mostra objetos factualmente distintos, a árvore, a fonte, o caminho, o barco e o desenho geral, que não existiria sem os detalhes, feitos pela transformação.[11]

No processo psicanalítico, observamos uma personalidade que escolheu, em algum momento, consciente ou inconscientemente, uma visão particular para observar e relatar sobre seu mundo. Essa escolha

11 Mas, ao contrário do que a singeleza da imagem pode sugerir de facilidade, devemos estar preparados para situações muito mais complexas como, no exemplo de Bion, indagando sobre as invariantes entre as fontes de Roma e as partituras musicais de Respighi. Quem estuda música sabe que Ottorino Respighi (1879-1936) foi um compositor, musicólogo, pianista e violinista italiano que criou uma Trilogia Romana, que são poemas sinfônicos, sendo um deles As Fontes de Roma. Sua obra foi popularizada por Arturo Toscanini, um dos maiores maestros de todos os tempos. Todavia, quem não tem conhecimento desses dados precisa utilizar de uma forte dose de imaginação para perceber as invariantes comuns. Por exemplo, o som das fontes, o ritmo que existe nesses sons, as sensações térmicas ao observar e escutar, poderia ser um bom começo. Mas, mesmo assim, não será que isso requer a experiência de ter chegado perto de uma fonte?

sempre envolve uma inibição daquilo que o paciente pode não desejar ver. Perde-se a simetria.

O resgate dessa simetria pode ser aperfeiçoado se utilizarmos o mito de Édipo para observar os sons antes de nos dedicarmos aos significados das palavras escolhidas ou excluídas. Podemos também escolher outro sentido ou sentidos, como o olfato, ou movimento, fatos que o online não permite.

Na caminhada de Édipo, existe uma alternância entre passagens de gritaria e passagens com tentativa de silenciamento. Temos elevação da voz e diminuição da voz, aspereza e suavidade. Isso facilita o caminho em direção a uma interpretação do que está ocorrendo. O Oráculo grita com Édipo diante de uma pergunta, mas Tirésias tenta silenciá-lo com argumentos, Laio e Édipo gritam e discutem na encruzilhada com argumentos opostos, a Esfinge pergunta com uma voz suave de ninar bebês tentando não ter respostas, Édipo grita se lamentando sobre a verdade, e depois o silêncio do exílio.

Como exercício de imaginação, sugiro uma Grade para o que foi descrito, usando a percepção de fundo, do som, da música como síntese não conceitual, ou poderia agregar também o cheiro da palavra, a cor do movimento, o gosto da presença, o ruído da pele. São elementos que o online passa ao largo, ou apenas atinge pontos coincidentes e complexos na área do conflito. Mas não atinge o atravessar do problema em pontos conjugados e complexos.

<table>
<tr><td colspan="2">Para onde eu vou?</td><td colspan="2">De onde eu vim?</td><td colspan="2">Quem sou eu?</td></tr>
<tr><td colspan="2">Futuro</td><td colspan="2">Passado</td><td colspan="2">Presente</td></tr>
<tr><td colspan="2">Hipótese definitória ψ</td><td>Notação</td><td>Atenção</td><td>Indagação</td><td>Ação</td></tr>
<tr><td>Oráculo</td><td>Tirésias</td><td>Encruzilhada</td><td>Esfinge</td><td>Édipo</td><td>sofrimento</td></tr>
</table>

Onda de alta frequência

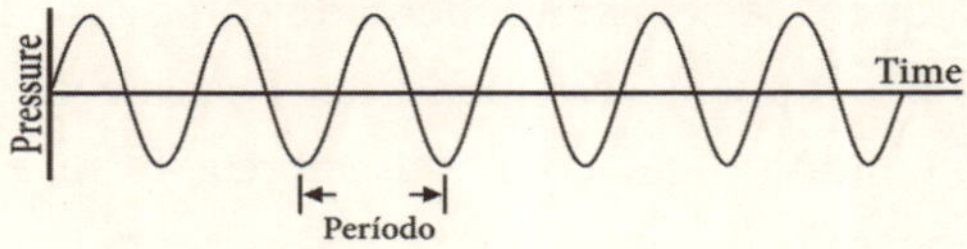

Onda de baixa frequência

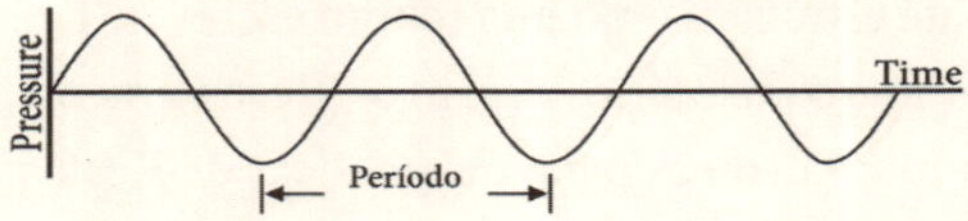

Elevação da voz e diminuição da voz, onda de alta frequência e baixa frequência, aspereza e suavidade, são como versões simétricas da comunicação inerentes a cada uma das questões edípicas, que na imagem aparecem como subdivisões temporais.

Som: 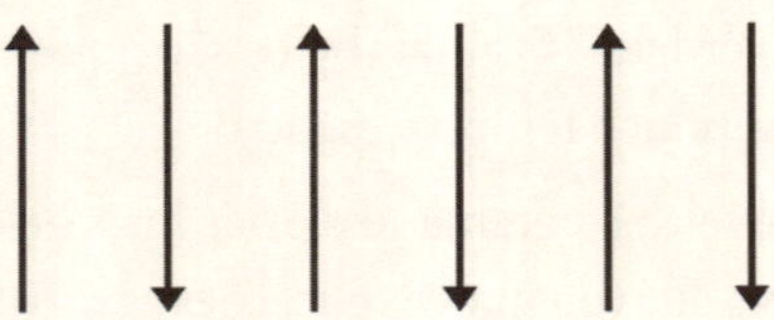

Se pudéssemos agir como um músico, utilizaríamos certas regras conhecidas que levariam a uma razoável compreensão desses sons discrepantes, ao colocá-los numa pauta musical. Mas não somos músicos.[12]

Então, que tipo de regras o analista pode utilizar para ver e demonstrar para outros a verdade, que geralmente é feia e assustadora para quem não a tem revelada? Certamente, em termos simétricos, a

12 Os símbolos das notas escutadas podem ser escritos sobre cada uma das cinco linhas ou dentro dos quatro espaços da pauta. A altura das notas depende dessa posição.

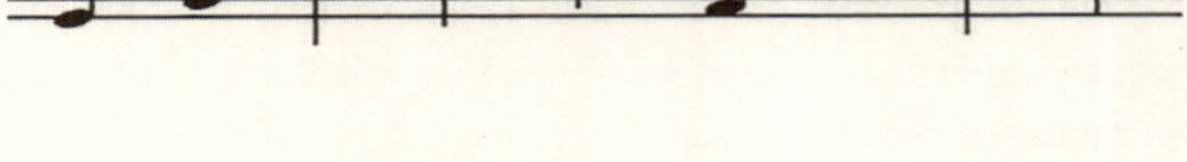

beleza e a beleza assustadora são frequentemente comparados com a verdade para quem se sente em liberdade como sua revelação. Pelo menos, era o que o poeta Keats pensava: "Beleza é verdade, verdade é beleza, isto é tudo / o que conheceis sobre a Terra, e é tudo o que precisais conhecer".

Apesar das várias críticas argumentando que essas linhas são inocentes e que até estragam o poema (como escreveu T. S. Eliot), a fama delas ultrapassa os comentários negativos. Recentemente, o matemático Ian Stewart (2007) usou as palavras poéticas de Keats para dar nome ao seu livro, no qual ele conta a história da busca por simetria (que ele equaciona com beleza) na matemática e na física teórica.

Mas qual a relação da matemática com a beleza? E o que a psicanálise pode apreender dessa complexidade?

Matemáticos e físicos atribuem beleza a teoremas e teorias, criando uma estética da "verdade". Os mais belos são aqueles que conseguem explicar muito em pouco tempo e espaço.

Quando possível, os teoremas e teorias mais belos são também os mais simples; dadas duas ou mais explicações para o mesmo fenômeno, vence a mais simples. Esse critério é conhecido como a "navalha de Ockham", atribuído a William de Ockham, um teólogo inglês do século XIV. Podemos usar tal instrumento na psicanálise? Ou já o utilizamos quando falamos de função alfa?

Se precisarmos representar notas mais graves ou agudas do que as nove notas representáveis nas linhas ou espaços do pentagrama, utilizam-se linhas e suplementares abaixo ou acima da pauta:

Para definir qual nota ocupa cada linha ou espaço e a faixa das notas representadas no pentagrama, são utilizadas as claves, que permitem adaptar a escrita para as diferentes vozes ou instrumentos musicais.

Einstein, dentre outros, era um defensor da beleza como critério de verdade em teorias científicas: uma teoria tem que ser bela para estar correta. E, sem dúvida, muitas delas são, ao menos de acordo com critérios de elegância e simplicidade na matemática.

Para os que creem na matemática como linguagem universal, essa estética leva à existência de uma única verdade. Isso soa como um monoteísmo judaico-cristão, uma espécie de intoxicação religiosa, mesmo que sutil e metafórica, nas ciências.

Mas felizmente existem aqueles que não acreditam muito na ciência como ela está formulada no presente. Acreditam no futuro dela, como Freud, por isso Bion, que nos legou o caminho para esse entendimento, comenta que é necessário um gênio, como Freud, para demonstrar a realidade do inconsciente e seus recursos emocionais para que as pessoas com menor capacidade messiânica pudessem entender e conseguir ligar uma luz em suas vidas.

Freud, foi bastante generoso ao demonstrar a realidade dos recursos emocionais para as pessoas que não possuem essa capacidade propiciando que elas pudessem, apesar de suas limitações, receber comunicações que demonstram e disponibilizam tais recursos. Essa atividade é a psicanálise em expansão.

Termino aqui com uma frase de Clarice Lispector: "Um dos gestos mais belos e generosos do homem, andando vagarosamente pelo campo lavrado, é o de lançar na terra as sementes."

15. Evidência: uma releitura

Uma evidência é tudo aquilo que pode ser usado para provar que uma determinada afirmação é verdadeira ou falsa. Na Grade de Bion, ela se situa na coluna ψ.

Uma evidência mal avaliada ou inadequada, traduzida em uma interpretação, pode nos fazer entrar na Grade negativa, mas se ela estiver correta, podemos prosseguir investigando. É o início de uma investigação.

Na ciência em geral, uma evidência é o conjunto de elementos utilizados para suportar a confirmação ou a negação de uma determinada teoria ou hipótese científica. Para que haja uma evidência científica, é necessário que exista uma pesquisa realizada dentro de princípios científicos – e essa pesquisa deve ser passível de repetição por outros cientistas em locais diferentes daquele onde foi realizada originalmente.

A evidência científica não tem uma definição universalmente aceita, mas, em geral, refere-se a provas que sirvam para apoiar ou contrariar uma teoria científica ou hipótese. Tal evidência é geralmente empírica e devidamente documentada de acordo com o método científico, como é aplicável ao campo específico de investigação.

Normas para uma prova podem variar conforme o campo de investigação, seja as ciências naturais ou ciências humanas. As provas podem incluir o entendimento de todas as etapas de um processo, ou uma ou algumas observações, ou de observação e análise estatística de várias amostras, sem necessariamente exigir um método claramente estabelecido.

Filósofos como Karl R. Popper forneceram teorias influentes para o desenvolvimento do método científico, no qual a evidência científica tem um papel central. Resumidamente, Popper estabelece que um bom cientista desenvolve uma teoria que pode ser falseada (refutada). Edgar Morin, com a teoria da complexidade, segue outro caminho: toda teoria é apenas transitória, ela segue até que algo possa ampliá-la, e ainda assim é fruto de incerteza, e sofre por ser incompleta.

Na psicanálise, as evidências estão voltadas para seguinte questão: no ser humano, há o acaso e o estatístico cultural, mas a singularidade não é acidental, ela pertence à essência do ser. Pode ser analisada, mas não pode ser sintetizada, pois depende de um processo inesgotável de integração constante. Qualquer que seja a observação, é preciso levar em conta esse fato que, sendo extremamente complexo, traz a incerteza: será que realmente podemos pensar essa originalidade que faz com que cada indivíduo seja o que é, não apesar de sua singularidade, mas em função dessa infinita singularidade?

Para responder à questão, é necessário considerar a possibilidade de encontrarmos uma resposta que alcance o essencial. Há apenas uma individualidade; e não haverá nunca uma outra em outro lugar. O que o indivíduo é ou foi não pode ser criado com elementos obtidos em outra situação. É preciso tomá-lo da evidência de sua singularidade que se apresenta à observação no presente da sessão. Portanto, memória e desejo deveriam ser banidos de uma evidência.

Tal é o tema que Bion desenvolve nesse trabalho apresentado pela primeira vez em 23 de julho de 1976 na Sociedade Britânica de Psicanálise, publicado depois em *Clinical seminars and four papers*. "Evidência" é um dos 4 *papers*.

Bion introduz o tema por meio de um material clínico em que um paciente (sobre quem nada ficamos sabendo) faz a seguinte associação: "Lembro-me dos meus pais na parte superior de uma escada em forma de Y e eu estava lá embaixo... e.....".

Bion relata que isso foi tudo que o paciente disse, não se seguiu nenhuma outra associação, e diz: "Fiquei aguardando e, durante esse período, como é de praxe, tive um montão de associações livres – minhas associações livres (que guardei para mim mesmo, pois sou o suposto analista).

Cabe notar que a habilidade clínica de Bion (1976) não se abala com a dificuldade do que poderia ser encarado como a árida experiência de um sonho sem associações. Ele toma o sonho, trabalha com ele dentro de si, reciclando-o em sua dimensão imagética:

> *Ocorreu-me que isto era muito semelhante a uma descrição verbal de uma imagem visual – apenas um formato de Y. Mas o que me impactou de forma muito intensa foi a afirmação feita rápida e sucintamente, e finalizada exatamente num certo ponto, supondo que deveria ter uma grande quantidade de significado que não me foi visível naquele momento. O que na realidade tornou-se visível para mim eu podia descrevê-lo através da escrita de um "Y". Aí me ocorreu que poderia tornar mais compreensível se a gente pronunciasse do seguinte modo: "Why-shaped stare?".*[1] *O único problema era que eu não sabia como dizer isto ao paciente de um modo que tivesse significado, nem eu conseguiria produzir qualquer evidência para isto – a não ser que esta era a imaginação que havia surgido em minha mente.*

1 Em vez de "*Y-shaped stair*".

Trata-se aqui de criação, do pensar poético de Bion (1976), da capacidade de escutar o que não estava diretamente dado. Os termos imaginação e imaginário devem ser pensados quando se trata de considerar uma evidência clínica em psicanálise. A imaginação (imagem-em-ação) não é apenas a capacidade de combinar elementos já dados para produzir um outro. A imaginação é a capacidade de colocar uma nova forma. De certo modo, ela utiliza os elementos que aí estavam, mas a forma, enquanto tal, é nova.

> *E então eu não disse nada. Depois de alguns momentos, o paciente prosseguiu e comecei a produzir o que me pareciam interpretações psicanalíticas razoavelmente plausíveis. Voltando a pensar no assunto, posteriormente, pude imaginar uma forma de Y que quando empurrada em direção à interseção das três linhas, poderia produzir a forma de um cone visto de dentro, ou um funil. Por outro lado, se pegássemos a interseção e puxássemos, poderia se produzir a forma de cone protuberante, ou, caso se prefira, a forma de um seio.*

Sem dúvida, trata-se da imaginação funcionando, não exatamente da capacidade de ver "figuras" (ou se ver) num "espelho", mas a capacidade de estabelecer o que não é, ver em alguma coisa o que não está lá. Rigorosamente falando, o figurar deve ser suposto em toda parte onde há evidência do que podemos chamar de *self*. Exatamente qual é o significado desse *self*, que é sempre algo a mais, não se pode saber, o importante é a dimensão observável de um significado não visível. Esse significado vai depender do vértice pelo qual vamos olhar e figurar. O vértice de Bion é muito claro: necessariamente não precisa saber o que significa, mas é possível fornecer uma interpretação descritiva da situação, convidando o paciente a pensar junto com ele, para prosseguir escutando. Na sessão seguinte, naturalmente, vem à mente de Bion a situação pensada após aquela sessão, ele então diz ao paciente:

> *"Sugiro que, além dos significados comuns daquilo que você me contou – e quero crer corretamente de que aquilo que você me disse significa exatamente aquilo que você queria dizer –, existe também uma espécie de trocadilho visual". E aí lhe forneci a interpretação. Ele disse: "Sim, está certo. Mas você demorou, hein?".*

A interpretação produziu uma resposta que coloca o analista na situação de que não há nada a ser feito senão prosseguir escutando a partir do que foi considerado, fornecendo uma evidência: uma imagem visual com duplo significado; quando um é percebido, o outro escapa.

> *A questão que se coloca é: qual era a evidência que o paciente estava me dando, e qual a evidência que vi, ou através da qual eu vi, para a interpretação? Tudo bem em relação ao paciente quando diz: "Sim, está certo". Acredito nele. Mas eu não sei por que ele achava certo ou por que a interpretação estava certa. Na verdade, não sei qual é a evidência que existe para tal afirmativa.*

A diretriz fundamental do pensamento científico de Bion está novamente presente: quanto mais sabemos, menos sabemos. Bion, socrático, insiste que o pensar se distingue do saber, e essa distinção promove o crescimento mental na direção do tornar-se.

O material clínico apresentado sugere a presença das preconcepções inatas básicas: o seio e a cena primária, ambos contidos na configuração edípica. A realização dessas preconcepções parece ocorrer pela experiência do olhar, observar, criticar, esperar. Um paciente como esse jamais aceitará uma interpretação, ainda que correta, a menos que sinta que o analista passou por essa crise emocional, como parte do seu ato de interpretar. A crise pode ser traduzida como experimentar depressão, ou sentir a dificuldade que o paciente sente; o vazio na relação com os pais distantes, ausentes e, portanto, um superego crítico.

A evidência fornecida nunca exclui outras possibilidades, como a ambiguidade do paciente numa polarização perversa voyeurismo-exibicionismo. Todavia, Bion não entra no mérito dessas outras conjecturas. O mérito do trabalho reside, mais uma vez, em indagar a capacidade de observação analítica que correlaciona uma série de ideias.

1. O modelo de observação usado por Freud desde a criação da psicanálise, a partir de sua experiência com Charcot: observar uma situação desconhecida até que algum padrão começasse a emergir e pudesse, então, ser interpretado.
2. A questão de a interpretação ser capaz de despertar a curiosidade e o interesse do paciente por si próprio, permitindo a continuidade da observação.
3. A experiência do analista possui elementos verbalizáveis e outros que não podem ser verbalizados; o conjunto leva à percepção da evidência.
4. A citação de Freud em *Inibição, sintoma e angústia*: "Há muito mais continuidade entre a vida intrauterina e a primeira infância do que a impressionante cesura do nascimento nos permite acreditar". Diz Bion que Freud não levou muito adiante essa afirmação e, no geral, pareceu até minimizá-la quando diz: "Eu aprendi a colocar rédeas nas minhas tendências especulativas e a seguir o conselho de meu mestre Charcot, ou seja, observar as mesmas coisas uma vez mais, e outra vez ainda, até que elas mesmas comecem a falar". Isso também pareceu muito importante a Bion. Ele pensou a respeito dessa possível contradição de modelos e propôs que o analista procurasse observar o material afastando de sua mente a memória e o desejo – a memória, como tempo verbal pretérito e o desejo como tempo verbal futuro:

> *Em outras palavras, tentar começar uma sessão com a mente o mais próximo possível de um estado vazio a que uma pessoa consiga chegar – o que não é exatamente muito próximo, já que todo mundo tem histórias*

passadas enormes, se considerado o tempo em que nasceu e o dia de hoje.

5. Em que momento a mente começa a existir? Como é o funcionamento dessa mente originária? Quais os vestígios arcaicos que persistem e que ela mostra no indivíduo adulto? (Pergunta que é coerente com a teoria revolucionária da psicanálise, de que nada é esquecido no sentido de desaparecer por completo). Como observá-los e, o que talvez seja mais difícil, como comunicá-los?

Apesar de o campo analítico ser um campo da linguagem e da *palavra*, esta é o maior obstáculo. O uso e o tempo desgastam as palavras. Por isso, o que conta é a singularidade do analista, sua capacidade para usar as palavras:

> *Acho que cada psicanalista deve se disciplinar – e nenhuma formação que eu conheça lhe provê isto – em forjar sua própria linguagem e manter as palavras que usa em bom estado de funcionamento. Não acho que deva ser um vocabulário particularmente profundo ou particularmente amplo – pode ser algo reduzido – mas é importante que seja aquele que o analista escolhe por si mesmo. . .*

O segundo grande obstáculo podemos encontrar na *cisão temporal* implícita em toda comunicação por palavras. É o paciente que comunica a demora da intervenção, ou é o paciente que ele convida a pensar sobre essa cisão temporal:

> *Você não pode ter repetido exatamente aquilo que eu disse pois foi há mais ou menos um minuto e meio atrás, passou-se o tempo desde que eu falei; então o que poderia soar exatamente igual àquilo que falei não pode, na realidade, ser aquilo. Você pode ter entendido*

> *aquilo que eu queria dizer – e neste caso não há nada mais que precise ser dito sobre o assunto: ou era correto ou não era – ou agora você está falando alguma coisa.*

O terceiro obstáculo é a *turbulência emocional* que o analista precisa perceber. Bion sugere que seria ideal se pudéssemos descrevê-la como fez Leonardo em seus rascunhos, Shakespeare em sua obra, Francis Bacon em sua epistemologia. Talvez os três possam ser englobados pela sabedoria de Kant. Esta última permite traduzir o problema da seguinte forma: "como introduzir a intuição no conceito e os conceitos nas intuições?"

A partir do momento em que *intuição e conceito* se casam, uma nova dimensão é criada. Ou seja, aquela que é definida pela exigência de uma validade de fato. Por exemplo, o pensamento resultante do casamento entre uma intuição e um conceito tem uma validade de fato, pois está presente. Mas isso não significa que deixamos de questionar se ele deveria estar presente, ou se é válido e, principalmente, se é verdadeiro?[2]

O mais próximo que podemos chegar de um fato em psicanálise são os sentimentos. O que sentimos é aquilo mesmo, não é outra coisa. Fora desse âmbito, o que temos tomado como fato são amnésias que podem ser preenchidas com paramnésias. A mente humana encontra expressão por meio de ambas. A teoria psicanalítica, destinada a fornecer conceito às diversas intuições analíticas, pode se transformar em paramnésia. Algo criado para preencher o vazio, o fundo de nossa aterradora ignorância.[3]

---

2 Coluna ψ da Grade.

3 Diz Bion: "Lanço mão de uma imagem pictórica de que sempre gostei – o comentário de Beachcomber sobre um estadista muito eminente, que falava a respeito de 'navegar o Navio do Estado'. Disse Beachcomber: 'Isto apenas mostra que, seja lá o que estiver errado com o Navio do Estado, não há nada de errado com seu porão'. De modo sintético: há um inexaurível fundo de ignorância sobre o qual

É esse fundo de ignorância que questiona toda a racionalidade como algo que caracteriza a essência do ser humano. O que faz a essência do ser humano, precisamente, é a imaginação criadora em relação ao fundo de ignorância. Com a imaginação criadora e seu reflexo no imaginário social é que podemos afirmar que o ser humano é primeiramente psique. Ser humano = psique profunda = inconsciente. E o ser humano é também igual a sociedade. Ele é apenas na e pela sociedade e pelas significações imaginárias sociais, que tornam a psique apta para a vida. E a sociedade é sempre também história. Não há nunca, nem mesmo nas sociedades mais primitivas, um presente fixo. Mesmo na sociedade mais arcaica, o presente é sempre constituído por um passado que o habita e por um futuro que o antecipa. Trata-se sempre de um presente histórico. No caso do psicanalista, um presente histórico da psique que ele tem de descrever sem a vantagem dos artistas "que podem lançar mão da estética, como uma língua universal".

> *Platão, há dois mil anos, discerniu de modo claro os defeitos da comunicação verbal. No Phaedo, descrevendo o julgamento de Sócrates, Platão assinala que uma grande desvantagem é que, apesar do fato de Sócrates e Fedro poderem falar, aparentemente, de modo muito preciso, eles estavam, a rigor, usando termos extremamente ambíguos. Não vejo que tenhamos feito grandes progressos, neste aspecto, nos últimos dois mil e tantos anos.*

Diversas tendências de pensamento filosófico repetiram, como no caso do existencialismo, que não há essência do ser humano. Essa afirmação negativa é totalmente inadequada. Há uma natureza na essência humana que é conveniente formular: ela é precisamente essa

---

repousamos – e isto é tudo que temos para nos basear. Mas tenhamos a esperança de que existe tal coisa como a mente, uma personalidade, um caráter, e que não estejamos falando sobre coisa alguma".

capacidade, essa possibilidade, no sentido ativo, de fazer ser o que não é, de trazer à existência outras formas de existência social e individual. É fácil constatar isso quando se considera a alteridade das instituições da sociedade, dos idiomas, das obras literárias e artísticas, dos indivíduos, das teorias científicas:

> *algumas das primeiras teorias são muito plausíveis. Por exemplo, localiza-se a alma nos frenos. Se você está perturbado, ou irritado, ou em algum tipo de turbulência emocional, aí você suspira, e parece razoável supor que isto é feito pela parte que bombeia o ar para dentro e para fora. Demócrito de Abdera sugeriu que a substância do cérebro tinha alguma coisa a ver com a mente ou alma, e esta teoria pegou.*

O psicanalista sempre se defronta com teorias, sejam as de seus analisandos, sejam as que tem de formular sobre seus analisandos. Esse trabalho de criação não significa indeterminação, pois a criação é posição de novas determinações. Demócrito de Abdera não é Demócrito de Abdera porque é indeterminado, mas porque ele determina, diz, faz, "encarna" um "pensamento sem pensador" que não havia sido captado. O alcance psicanalítico dessa constatação é imenso, pois ela significa que existe pelo menos um tipo de ser que cria alteridade, que é fonte de transformação e que transforma a si mesmo.

> *Será que nós consideramos que existe uma coisa chamada mente ou caráter? E se é assim, existe algum modo pelo qual podemos verbalizá-la, sem que produza uma distorção completa? Os matemáticos falam a respeito de uma "intermediação quântica", algo que é desconhecido, a meio caminho de. Podemos imaginar algum tipo de*

> *tela na qual estes elementos se projetam. Por exemplo, Picasso pinta um quadro em vidro, de tal forma que ele pode ser visto de qualquer lado. Usando a minha mão, posso sugerir o seguinte: olhe-a de um lado; existe uma queixa psicossomática. Olhe-a de outro lado; agora é somatopsicótica. É a mesma mão, mas aquilo que você vê depende do modo como observava; a partir de que posição, a partir de que vértice – use qualquer termo que gostar. Mas será que alguém olha para um caráter a partir de alguma direção?*

Dois níveis, dois vértices, duas faces da mesma mão, ambos apontam para a mesma direção: imaginação e imaginário. Há um perpétuo fluxo de representações, afetos, desejos; pensamentos, sentimentos, ideias. É nesse fluxo que o analista se insere com sua imaginação:

> *Façamos um voo pela fantasia; uma espécie de infância de nosso próprio pensamento. Posso imaginar uma situação na qual o feto a termo poderia estar consciente de oscilações extremamente desprazerosas no fluido amniótico antes que ele fosse transferido para o meio gasoso – em outras palavras, antes que ele nascesse. Posso imaginar que existe algum distúrbio ocorrendo, por exemplo, algo assim como um desentendimento entre os pais. Posso ainda imaginar ruídos muito altos . . . Suponha que, então, a cesura ocorre e o bebê fique sujeito ao trauma do nascimento e ao trauma posterior de reajustar-se ao meio gasoso . . . Posso imaginar que o feto seja tão precoce, tão prematuro que ele tenta se livrar de sua personalidade . . . e então depois do nascimento. . . ele é capaz de aprender todas as palavras e frases . . .*

> *Na situação muito severa e muito obstrutiva que tenho em mente, o paciente aprende bastante bem a diferença entre o certo e o errado. Na realidade, a totalidade das regras de McNaughton não apresentam dificuldade. Mas até onde concerne ao paciente, ele pode preservar uma mente em um nível mais profundo, como aliás ocorre, que nada sabe a respeito disto, mas que poderia, não obstante, ter sentimentos de culpa bem estabelecidos. Fico impressionado ao ver o modo pelo qual um bebê estremece e recua, como que sujeito a uma acusação intolerável, se você fizer um som levemente desaprovador para ele. Será que ele tem uma consciência bem estabelecida, de um tipo-bebê? Como é que se poderia denominá-la? Não sei que linguagem utilizar.*

Como podemos imaginar o nascimento da linguagem? Ela é uma criação do coletivo anônimo, é o imaginário social. Pela linguagem, temos acesso a uma dimensão extremamente lógica que formula provérbios, poesias, metáforas, mas que formula também expressões imaginárias sociais: a mente. Alguém viu alguma vez a mente? Se reuníssemos, de uma só vez, todas as pessoas do mundo, poderíamos dizer que vemos a mente? De toda evidência, ela é uma significação imaginária social; não nos é acessível sensorialmente, mas de uma forma indireta, pelo conhecer e pela ação humana. Esses dois movimentos, traduzidos pelo K ↔ O, são, indissociavelmente, psíquicos e social-históricos. Esses dois polos, a psique e a sociedade, não podem existir um sem o outro, e não são redutíveis um ao outro. Tudo aquilo que encontramos de social em um indivíduo, e mesmo a concepção de indivíduo, é socialmente fabricada ou criada em correspondência com as instituições sociais. Para encontrar alguma coisa no indivíduo que não é verdadeiramente social, devemos estabelecer o núcleo da psique. Ali onde está "O", a proximidade de um horizonte de eventos de desejos primitivos, o caos, os afetos selvagens.

> *Para meus objetivos particulares, andei inventando termos tais como "medo subtalâmico", significando um tipo de medo que alguém teria se nenhuma contraprova para ele fosse produzida pelos níveis superiores da mente. O paciente pode de fato, estar submetido a enormes sentimentos de medo. Lembro-me de um paciente que era muito articulado, a rigor, adequadamente articulado para fazer-me pensar que eu o estava analisando razoavelmente bem. A análise prosseguia extremamente bem, mas eu comecei a pensar que nada estava acontecendo. Entretanto, o paciente checou tudo isto. Depois de uma sessão, ele foi para casa, selou todas as saídas de seu quarto com uma fita, girou a torneira do gás e faleceu. E ali estava minha análise de grande sucesso – realmente um resultado bastante desconcertante, e sem nenhum modo de descobrir ou aprender, nem para mim mesmo, o que exatamente havia saído errado – exceto pelo fato que a coisa havia, sem dúvida alguma, saído errado.*

É impossível, apesar das tentativas de Freud e seguidores, produzir a sociedade a partir da psique. Obviamente, podemos interpretar psicanaliticamente aspectos da sociedade, mostrando que ela corresponde também a esquemas inconscientes e que ela satisfaz a desejos inconscientes. E isso é verdade porque a sociedade deve sempre responder a busca do sentido que caracteriza a psique. Mas há um fato da própria sociedade, isto é, a realidade, que é completamente estranha à psique. Eis porque o processo *de social-ização* do indivíduo é um processo tão longo e penoso. Para começar, o processo luta o tempo todo com o narcisismo. Podemos observar isso nos bebês, à noite, quando choram sem nenhum motivo, mesmo quando estão satisfeitos, sem nenhuma doença ou desconforto. Simplesmente descobriram que a realidade não se dobra à sua vontade. Suponha que esse bebê, agora adulto, descubra isso tardiamente no decorrer da análise, e descubra que nada pode ser feito por ele. Ele pode realizar uma concepção que não há saída, senão a morte. A questão é perceber isso e comunicar ao paciente antes que o "desastre" se repita.

> *Supondo que alguém esteja lidando com alguma condição psicossomática, será que é conveniente falar com uma pessoa plenamente articulada em termos plenamente articulados? Considerando-se que sentimentos de intenso medo e auto-ódio podem evoluir para um estado mental onde são traduzidos em ação, será possível que o reverso seria verdadeiro? Será que é possível falar com o soma, se ele existe, de modo tal que a psicose seja capaz de entender, ou vice-versa? Quer me parecer que seria útil caso nós, analistas, pudéssemos formular nossas próprias impressões sobre isto.*

16. Reverência e temor reverencial: releitura e comentários

Neste capítulo, será abordado um trabalho que não foi publicado por Bion em vida. Foi apresentado em uma reunião conjunta das instituições psicanalíticas da Califórnia LAPSI e PCC, em 20 de abril de 1967, no auditório do Mount Sinai Hospital, atualmente Cedars-Sinai Center. Não há registro da gravação e foi publicado no texto *post-mortem Cogitações* (Bion, 2000, p. 292). Em inglês, o título é "*Reverence and awe*".

A *reverência* é um ato de demonstração de respeito, mas pode ser um sentimento de respeito ou admiração por alguém ou alguma coisa capaz de fornecer algo, por exemplo, um professor. Todavia, pode existir reverência apenas pelo medo do poder do objeto reverenciado. *Awe* tem o sentido de admiração ou sentimento extasiante, pode ser um sentimento poético, como na palavra *wonderment*, mas pode ser também um temor reverencial. Bion nos mostra que o que determina a diferença entre os dois depende da *voracidade*. Ambos os estados podem ser transformados em reações ao medo, mas podem ser reações pelo amor.

Obviamente, a voracidade destrói progressivamente a capacidade para amar, e se sofre acréscimo da inveja, a destruição é muito mais rápida e dá lugar a diversas inibições, que geram superstições, que, por sua vez, geram preconceitos.[1]

Ele diz: há uma grande diferença entre a criança idealizar um pai porque está em desespero, e a criança idealizá-lo porque está em busca de uma via de expressão para sentimentos de reverência e temor reverencial. Neste último caso, o problema fica centrado na frustração e na incapacidade de tolerar frustração de uma parte fundamental do temperamento de um paciente específico. Provavelmente isso ocorre quando o paciente tem um grau excepcional de capacidade para amar e admirar, mas, no primeiro caso, o paciente pode não ter nenhuma capacidade especial para afeição, mas uma enorme voracidade para recebê-la.

Sempre que retomamos de forma crítica um conceito e percebemos nele uma ou mais invariantes, podemos desenvolver ideias que conduzem a detalhes não descritos que revelam novas configurações. Embora semelhantes às descobertas do conceito original, elas, além de tornar mais precisas as configurações anteriores, as tornam mais complexas e destacam a singularidade e a originalidade do autor.

Podemos fazer isso ao retomar os conceitos de *reverence* e *awe* por meio do modelo espectral de Bion, destacando as inúmeras possibilidades que ele oferece para uma discussão. A proposta é pensar

---

1 A humanidade está, hoje em dia, mais uma vez assolada pelos preconceitos, sempre geridos por narrativas de ódio contra a maior das minorias, que são os judeus. O antissemitismo, que no passado causou diversos genocídios, estava apenas latente, e agora está sendo incentivado por narrativas que querem mostrar os judeus como opressores, apesar de serem uma população de apenas 0,2% da humanidade. O pior é que se consegue, por conta de prestar reverência a doutrinas de esquerda, "colar" essas narrativas. A esquerda presta reverência cega ao simplismo opressor-oprimido. Não há vida inteligente nessa ideologia. Ao prestar reverência ao movimento terrorista Hamas, parte da esquerda simplesmente presta reverência a um grupo totalmente avesso às pautas da esquerda. A burrice da reverência confusa impede de ver que não há liberdade, igualdade e fraternidade, não há direitos humanos, e muito menos direitos das mulheres, no mundo árabe fundamentalista, do qual o Hamas é uma expressão das mais violentas e assassinas.

o conceito de *awe* como um espectro de significados perscrutando a vida das palavras que os traduzem.

Outro referencial do tema é o conceito de *pré-concepção*, isto é, a expectativa vaga de que, no futuro, existe um objeto onipotente, psiquicamente gratificante, capaz de atender às incompletudes humanas. Esse objeto – a princípio, a mente da mãe – revela por detrás os pais unidos sexualmente garantindo o seio; por detrás dos pais, a sociedade protegendo-os; e por detrás da sociedade, a mente criativa produzindo soluções para que a sociedade possa proteger os pais que garantem o seio/mente aos bebês. O movimento é de um *looping* criativo.

O espectro de *awe* me remeteu à magistral obra de Nietzsche, *Assim falou Zaratustra*. O filósofo relata que Zaratustra foi para o alto de uma montanha (levando suas cinzas) e aí permaneceu por 10 anos dialogando com uma águia e uma serpente, tentando aprender--lhes a sabedoria. Após esse período, decidiu que era o momento de descer (trazendo o fogo). Quando o faz, encontra no sopé um velho em estado de beatitude (outro significado de *awe*), adorando a Deus. Eles se reconhecem, pois, o velho já estava lá quando Zaratustra subiu a montanha. Eles dialogam sobre a adoração. O velho permanecera na mesma, vivendo só voltado para si, e Zaratustra, ao continuar seu caminho pensa: "Coitado, ele não sabe que Deus está morto!".

No espectro de possibilidades, podemos perceber que o velho (que pode representar o *establishment*), em seu estado de adoração no sentido de *awe*, vai em direção à certeza do Deus (Des-Humano) e diz: "Agora, amo a Deus, não amo os homens. Coisa por demais imperfeita é para mim, o ser humano. O amor aos homens me mataria" (Nietzche, 2018). Em oposição, Zaratustra caminha na direção oposta, a da incerteza, da dúvida, da finitude e, sobretudo, do Humano.

Em 1965, o texto *Transformações* de Bion já prenunciava as questões que aparecem em 1970. No final do livro, Bion cita uma frase de Pascal: "*Le silence de ces space infinis m'effraie*". Bion diz que a frase pode ser tanto a intolerância e o medo do desconhecido como também expressão do inconsciente no sentido do não descoberto ou não expandido ("*and hence of the Unconscious in the sense of the undiscovered or the unevolved*"). Podemos dizer que a intolerância ao desconhecido leva ao temor reverencial, e o não descoberto, não expandido, leva ao encantamento poético e científico (destaco aqui um significado equivalente ao *wonderment* que encontrei no *The Heritage Ilustraded Dictionary*: "*to inspire with awe*", que se refere à criação poética).

A partir de 1967/68, ao encarar o mundo da Califórnia, Bion se confrontou mais uma vez com a religiosidade de seus contemporâneos. Muitos estavam presos na adoração a certas teorias como se elas tivessem sido escritas por algum Deus que exige temor reverencial. E por isso, por conta de suas ideias perturbadoras, Bion foi rejeitado pela maior parte da comunidade psicanalítica norte-americana. Todavia, acostumado com essa posição, escreve em 1970 sobre ela, destacando o seu papel de místico/gênio sobre o qual Nietzsche falara.

Em 1977, no texto *Cesura*, Bion nos apresenta a história da descoberta arqueológica da tumba do Rei. O trabalho de reconstrução do passado revela a tragédia do séquito real que tomou veneno para morrer junto com o Rei e acompanhá-lo na sua viagem para o Além.[2] Bion confronta essa atitude de absoluta adoração com a dos saqueadores da tumba que, vencendo o medo da magia e da morte – neles ainda existente na época do saque –, puderam obter o que havia sido ali encarcerado, e os compara aos cientistas modernos.

Outro exemplo marcante da descrição de *awe* como *wonderment* (encantamento) ou *to inspire with awe* pode ser encontrado no poema de Keats "Folheando pela primeira vez o Homero de Chapman". No

2 Essa tragédia se repete de diversas formas e inúmeras vezes na história. Temos o suicídio coletivo nas Guianas conduzido pelo pastor Jim Jones e, de certa forma, todas as guerras são isso.

poema, Keats relata o encantamento da descoberta dos livros *Odisseia* e *Ilíada* que ganhara de presente do Professor Chapman:

Muito vaguei por regiões de ouro;
E estados e impérios esplêndidos vi;
No largo de ilhas do Ocidente estive;
Reservadas por Apolo a poetas, seus vassalos.
Muitas vezes ouvi falar de um grande império;
Que o grave Homero comandava sozinho;
Nunca lhe respirei, porém, a natureza do éter,
Até ouvir Chapman falar, ousado e afoito:
Senti-me então como um vigia do infinito
Quando um novo planeta cruza o raio de visão;
Ou como o bravo Cortez, quando em olhos d'água,
Contemplou o Pacífico – e todos os seus homens
Entreolharam-se com selvagem suspeita –
Em silêncio sobre o pico de Darien.

A expressão em inglês escolhida por Keats foi "*wild surmise*". Nos momentos em que ocorre esse sentimento, surgem o que podemos chamar de *pensamentos selvagens* (*wild thoughts*), pensamentos vindos do futuro, abrindo as portas da complexidade. Penso que Bion provocava esse sentimento em seus interlocutores. Quem esteve presente em suas Conferências sabe exatamente do que estou falando.

Curiosamente, Keats confundiu a cadeia de montanhas de Darien, no Panamá, que estabelece a ligação entre a América Central e a América do Sul, descoberta em 1501 por Balboa (também vista por Colombo em sua última viagem às Américas) com a travessia que Hernán Cortés realizou no México. Mas a licença poética permite esse pensamento selvagem, que misturou o encantamento de descobridores distintos, em locais diversos.

Posso sugerir, nesse ponto, dialogar sobre o futuro da transferência movido por esse *wild surmise* em contraste com o futuro de uma ilusão, ilusão fornecida por religiões, teorias religiosas, religiões teóricas e pensamento positivo, enfim, tudo que serve para o indivíduo se enganar e transformar o trabalho terapêutico num culto a si mesmo (na expressão de Elisabeth Roudinesco).

Finalmente, gostaria de assinalar que o sentido de *wonderment* ou *to inspire with awe*, o sentido poético, traz implícita a questão da felicidade. Cabe notar que esta é uma questão sobre a qual os analistas não falam muito e de forma mais direta.

Entretanto, o tema está presente no dia a dia do trabalho analítico e nos coloca no espectro de possibilidades que vai do polo do sentido da evidência, da banalidade mesmo, pois a felicidade, quase por definição, interessa a todo mundo, até o outro polo, onde temos a singularidade, uma ousadia no estilo, uma forma distinta de colocar os problemas sobre o tema para a psicanálise – como sugere a teoria do pensar de Bion.

No Zaratustra, a questão abre todo o discurso da obra. Certa manhã, levantou-se ele com a aurora, foi para diante do sol e assim lhe falou: "Que seria a tua felicidade, ó grande astro, se não tivesses aqueles que iluminas".

Além disso, também é óbvio que a felicidade trata da busca de um estado mental transitório e instável. Esse estado pode se desvanecer tão rapidamente como apareceu, apesar de tantas vezes ter custado muito esforço para buscá-lo. Existe saída ou solução para tal instabilidade? Existe saída para a incerteza?

A resposta pode ser como a resposta de Édipo à Esfinge quando esta ameaçadoramente lhe propõe um enigma. Ao responder "é a vida do Homem", Édipo expõe a Esfinge ao intolerável fato de que a vida é instável e plena de incertezas. A Esfinge se mata movida por sua arrogância e incapacidade de negociar sua posição instável. A arrogância, elemento central de toda trama, circula inapreensível entre os sujeitos, estabelecendo a complexidade dos ataques ao conhecimento, à linguagem, à técnica, à teoria e ao pensar.

Imagino que Fernando Pessoa diria aqui: "Navegar é preciso; viver não é preciso". A arrogância da Esfinge não tolerou que a vida não é precisa.

Os antigos gregos chamavam a felicidade que desejamos de *sabedoria*, e que não se obtém por meio de drogas, mentiras, ilusões, alucinações. Só se obtém felicidade na relação com a *verdade*: uma felicidade verdadeira ou uma verdadeira felicidade.

Sabedoria também é um conceito espectral, como a loucura e a sanidade. Não devemos fazer de nenhuma delas um absoluto. Podemos ser mais ou menos sábios de acordo com a ocasião, do mesmo modo que mais ou menos loucos, ou mais ou menos não psicóticos. Ambos apontam para direções como máximo de felicidade em contraposição ao que Freud chamou de miséria histérica, máximo de lucidez em contraposição à confusão total.

Camus dizia que é impossível ser feliz sabendo que vamos morrer um dia. Nesse caso, seria o sentimento de certeza da morte que traz a infelicidade? Mas, em contraponto, Aristóteles dizia que devemos viver como se não fossemos morrer um dia, pois nada sabemos sobre o dia de nossa morte. Não que o filósofo estivesse negando que a morte faz parte da vida; sabidamente, ela é o seu momento final, momento que deveria ser de bem pouca importância, por sua escassa duração, se comparado ao tempo que podemos viver. Entretanto, a morte traz uma questão fundamental: a de que a estrutura humana é mortal e compõe-se de desejos e memórias. Temos que lidar com isso para podermos viver o ciclo de vida, pois os desejos de imortalidade nos tornam desumanos e invejosos. Os desejos de imortalidade são produzidos pela voracidade, ou desejar mais do que a vida nos pode oferecer sem esforço para tal. Nenhuma ideologia vai resolver isso, embora elas se aventurem a dizer que podem, pois qualquer que seja a ideologia, ela vai apenas reprimir os indivíduos mais criativos para dar lugar aos medíocres, e um dia, o que foi reprimido retorna demonstrando a perda de tempo com a falsidade ideológica. Pode ser muito tarde quando se descobre o erro estúpido, assim como é estúpido tratar uma sessão como se ela fosse a repetição de uma sessão anterior.

Certamente que muitas ilusões confortáveis nos tornariam mais facilmente felizes do que várias verdades desagradáveis. Poderia não ter que pensar se quiser fornecer à pré-concepção uma ilusória satisfação. O estoque disponível de religiões que propiciam isso é enorme. Aliás, o enorme sucesso delas depende exatamente de explorar a satisfação da pré-concepção oferecendo a ilusão da felicidade em outro mundo após a morte. Todavia, se fizer isso, posso passar a vida sem ter a experiência de acesso à verdade da história e do desejo do sujeito. O essencial para isso ocorrer é não mentir, e antes de tudo não mentir para si próprio. Freud dizia isso no sentido de ser o mais sincero consigo mesmo. Não se mentir sobre a vida, sobre nós mesmos, sobre a felicidade, e corajosamente preferir uma verdadeira tristeza a uma falsa alegria: esta é uma decisão psicanalítica.

Implica, pois, reconhecer uma insatisfação, uma incompletude, e não ter medo de dizer ou pensar tolices. Usar a imaginação e não nos deixar ser controlados por beatitudes mal-humoradas. Manter a curiosidade é o melhor remédio contra a senilidade.

No entanto, não podemos esperar a curiosidade para amanhã. As aventuras da verdade também se fabricam, a cada dia, pelas escolhas que todos fazem de suas experimentações. Essas aventuras prosseguem com cada um, por meio de cada um, em cada um de nós. Essa é a inspiração para continuar navegando. Continuem a aventura.

Foi essa a última frase de Bion quando retornou pela última vez dos Estados Unidos para a Inglaterra em 1979.

17. W. R. Bion 1979 – Como tornar proveitoso um mau negócio:[1] tradução comentada

Uma *turbulência emocional* é o resultado do encontro entre duas *personalidades*[2] – desde que o contato entre elas seja suficiente para que se percebam. O *estado emocional* que emerge desse encontro produz uma perturbação cuja magnitude dificilmente será entendida como progresso, e a impressão resultante é que o melhor seria se nunca tivessem se encontrado.

Contudo, uma vez que se encontraram – e já que a *turbulência emocional* é inevitável –, as partes podem decidir *como tirar proveito de um mau negócio*.

Em análise, o paciente entra em contato com o analista indo ao consultório, espaço onde se engaja numa conversa da qual espera se beneficiar de algum modo. De forma análoga, o analista provavelmente tem essa mesma expectativa. Ambos os participantes têm um ponto em comum.

---

1 "Como viabilizar uma profissão que Freud classificou como impossível"

2 Note que Bion alude a personalidades, e não a pessoas. Pessoas podem se encontrar sem que suas personalidades se encontrem. Essa barreira é muitas vezes a função do social, ou seja, evitar a realidade psíquica. Mas o encontro analítico remete sempre à realidade psíquica. Não pode evitá-la. Coloca-se em jogo a intimidade psíquica.

Se o paciente ou o analista diz algo,[3] curiosamente isso tem um efeito perturbador da relação. Isso também é verdadeiro se permanecem em silêncio.[4]

Muito provavelmente, o meu habitual é aguardar em silêncio e, enquanto isso, tento observar algo que posso tentar interpretar. Em geral – sempre que é possível –, deixo para o paciente a iniciativa de começar a falar.

O resultado de permanecer em silêncio, ou de fazer alguma observação, ainda que seja cumprimentando com um simples "Bom dia" ou "Boa tarde", estabelece o que me parece ser uma *tempestade emocional*.

De imediato, não podemos saber o significado dessa tempestade, e assim o problema é como transformar essa circunstância adversa – escolhi, nesse ponto, assim denominá-la – em uma situação vantajosa.[5]

O paciente não é obrigado a fazer isso; ele pode não desejar ou pode não ser capaz de tal realização. Seu objetivo pode ser bem diferente.

---

3 O psicanalista testemunha o comportamento de um ser que está comumente, embora não sempre, conversando deitado num divã. O analista toma a cena como um todo, ou considera qualquer parte dela. "Todo" ou "parte" são aspectos de uma realidade última que evoluiu até interceptar a personalidade do observador.

4 Em ambas as hipóteses, temos a questão da observação e do princípio da incerteza: o observador altera o fato observado. Uma maneira de pensar sobre o princípio da incerteza é como uma extensão de como vemos e medimos as coisas no mundo cotidiano. Você pode ler essas palavras porque partículas de luz, os fótons, ressaltaram da tela ou do papel e atingiram seus olhos. Cada fóton nesse caminho traz consigo algumas informações sobre a superfície da qual ele saltou, à velocidade da luz. Ver uma partícula subatômica, como um elétron, não é tão simples. Você pode similarmente fazer um fóton saltar para fora dele e esperar, então, detectar esse fóton com um instrumento. Mas as chances são que o fóton, ao bater no elétron, transmita algum *momentum* para ele e mude o caminho da partícula que você está tentando medir. Ou então, dado que as partículas quânticas muitas vezes se movem tão rápido, o elétron pode não estar mais no lugar onde estava quando o fóton originalmente saltou dele. De qualquer maneira, sua observação de posição ou *momentum* será imprecisa e, mais importante, o ato de observação afeta a partícula que está sendo observada.

5 *Good account.*

Me recordo de uma experiência na qual o paciente estava ansioso para que eu me adaptasse ao seu estado mental – um estado que eu não almejava. Ele estava ansioso para me despertar fortes emoções como raiva, frustração, desapontamento, pois, fazendo isso, eu não seria capaz de pensar com clareza.[6]

Portanto, o paciente colocou-me para escolher entre "parecer" ser uma pessoa benevolente ou "apresentar-me" como uma pessoa calma e que pensa com clareza. Contudo, representar um papel é incompatível com ser sincero.[7] Nessa situação, o analista tenta operacionalizar[8] um estado mental, algo como uma *inspiração*, que, em sua avaliação, pode trazer benefício ou progresso para o estado mental do paciente.

Uma interação desvantajosa pode ser ilustrada pelo paciente que responde tentando despertar no analista *fortes emoções e pensamentos imperfeitos.*

Na guerra,[9] o objetivo do inimigo é aterrorizar para impedir que se possa pensar com clareza. Em contrapartida, temos que reagir contra o terror para poder pensar com clareza, apesar de todas as adversidades produzidas pela situação assustadora.

---

6 "Vastas emoções e pensamentos imperfeitos" (a frase é título de um livro do escritor Rubens Fonseca). O encontro com o não eu.

7 Bion estabelece, como Freud, o valor ético fundamental do analista: a sinceridade, uma contrapartida da honestidade. Ambas devem almejar, em última instância, o respeito à verdade.

8 *Bring to bear.*

9 Depois de ter participado das Guerras Napoleônicas como oficial do exército prussiano, Carl von Clausewitz escreveu o livro *Sobre a guerra*. Lançado postumamente, em 1832, o livro só alcançou notoriedade 40 anos mais tarde. Um clássico da literatura sobre o tema, essa obra influenciou várias gerações de militares e ainda hoje é estudada nas escolas de formação de oficiais do mundo todo. O texto dá margem a leituras díspares e algumas de suas interpretações fizeram com que Clausewitz fosse acusado de inspirar os morticínios da Primeira e da Segunda Guerras Mundiais. Um dos princípios pelos quais deve-se conduzir um oficial é mencionado por Bion.

O conceito implícito fundamental é que pensar claramente favorece a consciência da realidade – ou ajuda acessar adequadamente o que é real.

Entretanto, tornar-se consciente da realidade pode ser desagradável, pois a realidade não é necessariamente prazerosa ou bem-vinda. Esse fato é típico de toda *investigação científica*, seja de pessoas ou de coisas.

Podemos estar num tipo de universo de pensamento, ou em uma cultura, ou uma cultura temporária, na qual não estamos imunes à dor de viver num universo que não conduz ao nosso bem-estar. Ousar ter consciência dos fatos do universo no qual vivemos implica coragem.[10]

Esse universo pode não ser agradável e pode nos tornar dispostos a sair dele; todavia, caso não possamos sair, e se por algum motivo nossa musculatura não funciona, ou se não é apropriada para correr ou bater em retirada, então nós podemos ficar limitados a outras formas de fuga – como dormir, ou ficar inconscientes do universo em que não desejamos estar conscientes, ou ficar ignorantes, ou idealizar.

"Fugir" é uma cura básica e fundamental. O bebê, não desejando permanecer consciente de seu "desamparo", idealiza ou ignora. (Eu utilizo o verbo "ignorar" como o processo necessário para atingir "ignorância"[11]). Também pode recorrer à onipotência; desse modo, onipotência e desamparo estão associados e inseparáveis.

---

10 Coragem (do latim *coraticum*) é a capacidade (muitas vezes tida como virtude) de agir apesar do medo, do temor e da intimidação. Deve-se notar que coragem não significa a ausência do medo, e sim a ação apesar deste. O contrário da coragem é tido normalmente como covardia. O homem sem temor motiva-se a ir mais além. Enfrenta os desafios com confiança e não se preocupa com o pior. O medo pode ser constante, mas o impulso o leva adiante. Coragem é a confiança que o homem tem em momentos de temor ou situações difíceis, é o que o faz viver lutando e enfrentando os problemas e as barreiras que colocam medo, é a força positiva para combater momentos tenebrosos da vida. Platão correlaciona coragem, razão e dor. A coragem é o uso da razão a despeito do prazer. Coragem é ser coerente com seus princípios a despeito do prazer e da dor.

11 As bases filosóficas do agnosticismo podem ser encontradas em Kant e Hume, no século XVIII, sendo a palavra proveniente de (a) prefixo grego que significa privação,

A tendência é concretizar a onipotência na pessoa de um pai ou uma mãe, ou em um deus ou uma deusa. Algumas vezes, isso torna-se mais fácil usando a aparência física, por exemplo, uma boa aparência: Helena de Troia pode mobilizar grandes poderes com sua beleza, como nos informou Homero: "É este o rosto que lançou ao mar mil navios da Hélade e queimou as torres mais altas?".[12]

O mesmo pode ser dito do homem afortunado como Páris ou Ganimedes, cujas habilidades para alcançar onipotência foram proporcionadas por sua herança física – seu capital físico.

O corpo pode ser redesenhado para aliviar o desconforto da mente e, de forma recíproca, a mente pode redirecionar o desconforto do corpo.[13] A suposição básica da psicanálise é usar a "função" mental

---

negação, e do verbo grego "*anoé în*" (saber). *A-Gnostos* (não conhecimento). Para um agnóstico, a razão humana é incapaz de prover fundamentos racionais suficientes para justificar tanto a afirmação de que uma divindade existe quanto a afirmação de que uma divindade não existe. Na medida em que se defende que nossas crenças são racionais se forem suficientemente apoiadas pela razão humana, a pessoa que aceita a posição filosófica de agnosticismo terá o entendimento de que nem a afirmação de que uma divindade existe nem a afirmação de que uma divindade não existe são racionais. Carlos Drummond de Andrade: "Quem sou eu – tão pobre em crenças – para afirmar que Deus existe, e quem sou eu – tão cheio de dúvidas – para garantir que Deus não existe".

12 A autoria do poema é atribuída a Homero, mas não é possível dizer que foi ele quem escreveu todos os versos. Na verdade, foram compostos oralmente, ao longo dos séculos, até que culminaram numa formatação literária. A *Ilíada* é um poema composto de 24 cantos e conta o final da Guerra de Troia, que ocorreu por causa do rapto de Helena, esposa do rei Menelau. Páris, que a raptou por estar apaixonado, gera a guerra entre gregos e troianos que durou 10 anos; os versos narram os dois últimos meses do confronto. Para os gregos, era importante a figura de um poeta cego e humilde chamado Homero, que saía pela Grécia cantando poemas. Ele era cego, mas via algo a mais do que a maioria. Troia ficava no território turco. Foi identificada no final do século XIX por Heinrich Schliemann, no monte Hissarlik, na planície de Dardanelos, na costa noroeste da Turquia (Anatólia).

13 Aparência *versus* essência é uma relação simétrica, portanto, não linear. Existem regras associadas com a aparência, pois ela oculta o sofrimento. O relacionamento

para corrigir soluções enganosas que eu até aqui delineei de forma sucinta. Entretanto, algumas vezes, o poder cosmético não é suficiente; a solução que uma pessoa aplicou não é forte ou durável para enfrentar as exigências da vida.[14]

Por exemplo, se atribuímos a um soldado autoridade por conta de sua aparência física, os eventos de uma guerra podem impor um fardo à beleza cosmética que ela não pode carregar.

Eu farei uma distinção entre existência – a capacidade para existir – e a ambição e a aspiração para ter uma existência que valha a pensa ser vivida – a qualidade da existência, não a quantidade ou a extensão da vida, mas a qualidade da vida.[15]

Não existem escalas pelas quais podemos avaliar qualidade *versus* quantidade, entretanto, pode ser possível contrastar a existência com a essência da existência.

O fato do analisando e do analista simplesmente existirem não é adequado; a inadequação é inseparável da responsabilidade ativa pela existência das duas pessoas, analista e analisando, que estão compartilhando do mesmo espaço.

Afirmo que o presente ensaio é científico, mas não fico pensando que todos vão concordar que ele mereça estar nessa categoria, portanto, vou prosseguir com uma série de afirmações que não têm apoio em fatos. São as seguintes: o *self* que o analista observa – tendo ele próprio

---

entre perigo e sofrimento é obscuro. O obscuro pode tornar-se enganador quando nos causa ansiedade, e esta nos leva a querer desvendá-lo com qualquer significado.

14 *Sic transit gloria mundi* é uma expressão do latim que significa literalmente "Toda glória do mundo é transitória". Ela tem sido interpretada como "as coisas mundanas são passageiras". Tais palavras, dirigidas às legiões romanas que voltavam das batalhas, serviam como um lembrete da natureza transitória da vida e das honras terrenas. Inscritas no arco de Vespasiano, obrigava os legionários a lerem, na entrada de Roma, que, uma vez alcançada, todos eram ali iguais.

15 A qualidade é a quantidade de amanhã (Bergson) ou A qualidade de um pintor depende da quantidade de passado que traz consigo (Picasso).

essas mesmas características –, tem, de acordo com os embriologistas, alguns objetos em desenvolvimento que eles chamam de "o córtex" ou "a medula suprarrenal". Esses nomes são dados a essas estruturas tão logo alcançam um padrão observável em diferentes indivíduos em épocas diferentes. Essas estruturas, no seu devido tempo, tornam-se funcionais e produzem uma substância química que está relacionada com agressividade, fuga e luta.[16]

Prefiro ser menos preciso excluindo qualquer elemento de direção e dizendo que as suprarrenais não provocam luta ou fuga, mas sim "iniciativa". Os termos que uso – luta, fuga, iniciativa – são apropriados se o objeto observado possuir uma mente (*psyche*).

Para superar a dificuldade – o obstáculo ao progresso causado pela minha falta de inteligência e/ou de conhecimento –, recorrerei a conjecturas imaginativas em contraste com o que chamo de *fatos*.

A primeira e mais imediata dessas conjecturas imaginativas refere-se às suprarrenais como estruturas não pensantes; todavia,

---

16 A medula suprarrenal faz parte do sistema endócrino humano e está localizada em posição retroperitoneal, apresentando contato com o polo superior dos rins. A porção endócrina divide-se em duas partes: o córtex, que apresenta hormônios corticosteroides, e a medula, que contém catecolaminas. Podemos observar e constatar a presença de fibras nervosas na região suprarrenal. A medula suprarrenal é a fonte do hormônio catecolamina circulante. Secreta (expele) também pequenas quantidades de norepinefrina. Esses compostos exercem efeitos diversos sobre o metabolismo e sobre os diferentes sistemas do corpo. A medula suprarrenal representa basicamente um gânglio simpático aumentado. Seus corpos celulares não têm axônios. Descarregam rapidamente catecolaminas diretamente para a corrente sanguínea. Por isso, são tratadas como células endócrinas, e não como células nervosas. O tecido da medula suprarrenal no adulto pesa cerca de 1 g. Esse tecido é constituído por células cromafins. A medula suprarrenal é ativada em ligação com o sistema nervoso simpático. Algumas ações da norepinefrina são reproduzidas e ampliadas pela epinefrina, que chega a áreas semelhantes pela circulação sanguínea. Também apresenta a capacidade de manipular os efeitos da norepinefrina. Por exemplo, durante um episódio de hipoglicemia, a medula suprarrenal é ativada alternadamente sem a intervenção do sistema nervoso simpático.

elas têm estruturas em seu entorno que se desenvolvem antecipando física e psiquicamente a execução de funções que conhecemos como pensar e sentir.

O embrião (ou as fossas auditivas, óticas, suprarrenais) não pensa, vê, ouve, luta e foge, entretanto, o corpo físico se desenvolve na previsão de exercer as funções de pensar, ver, ouvir, lutar, fugir, e assim por diante. Como não posso saber – e provavelmente não terei inteligência para tal na minha efêmera existência –, eu tento transmitir ao corpo político essas apalpadelas (toques de inteligência) em direção à inteligência no caso de minhas próprias antecipações provocarem comunicações infecciosas ou contagiosas dessas conjecturas que, no seu devido tempo, podem se realizar.

Até esse ponto, estou discutindo o corpo físico como se ele antecipasse funções, ou seja, aspectos do corpo que vão gerar um equipamento próprio que atenderá aos propósitos de uma função peculiar que chamamos de "psique". Isso é o que denomino "antecipação física",[17] uma antecipação corporal que permite a posterior função da mente.

Eu realizo empréstimos verbais da psicologia para descrever um tema corporal; mais tarde, tomarei o corporal para descrever um fato psíquico.

Focalizarei agora no problema da comunicação dentro do *self* (não me agrada usar termos que restringem e situam "o corpo" ou "a mente", portanto, eu uso o termo *self* para abranger ambos, e "espaço mental" para ideias futuras que podem se desenvolver. O *status* filosófico dessa abordagem é o monismo[18]).

---

17 Uma reação fisiológica?

18 O problema mente-corpo é uma questão tratada nos campos da metafísica e da filosofia. O problema levantou-se pelo fato de os fenômenos mentais parecerem qualitativa e substancialmente diferentes dos corpos de onde parecem depender. Duas teorias principais surgiram para a resolução do problema. O dualismo é a teoria que diz que a mente e o corpo são duas substâncias diferentes. O monismo é a teoria que diz que a mente e o corpo são, na realidade, uma única substância.

Quando estamos engajados na psicanálise, a observação torna-se uma parte importante, como sempre foi reconhecida numa investigação científica; por isso, não devemos restringir nossas observações a um domínio limitado. Então, o que estamos observando? A melhor resposta que conheço é fornecida pela expressão de John Milton na Introdução do 3º Livro do *Paraíso Perdido*:

> *Salve, ó luz, primogênita do Empíreo,*[19] *ou coeterno fulgor do eterno Nume!*[20] *Como te hei de nomear sem que te ofenda. És Deus a Luz, – e, a luz inacessível. Tens aí estado por toda a Eternidade. Habita em ti, a emanação brilhante. A brilhante não criada essência pura. Mais ventura folgarás ouvindo chamar-te-ei no fúlgido inexausto.*

Quando um paciente vem ao consultório, o analista precisa ser sensível à totalidade dessa pessoa: por exemplo, deve ser possível perceber um rubor na face como manifestação do sistema vascular, assim como deve ser capaz de ouvir as palavras que a pessoa pronuncia como parte do funcionamento das cordas vocais – não particularizando a atividade

---

Os monistas, também chamados materialistas, afirmam que ambas são matéria, e os monistas idealistas apoiam que ambas estão situadas na mente. O problema no Ocidente foi identificado por René Descartes, mas a questão já havia sido abordada por filósofos da era anterior a Aristóteles e na filosofia do avicenismo. A realidade é um princípio único, um fundamento elementar, sendo os múltiplos redutíveis em última instância a essa realidade. John Searle, que discutiu Descartes, nega o dualismo cartesiano, a ideia de que a mente é uma forma separada de substância do corpo, porque isso contraria toda a nossa compreensão da física e, ao contrário de Descartes, ele não traz Deus para o problema. Searle rejeita o dualismo de propriedades e qualquer tipo de dualismo, a alternativa tradicional para o monismo. Ele considera que a distinção é um erro. Ele rejeita as ideias de que porque a mente não é objetivamente visível, não cai sob a rubrica do fisicalismo.

19 Lugar onde moram os deuses; o Céu.

20 Ser ou potência divina, divindade; cada um dos deuses do paganismo.

dos músculos voluntários, nem particularmente os sons que são criados pelo aparelho fonador, mas, sobretudo, a coisa toda – a totalidade.

Posso dizer isso de uma forma diferente; o analista precisa se capacitar para escutar não apenas as palavras, mas também a música, de modo que possa escutar uma assertiva que não é facilmente traduzida em letras num papel, que tem um significado diferente quando tem o colorido do sarcasmo, ou por uma pessoa que tem autoridade num, embora as palavras sejam as mesmas em cada situação. Por exemplo, pode ser possível pensar em termos de um mundo ideal, a Utopia, como fez Sir Thomas More,[21] e escrever termos que não são compreensíveis para quem leia o livro.

Na sessão analítica, existe uma diferença quando as palavras são pronunciadas por um analisando que ocupa uma posição de autoridade, portanto, está acostumado a exercer autoridade. Quando ele fala sobre alguma configuração ideal, o que ele tem a dizer será diferente da pessoa que não tem esse poder nem autoridade, embora usem as mesmas palavras.

O que estou dizendo pode parecer dolorosamente óbvio.[22] Minha justificativa para dizê-lo provém do fato do óbvio passar frequentemente sem ser observado. Essa é a *diferença*.

---

21 Thomas More (1478-1535) escreveu a Utopia como imaginação de uma sociedade perfeita, embora a palavra que se origina do grego significa *U* (negação) e *Topos* (lugar), ou seja, um modo irônico de batizar uma sociedade perfeita como não lugar, ou lugar inexistente. Thomas More, diplomata inglês, escreveu o livro em 1516, durante negociações para defender mercadores londrinos no comércio de lã. Utopia é uma ilha imaginária, mas existe uma crítica à corrupção e à glória concedida aos estadistas que a obtém às custas do sangue de seus súditos.

22 *Só os profetas enxergam o óbvio* por Nelson Rodrigues, 2020.

Eu penso que é valioso mencionar fatos óbvios, caso contrário, eles não se tornarão objeto de investigação da qual depende toda e qualquer investigação[23] científica.

Nesse contexto, quando digo "científica", pretendo significar o processo de *real-ização* em contraste com *ideal-ização*, o sentimento de que o mundo, a coisa, a pessoa, não é adequada a menos que se altere nossa percepção da pessoa ou da coisa pela idealização.

A *real-ização* faz a mesma coisa quando sentimos que o quadro ideal que apresentamos com nossas afirmativas é inadequado. Por isso, devemos considerar qual é o método de comunicação do *self* com o *self*.[24]

Uma grande quantidade de trabalho tem sido realizada para estudar o sistema nervoso central (SNC), o parassimpático e o sistema nervoso periférico. Todavia, não levamos em conta a parte ativa – se é que existe uma – na comunicação de pensamentos, ou na antecipação de pensamentos pelo sistema endócrino. Assim como a tuberculose pulmonar pode ser comunicada, por assim dizer, pelos vasos linfáticos,

---

23 A investigação que leva em conta a complexidade é sempre uma tarefa interdisciplinar. Não apenas em virtude da tradicional dificuldade de delimitação do seu campo operacional, mas particularmente em função da mudança substantiva que se verificou com respeito ao entendimento da linguagem. Quase podemos dizer que uma revolução no interior da linguagem desdobrou-se ou articulou-se com uma revolução no âmbito da ciência. Heidegger afirmou que "a linguagem é a casa do Ser". Podemos acrescentar que o Ser é a casa do Humano. Bion propõe pensar o Homem dentro da obviedade revelada por dois polos do Humano: o sentido da real-ização, criação, e o da ideal-ização, ou alteração para atender aos próprios modos, receios, angústias, desejos etc. Nas palavras de T. S. Eliot: "Entre a ideia e a realidade, entre a ação e o ato, recai a sombra". Essa sombra, ou mistério, deve pautar a investigação científica em oposição a qualquer discussão dogmática.

24 "A maioria das pessoas imagina que o importante na comunicação é a palavra. Isso pode ser um engano. O importante é a pausa. É na pausa que duas pessoas se entendem e entram em comunhão" (Nelson Rodrigues).

talvez os pensamentos, que são habitualmente associados com hemisférios cerebrais, podem, do mesmo modo, ser comunicados ao simpático e ao parassimpático, e vice-versa.

Essa conjectura pode abranger o estado peculiar do paciente que diz estar aterrorizado ou muito ansioso, e não tem nenhuma ideia das causas de seu estado.

Nós estamos habituados a usar associações livres para objetivos interpretativos; eu me indago se é também possível utilizar ou fazer contato com essas comunicações antes que atinjam a área que entendemos como pensamentos racionais ou conscientes.

Qual a participação nisso tudo naquilo que chamo de "conjecturas imaginativas"?

Eu vou também acrescentar "conjecturas racionais", ou seja, conjecturas que estão ligadas com a atividade racional ou que possui uma lógica.

Comparemos esse tipo de pensamento que se relaciona (casualmente) com aquele que temos numa descrição de "noite mal dormida" ou com o paciente que fala sobre estar congestionado por causa de uma rinite.

Os anatomistas batizaram uma parte do cérebro de "rinencéfalo",[25] como se estivessem pensando que existe algo como um cérebro nariz.

Eu entendo, a partir dos embriologistas e fisiologistas, que o sentido do olfato é um receptor de distância num fluido aquoso – tubarões e cavalas fornecem o modelo desse receptor de longa distância. Portanto, o ser humano tem de carregar algum fluido intracelular para

25 O rinencéfalo é a parte do córtex cerebral que constitui o centro do olfato. No ser humano, inclui um bulbo olfativo, o trato olfativo e outras partes – pirâmide olfatória, tubérculo olfatório pré-piriforme, substância olfativa, perfurada anterior – que são relativamente atrofiadas no ser humano. O rinencéfalo, em virtude de suas vias aferentes e eferentes, pode ser considerado como um cérebro do comportamento. Nos animais, em geral, são a parte fundamental do cérebro que rege o comportamento geral. Faz parte do sistema límbico.

o mundo pós-natal onde o meio não é mais líquido, e sim gasoso. O fluido aquoso, ao invés de ser uma vantagem (uma benesse), pode se tornar um prejuízo.[26]

O indivíduo pode se queixar de rinite e dificuldade para respirar. Outro paciente pode se queixar de uma inabilidade para parar o lacrimejamento, uma secreção de fluido que tem sua utilidade – irrigar o globo ocular e limpar sujeira–, mas o excesso de lágrimas cega o sujeito.

Se por um lado me arrisco a ser monótono, e por outro pareço até estar tergiversando, eu proponho agora repetir a essência do que estava dizendo. Suponhamos o estado mental de uma pessoa dormindo no qual ela vê paisagens, visita lugares e executa tarefas que não são usualmente feitas quando estamos acordados – embora possa haver atividades que executamos quando acordados que são reminiscências de sonhos; as pessoas podem dizer metaforicamente que vão a algum lugar com o qual sempre "sonharam".

A mudança do estado mental de sono (*S-state*) para o estado de vigília (*W-state*) é um remanescente da mudança do meio líquido para o gasoso, do pré-natal para o pós-natal.

Existe um preconceito a favor do estado *W-state*, daí é dito, sem hesitação, que sonhar equivale a nada ter ocorrido. Entretanto, eu afirmo que isso é um preconceito de uma pessoa que está a favor da musculatura voluntária, que não atribui importância onde pode ir a menos que seja por meio da musculatura voluntária. Nós não escutamos muito a respeito dos lugares que visitamos, as paisagens que foram vistas, as histórias e a informação disponível quando estamos dormindo, a menos que sejam traduzidas no estado de vigília.

---

26 Bion usa as palavras *assets and liabilities*. *Liability* seria, de forma geral, uma responsabilidade. *Assets* produzem, em Economia, um benefício econômico futuro, uma obrigação futura, como num bom investimento. Um negócio bem-sucedido é aquele que tem uma alta proporção de *assets* e *liabilities*, provavelmente se referindo ao que vai ocorrer no futuro de um investimento excessivo no meio pré-natal.

Quem ou o que decide pela prioridade do *W-state* sobre o *S-state*?

Essa questão pode parecer um tanto caricatural, mas vou intensificá-la mudando sua formulação: quem ou o que decide o estado mental de um homem, como foi relatado por Hanna Segal? Ele dizia que todo mundo deveria reconhecer que o violinista está se masturbando em público. Esse é um ponto de vista, dito de forma muito clara, não existe dúvida na formulação. Por que razão tomamos como o ponto de vista correto quem está tocando um solo de violino de Brahms, e que esse ponto de vista é superior ao da pessoa que está sabendo que o solista está, na realidade, se masturbando em público?[27]

Por esse vértice, o paciente psicótico pode suportar uma reivindicação quando ela se opõe a visão do "sadio"? Seria possível para um psicótico dizer: "Pobre sujeito, ele pensa que é um concerto de Brahms, um ponto de vista tipicamente sadio. Claro que totalmente errado, mas infelizmente ele é sadio".

Essa questão é ainda mais obscura quando digo que o *W-state* e a história sobre o que fazemos quando estamos dormindo serão retratados no estado de vigília.

O que dizer do psicanalista que pensa ser o relato da história dita por uma pessoa acordada merecedor de uma interpretação que revela um significado além do relato simples de eventos que são considerados descrições factuais de eventos ou fatos concretos?

Além do mais, o que há de errado com os fatos concretos quando a pessoa está dormindo? Essa é a visão incorreta? Como decidir sobre essa escala de fenômenos?

Como levar para o *W-state* a experiência que temos dormindo para o tipo de funcionamento que ocorre quando estamos acordados?

27 Podemos dizer que a questão de Bion suscita o pensar sobre a interpretação que se julgue correta. Tal crença não difere da transformação em alucinose.

De acordo com a teoria psicanalítica, podemos traduzir os eventos do dia ou os eventos do pensamento consciente para o pensamento realizado pelo processo de elaboração onírica?

Em outras palavras, o que dizer sobre o processo feito pelo pensamento de vigília para traduzir eventos, lugares em que estivemos, as visões enquanto estávamos dormindo, para a linguagem de uma pessoa acordada?

Qual trabalho é necessário para traduzir o estado mental de uma pessoa que enxerga um violinista como alguém que está se masturbando em público para os termos de uma pessoa que pensa ser um concerto para violino de Brahms. Essa atividade pode, de fato, ser chamada de "curativa"?

Certamente, não pode ser considerada uma cura qualquer trabalho que traduza o estado de uma pessoa que pensa numa masturbação em público para o estado que pensa ser um concerto de violino. De uma forma geral, a maioria da votação parece que estará a favor de que essa pessoa está deteriorada, ou sofreu um infortúnio como resultado de sua experiência analítica.

Se o *S-state* é entendido como valioso e igualmente respeitado como o *W-state* – sendo o árbitro imparcial –, então os lugares onde fomos, o que observamos e vivenciamos podem ser avaliados como tendo o mesmo valor. Isso está implícito quando Freud e muitos antecessores perceberam que os sonhos merecem respeito.

Por isso, podemos dizer que o trabalho de vigília deve ser considerado tão valioso como o trabalho do sonho. Mas por que o estado mental de vigília – consciente, lógico – é visto como "uma sabedoria sobre nós mesmos"[28] e, no entanto, é apenas a metade de nossa sabedoria?

Que desagradável é encontrar um verme numa maçã. Não tão desagradável quando se encontrar apenas meio verme na maçã. Assim,

28 Em inglês "*our wits about us*".

nós pensamos que ter apenas a metade de nossa sabedoria sobre nós mesmos é uma descoberta muito perturbadora. Esse é um assunto que causa muita divergência de opiniões; devemos ter todas as nossas capacidades ou voltamos a ter apenas a metade – aquela metade acordada, racional, lógica. Trata-se de um tipo de matemática que geralmente é admitida como válida e aceita pela maioria, pela cultura prevalente, pela moda presente no meio social, no meio civil.

Suponha-se que respeitemos ambos os estados mentais ou muitos estados mentais seja lá o que eles são: qual devemos escolher para uma interpretação? Ação verbal? Esse é um problema cotidiano. Em nossa cultura atual, não é considerado correto dar uma resposta rapsódica,[29] um abandono súbito da tela entre impulso e ação, ou seja, traduzindo diretamente o impulso para a ação sem qualquer retardo causado por alguma intervenção.

Considera-se igualmente incorreto prolongar o pensamento até o ponto que a ação não acontece e o pensamento se torna substituto para

29 A noção admite várias acepções: pode-se tratar do segmento de um poema de tipo épico que se declama independentemente do conjunto da obra. As rapsódias, nesse sentido, existiam na Grécia Antiga quando um rapsodo tomava um trecho de um poema de Homero e passava a recitá-lo, deixando de lado os versos restantes. Cabe destacar que os rapsodos eram aqueles que percorriam diversas localidades para recitar fragmentos de poemas de Homero ou de outros autores. No âmbito da música, dá-se o nome de rapsódia ao tema que se compõe a partir da união livre de diversas unidades rítmicas e temáticas, que não têm relação entre si. Nos séculos passados, compositores como Johannes Brahms e Franz Liszt criaram rapsódias que se tornaram populares. Com o passar do tempo, uma das rapsódias mais famosas é *"Bohemian Rhapsody"* do grupo Queen, composta por Freddy Mercury e editada no disco *A night at the opera*, de 1975. A música é formada por seis fragmentos. Uma introdução cantada a capela, segue-se uma balada com piano; logo, é a vez de um solo de guitarra, uma parte de ópera, um segmento de rock e fecha com a corda. No que toca à letra, embora Mercury nunca tivesse dado detalhes nem precisões, interpretou-se que refletia um conflito com a sua sexualidade. Talvez Bion se refira a algum relato que não tem compromisso com a coerência e se desenvolve de forma eufórica escondendo conflitos, mais do que revelando.

a ação. Quando uma ação instantânea ocorre, provavelmente desperta uma resposta rapsódica, o impulso vai para a ação sem intervenção do pensamento.

Freud descreveu dois princípios do funcionamento mental. Eu sugiro três princípios de vida:

1. Sentimentos.
2. Pensamentos antecipatórios.
3. Sentimentos + pensamentos + pensamento. O último é sinônimo de prudência[30] ou previsão → ação.

Um homem tem muita atividade muscular; quando acordado, ele diz que teve uma noite mal dormida. Aonde ele foi? O que ele viu? O que ele fez? Deveria o *W-state* prevalecer e ser considerado superior? Será que ele deve respeitar o estado mental que está relacionado com tanta atividade? O que podemos concluir é que a atividade física experimentada pelo paciente é evidente, inequívoca, quer que seja reconhecida pelo seu analista, ele com frequência admite – sem disposição – que está cansado.

Talvez o problema possa ser abordado mais facilmente pelo conceito de projeção. Vamos considerá-la não de forma individual, mas como um problema do corpo político. Podemos localizar na comunidade a origem, a fonte, o centro de uma tempestade emocional?

Em minha experiência, é sempre provocada ou associada com um pensador sensível que pode tornar seu *self* infeccioso ou contagioso.

---

30 Prudência é a ação ponderada, discutida, examinada, deliberada. É considerada a mãe (*genitrix virtutum*) e a guia (*auriga virtutum*) das virtudes. A virtude que realiza as demais. A razão está envolvida no processo deliberativo, mas também as emoções são necessárias. De acordo com Aristóteles, se um indivíduo tem prudência, ele tem as demais virtudes éticas. Mas, para isso, é preciso o caráter. A maioria dos erros está associada à falta de prudência. A precipitação, a submissão total às emoções, o mau humor e a idealização são o berço dos erros.

Tomemos um exemplo tosco: após Shakespeare, a língua inglesa nunca mais foi a mesma.

Eu tenho me indagado por que vamos escutar trabalhos científicos. Se você quiser perceber as pessoas e a forma como elas agem, você irá escolher uma peça de Shakespeare ou um suposto trabalho científico feito por mim?

Não vou constrangê-los ou a mim mesmo forçando essa pergunta, especialmente porque não tenho que fornecer uma solução para tal problema.

Todavia, existe uma longa história que se estende por períodos anteriores a Shakespeare, ou seja, bem antes da existência do inglês moderno.

Parece que o problema tumultuou os arianos,[31] embora eles estivessem preocupados com problemas de conquista e existência material.

Não acho que seja simplificar demais dizer que, desde períodos remotos da história humana, dos quais não temos registro, os Rig

---

31 O termo ariano refere-se a um grupo étnico e tem vários significados. Refere-se, mais especificamente, ao subgrupo dos indo-europeus, que se estabeleceu no planalto iraniano desde o final do terceiro milênio antes da era comum. Por extensão, a designação "arianos" (não o termo "árias") passou a referir-se a vários povos originários das estepes da Ásia Central – os indo-europeus – que se espalharam pela Europa e pelas regiões já referidas, a partir do final do neolítico. O nome ariano vem do sânscrito *arya*, que significa "nobre". Até recentemente, acreditava-se que os arianos teriam invadido o subcontinente indiano por volta de 1.500 a.C., vindo do Norte, pelo Punjabi, disseminando-se pela Índia, Pérsia e regiões adjacentes. Teriam sido os descendentes dos indo-europeus que fundaram a civilização indiana, subjugando as populações locais, dando origem ao sistema de castas e, mais especificamente, às castas dominantes dos brâmanes, xátrias e vaixás. A sua cultura teria ficado particularmente expressa nos Vedas e, principalmente, no Rig Veda, considerado como o mais antigo. Muito embora essa hipótese da invasão ariana na Índia tenha sido questionada desde o final do século XIX, por causa de certas descobertas arqueológicas e geológicas e pela proposta de interpretações das evidências conhecidas anteriormente, novos estudos do âmbito genético põem-na em evidência e tornam-na, afinal, mais crível.

Veda[32] já tinham uma necessidade de desenvolver o que chamamos de "filosofia do pensamento".

Entretanto, uma discussão filosófica sobre a sabedoria ancestral Rig Veda e outros Vedanta (escrituras ancestrais hindus) se contaminaram com hostilidade, assim como ocorreu com a filosofia dos gregos da era de Platão e Sócrates. Tornou-se algo tão temido e desagradável para as autoridades que o Imperador Justiniano[33] fechou as escolas de filosofia.

Entretanto, ele não chegou a tempo; um vírus de pensamento filosófico escapou para Edessa na Babilônia, onde foi novamente reprimido. Graças à expansão do cristianismo e do emprego da língua grega, a linguagem dos filósofos foi estudada novamente, isto é, a expansão foi acidental em virtude do estudo do cristianismo.

Para resumir essa longa história, em Bizâncio, houve nova repressão até a queda do Império Romano em Constantinopla. A partir daí, as sabedorias perdidas foram sendo libertadas e deflagraram o virulento tumulto que se conhece por Renascença.

A sabedoria parece ter essa capacidade para sobreviver mudando sua direção e reaparecendo em lugares inesperados.

---

32 Rig Veda, também chamado de livro dos Ainos – em sânscrito, védico – é o documento mais antigo da literatura hindu. Possui 1.028 hinos, sendo que a maioria se refere a oferendas e sacrifícios aos deuses. A obra foi escrita no Punjabi por volta de 1700-1100 a.C. Faz ligações entre a astronomia, o fisiológico e o espiritual. Encontramos mais tarde uma correlação com o zoroastrismo persa.

33 Imperador bizantino de 527 a 565 d.C. Em seu reinado, procurou reviver a grandeza do Estado (*renovatio imperii*) e reconquistar o Império Romano que havia sido tomado pelos bárbaros. Filho adotivo de Justino, ex-guarda analfabeto que viria reinar o Império bizantino. Há quem considere o direito romano um dos pilares da civilização ocidental, juntamente com a moral judaico-cristã e a filosofia grega. Após a queda do Império Romano Ocidental, boa parte do direito romano desapareceu, mas não totalmente, graças à intervenção do imperador Justiniano. Ele fez uma atualização do direito romano, mandando reunir e coordenar leis e decretos de Roma numa obra, que ficou conhecida como **Código de Justiniano**, ou *Corpus Juris Civilis*. Boa parte do que se conhece em termos de direito e legislação, foi retirado desse Código.

Galeno[34] estabeleceu leis de observação que o tornaram uma autoridade respeitável (como Freud é hoje em dia); uma autoridade que trouxe uma indagação que estivera proibida. A anatomia até então não era estudada no corpo humano, mas Leonardo, Raphael e Rubens estudaram o corpo e, como resultado desse movimento artístico, os anatomistas começaram também a observar o cadáver, e os fisiologistas a estudar a mente.

Será que os psicanalistas estudarão a mente humana ao vivo? Ou a autoridade de Freud será usada de forma empobrecedora, como uma barreira contra o estudo das pessoas?

O revolucionário tornou-se conservador – uma barreira contra a revolução. A invasão de um animal por um vírus ou "antecipação" de meios de pensamento apurado sofre com os sentimentos previamente existentes. Essa guerra não terminou.

---

34 Cláudio Galeno (Pérgamo, a.C. 129- provavelmente Sicília, a.C. 217), mais conhecido como Galeno de Pérgamo, foi um proeminente médico e romano de origem grega, e provavelmente o mais talentoso médico investigativo do período romano. Suas teorias dominaram e influenciaram a ciência médica ocidental por mais de um milênio. Por volta de 170, Galeno realizou uma experiência que iria mudar o curso da medicina: demonstrou, pela primeira vez, que as artérias conduzem sangue, e não ar, como até então se acreditava. No campo da anatomia, Galeno distinguiu ainda os ossos com e sem cavidade medular. Descreveu a caixa craniana e o sistema muscular. Pesquisou os nervos do crânio e reconheceu os raquidianos, os cervicais, os recorrentes e uma parte do sistema simpático. Galeno também foi o primeiro a demonstrar (baseado em experiências) que rim é um órgão excretor de urina.

Referências

Alencar, J. (1955). *O sertanejo*. Melhoramentos.

Andrade, C. D. (1980). *Seleção de textos, notas, estudo biográfico, histórico-crítico e exercícios* (R. C. Barbosa, org.). Abril.

Andrade, M. (2017). *A escrava que não é Isaura.*

Andrade, O. (2017). *Manifesto antropófago e outros textos*. (compilação Jorge Schwartz). Penguin e Companhia das Letras (Texto original de 1928).

Aranha, M. L., & Martins, M. H. (2009). *Filosofando: introdução à filosofia*. Moderna.

Arendt, H. (2008). A Condição Humana. Forense. p. 145.

Asimov, I. (1986). *O que é o princípio da incerteza de Heisenberg?* (3a ed., Edna Feldman, trad.). Francisco Alves.

Barros, G. N. M. (1999). *Sólon de Atenas – A cidadania antiga*. Humanitas.

Bion, W. R. (1956). Differentiation of the psychotic and non-psychotic personalities. In *Second Thoughts* (pp 43-64). Heinemann, 1967.

Bion, W. R. (1957). *On Arrogance*. In *Second Thoughts*. Jason Aronson Inc., 1967.

Bion, W. R. (1962). *A Theory of Thinking*. In *Second Thoughts*. Jason Aronson Inc., 1967.

Bion, W. R. (1976). Evidência. In *Clinical Seminars and Four Papers*.

Bion, W. R. (1977). *A memória do futuro* (Vol. I, p. 220).

Bion, W. R. (1978). Conferência Nove. In *Conversando com Bion* (P. C. Sandler, trad.). Imago.

Bion, W. R. (1994). *W.R. Bion: Clinical seminars and Other Works*. Karnac.

Bion, W. R. (2000). *Cogitações* (P. C. Sandler, trad.). Imago. (Trabalho original publicado em 1992).

Bion, W. R. (2014). Attention and interpretation: a scientific approach to insight in psycho- analysis and groups. In *The complete works of W. R. Bion* (v. 6, pp. 211-330). Karnac. (Trabalho original publicado em 1970).

Bion, W. R. (2014). Elements of Psychoanalysis. In *The complete works of W. R. Bion* (v. 5, pp. 01-86). Karnac. (Trabalho original publicado em 1963).

Bion, W. R. (2014). Making the best of a bad job. In *The complete woks of W. R. Bion* (v. 10, pp. 136-145). Karnac. (Trabalho original publicado em 1979).

Bion, W. R. (2014). Notes on memory and desire. In *The complete works of W. R. Bion* (v. 6, pp. 203-210). Karnac. (Trabalho original publicado em 1967).

Bion, W. R. (2014). Transformations. In *The complete works of W. R. Bion* (v. 5, pp. 115-280. Karnac. (Trabalho original publicado em 1965).

Bion, W. R. (2014). Two papers: the grid and caesura. In *The complete woks of W. R. Bion* (v. 10, pp. 01-50). Karnac. (Trabalho original publicado em 1977).

Bion, W. R. (2018). Serendipidade e memória do futuro: pensamentos selvagens em busca de uma descoberta. Trabalho apresentado na Jornada Bion da SBPSP, São Paulo, abril 2018.

Bion, W. R. (2023). *Language of psychoanalytical range: Bion's transcendental difference*. Hedges.

Bion, W. R. . (2014). Learning from experience. In *The complete works of W. R. Bion* (v. 4, pp. 247-365). Karnac. (Trabalho original publicado em 1962).

Blake, W. (2008). *Casamento do inferno com o céu*. Lp&M Books.

Braaz, M. et al. (2014). *Kurt Gödel and the foundations of mathematics: horizons of truth*. Cambridge.

Carroll, L. (2009). *As aventuras de Alice no País das Maravilhas*. Relógio d'Água.

Carver, J. (1999). *Crônica do caos: atratores estranhos*. Publicações Europamérica.

Chuster, A. (1989). *Um resgate da originalidade: as questões essenciais da psicanálise em W. R. Bion*. Degrau Cultural.

Chuster, A. (1996). *Diálogos Psicanalíticos sobre W.R.Bion*, Tipo & Grafia.

Chuster, A. (1999). *W.R.Bion: Novas Leituras. Vol. I: a psicanálise dos modelos científicos aos princípios ético-estéticos*. Companhia de Freud.

Chuster, A. (2002). *An Oedipal Grid*. Trabalho apresentado na III Conferência Internacional sobre a obra de Bion. Los Angeles, Califórnia.

Chuster, A. (2003). *W. R. Bion: Novas Leituras: a psicanálise dos princípios ético-estéticos à clínica*. Companhia de Freud.

Chuster, A. (2006). Transformações e Significado. In *Linguagem e Construção do Pensamento*. Org. Jose Renato Avzaradel, Casa do Psicólogo, São Paulo.

Chuster, A. (2011). *O Objeto Psicanalítico*. Edição Instituto W. Bion, Porto Alegre.

Chuster, A. (2014). *A Lonesome Road: essays on the complexity of W.R.Bion's work*. TrioSudios / Karnac, Rio de Janeiro

Chuster, A. (2018). *Simetria e objeto psicanalítico*. Desafiando paradigmas com W. R. Bion. Ed. Trio.

Chuster, A. (2020). Intuição psicanalítica no sonho e na vigília. Cesura, imaginação e linguagem de êxito. *Conferência no Encontro Internacional BION2020*. Barcelona.

Chuster, A. (2021). *O efeito das personalidades criativas no mundo*. Aula Magna ao Instituto W. Bion, Porto Alegre

Chuster, A. (2022). *Uma Obra generosa*. Trabalho apresentado na Jornada Bion da SBPSP

Chuster, A. (2023). *Language of psychoanalytical range. Bion's transcendental difference*. Hedges Publishers.

Chuster, A. & col. (2002). *A Psicanálise dos princípios ético-estéticos à clínica*. Ed. Companhia de Freud.

Chuster, A., & Trachtenberg, R. (2011). *As sete invejas capitais*. Artmed.

Cícero, A. (2012). *Desejo*. Disponível em: https://ruadaspretas.blogspot.com/2012/10/antonio-cicero-desejo.html. Acesso em 07 de jul. de 2024.

Conte, J. (1997). *Cadernos de Bion I*. São Paulo: Ed. Escuta; Porto Alegre: Instituto Bion.

Craig. W. L. (1988). Barrow and Tipler on the Anthropic Principle vs. Divine Design. *British Journal for the Philosophy of Science*, *38*, 389-395

Dauben, J. W. (1979). *Georg Cantor: his mathematics and philosophy of the infinite*. Cambridge.

Del Picchia, M. (2024). *Beleza*. Disponível em: https://poetisarte.com/autores/menotti-del-picchia/beleza/. Acesso em 05 de jul. de 2024.

Derrida, J. (1980). *La carte postale. De Socrates à Freud et au-delà*. Flammarion.

Descartes, R. (2004). *Meditações sobre a primeira filosofia*. (Fausto Castilho, trad.). Editora Unicamp (texto original 1641).

Donne, J. (2008). Body and soul. *University of Chicago Press*. p.54.

Elliot, T. S. (1968). *Four quartets*. Houghton Mifflin Harcourt.

Folina, J. (1992). *Poincare and the philosophy of mathematics*. Macmillan.

Freud, S. (1922). *A cabeça da Medusa*. In S. Freud *Obras completas XV: Psicologia das massas e análise do eu e outros textos*. Companhia das Letras, 1920-1923. p. 326-328.

Freud, S. (2012). História do movimento psicanalítico. (Paulo César de Souza, trad.). In *Obras Completas de S. Freud* (v. 11). Cia das Letras. (Trabalho original publicado em 1914).

Freud, S. (2014). Inibição, sintoma e angústia. (Paulo César de Souza, trad.). In *Obras Completas de S. Freud* (v. 17). Cia das Letras. (Trabalho original publicado em 1926).

Freud, S. (2014). O Futuro de uma ilusão. (Paulo César de Souza, trad.). In *Obras Completas de S. Freud* (v. 17). Cia das Letras. (Trabalho original publicado em 1927).

Freud, S. (2018). Interpretação dos sonhos. (Paulo César de Souza, trad.). In *Obras Completas de S. Freud* (v. 04). Cia das Letras. (Trabalho original publicado em 1900).

Gleiser, M. (2012, 8 jul.). Encontrado o bóson de Deus. *Folha de S. Paulo – Saúde+Ciência*.

Gödell, K. (2014). Collected works (S. Feferman, ed.). Clarendon.

Gödell, K. (2017). The uncertainty principle. In *Stanford Encyclopedia of Philosophy*.

Gonçalves, M. A. (2012). *A semana que não termina*. Companhia das Letras.

Green, A. (1973). *Le discours vivant*. PUF.

Hegel, G. W. F. (1976). *Introdução a história da filosofia*. Hemus.

Heiddegger. (1959). *A caminho da linguagem*. (Marcia Sá Cavalcante Schuback, trad.). Vozes, 2015.

Heidegger, M. (2022). *O ser e o tempo*. Mauad.

Holton, G. (1952). *Introduction to concepts and theories in physical science*. Addison-Wesley.

Hooper, T. (Diretor). (2010). *O Discurso do Rei* [filme]. Momentum Pictures.

James, J. (2022). *Ulysses*. Companhia das Letras.

Kellert, S. H. (1993). *In the wake of chaos: unpredictable order in dynamical systems*. University of Chicago Press. p. 32.

Kellert, S. H. (1993). *In the wake of chaos: unpredictable order in dynamical systems*. University of Chicago Press. p. 32.

Kipling, R. (2015). O caminho na floresta. In *Os livros da selva* (Julia Romeu, trad.). Penguin e Companhia das Letras.

Klein, M. (1928). Estágios iniciais do conflito edipiano e da fromação do superego. In A psicanálise de crianças (Liana Pinto Chaves, trad.). Imago, 1996.

Larsen-Freeman, D. (2007). Reflecting on the cognitive-social debate in second language acquisition. *Modern Language Journal, 91*, 773-787.

Larsen-Freeman, D. (2007). Reflecting on the cognitive-social debate in second language acquisition. *Modern Language Journal, 91*, 773-787.

Levine, P. (2012). *Keats Essentials*. Harper and collins.

Locke, J. (2007). Ensaios políticos. Martins Fontes.

Mandelbrot, B. B. (1975). *The fractal geometry of nature*. W. H. Freeman and Company.

Matte-Blanco (1975). *The unconscious as infinite sets*. Duckworth.

Meltzer, D. (1996). *Meltzer em São Paulo: seminários clínicos*, Casa do Psicólogo, São Paulo.

Meltzer. (1992).Além da consciência. *Revista Brasileira de Psicanalálise, 26*(2).

Meltzer. D. (1997). *Meltzer em São Paulo* (Maria Olympia de A. França, org.). Ed. Casa do Psicólogo.

Milton. J. (2016). Introdução. In *Paraíso perdido, canto IV*. Editora 34.

Morin, E. (2003). *A cabeça bem-feita: repensar a reforma, reformar o pensamento* (8a ed., p. 116). Bertrand Brasil.

Morin, E. (2012). *Meus filósofos*. Sulina.

Morin, E. (2014). *Ciência com consciência* (16a ed., M. D. Alexandre, & M. A. S. Doria, trads., ed. revista e modificada pelo autor). Bertrand Brasil.

Morin, E., & Moigne, J.-L. (2000). *A inteligência da complexidade* (3a ed., N. M. Falci, trad.). Ed. Fundação Peirópolis.

Nietzsche, F. (2001). *Além do bem e do mal ou Prelúdio de uma filosofia do futuro*. Hemus.

Nietzsche, F. (2018). *Assim falou Zaratustra*. (Paulo Cesar de Souza, Tradutor). Companhia de bolso.

Nietzsche, F. (2018). *Thus spoke Zarathustra*. Wordsworth.

Nietzsche, F. (2019). *Ecce Homo*. LeBooks.

Oliveira, L. A. (2003). Imagens do tempo. In *Tempo dos tempos* (M. Doctors, org.). Jorge Zahar.

Pessoa, F. (1972). *Mensagem*. Parceria António Maria Pereira, 1934 (10a ed., p. 25). Ática.

Pessoa, F. (2023). *Livro do desassossego* (Vol. I). In Obras Completas. Livraria Pública.

Pontes, H. (1998). *Guimarães Rosa, uma leitura mística*. Gráfica Sulminas.

Quintana, M. (2005). *Poesia completa*. Nova Aguilar.

Rilke, R. M. (2021). Poemas completos, Trilogia. Lebooks.

Roudinesco, E. (2008). A parte obscura de nós mesmos. Zahar.

Rovelli, C. (2018). *A ordem do tempo*. Objetiva.

Safransky, R. (2021). *Romantismo, uma questão alemã* (Rita Rios, trad.). Estação Liberdade.

Schiller, F. (2013). As máximas de Confúcio.In *Complete Poetical Works and Plays of Friedrich Schiller*. Delphi Classics.

Shackespeare, W. (1963). *Macbeth*. Dover.

Stewart, I. (2007). *Why beauty is truth: a history of symmetry*.

Thom, R. (1983). *Paraboles et catástrophes*: entretiens sur les mathématiques, la science et la philosophie réalisés par Giulio Giorello et Simona Morini. Flammarion (a teoria da catástrofe foi publicada originalmente em 1972).

von Clausewitz, C. (2010). Da guerra. (Maria Tereza Ramos, trad.). Martins Fontes. (Texto original de 1832-1837)

Werle, M. A. (2005). *Poesia e pensamento em Hölderlin e Heiddeger*. Unesp.

GRÁFICA PAYM
Tel. [11] 4392-3344
paym@graficapaym.com.br